डर से आगे बढ़ो के बाद ही जीत है

अशोक-इंदु

डायमंड बुक्स

SMS New Hindi at
9911044500 for Alert

ISBN : 978-81-288-3681-7

© लेखकाधीन

प्रकाशक **डायमंड पॉकेट बुक्स (प्रा.) लि.**
X-30 ओखला इंडस्ट्रियल एरिया, फेज-II
नई दिल्ली

फोन : 011-40712200

ई-मेल : sales@dpb.in

वेबसाइट : www.diamondbook.in

DAR SE AAGE BADHO DAR KE BAD HI JEET HAI

by : Ashok-Indu

समर्पण

चाहे दूसरे यही क्यों न सोचते हों कि आप सफल नहीं होंगे, किंतु इसके बावजूद असंभव कार्य को करने से डरें नहीं।

यह पुस्तक मेरे पिता स्वर्गीय श्री एस.एन. पांडे तथा माता श्रीमती आर. पांडे को समर्पित है। आज उन्हीं के सुप्रयासों से मैं यहां तक पहुंचा हूं।

विषय सूची

भूमिका

माह में कम-से-कम दो बार जयपुर से कोटा की यात्रा करते समय मैं देश के विभिन्न हिस्सों से आए छात्रों की बाढ़ देखकर चकित था, परंतु उनमें से अधिकतर छात्र बिहार, अविभाजित यू.पी., अविभाजित एम.पी. तथा राजस्थान के थे, जहां कोटा स्थित है। मैं पिछले सात सालों से राजस्थान की राजधानी में हूं, पर इस बारे में कभी नहीं सोचा, जबकि मैं लड़कों के लिए एक सबसे बड़ा स्कूल चला रहा था, जो कि बारहवीं के बाद विभिन्न व्यावसायिक कोर्सों में अपने छात्रों के चयन के लिए जाना जाता है। कोटा का नाम मेरे लिए नया नहीं था। मैंने उस जगह के बारे में कई तरह की बातें सुन रखी थीं, किंतु उन्हें अपने स्तर पर जांचने की आवश्यकता महसूस नहीं की। कोटा में तीन प्रतिष्ठित योजनाएं प्रारंभ होने पर मैं प्रायः जयपुर से कोटा आने-जाने लगा। मेरी दिनचर्या बहुत साधारण है। अपनी ड्यूटी खत्म होने के बाद मैं जयपुर से दोपहर 2 बजकर 20 मिनट पर बाम्बे सुपर फास्ट लेता हूं और अपराह्न 5 बजकर 30 मिनट तक कोटा पहुंच जाता हूं। रात को बारह बजे तक काम करने के बाद सुबह छः बजे से दिन का आरंभ करता हूं, फिर किसी तरह 11 बजकर 30 मिनट की गाड़ी पकड़कर अपने काम पर लौट आता हूं। यदि किसी दिन काम थोड़ा पहले समाप्त हो जाए तो मैं कोटा रेलवे स्टेशन के प्रतीक्षालय में बैठकर उस दिन का काम लैपटॉप पर निबटाने की कोशिश करता हूं। मेरे लैपटॉप में करीब 2500 पुराने क्लासिक गानों का संग्रह है और जब भी मैं लैपटॉप खोलता हूं तो सबसे पहले गूगल बैटरी मीटर पर क्लिक करके बैटरी देखता हूं, फिर स्वर्गीय पिताजी के चित्र पर क्लिक करता हूं, वे उस चित्र में एक खटिया (जिस पर मृत शरीर को रखते हैं) पर लेटे हैं। मैं उन्हें प्रणाम करने के लिए ऐसा करता हूं। इससे मेरे मन को असीम बल प्राप्त होता है, फिर मैं गाने चला देता हूं, जो मेरा काम खत्म होने तक चलते रहते हैं।

सर्दियों का मौसम था और मैं अपने लैक्चर के लिए पावर प्वाइंट प्रेजेंटेशन बना रहा था और साथ ही एक नई धुन भी गुनगुना रहा था। लगभग 28 साल का एक युवक निरंतर मेरे काम को देखे जा रहा था। अचानक गलती से मैंने लैपटॉप पर कोई गलत कमांड दे दी और सारा मैटर गायब हो गया। मैंने कहा–'साइट' (मैं इस शब्द की वर्तनी तक नहीं जानता, अर्थ का तो सवाल ही नहीं पैदा होता, पर मैं इस शब्द का प्रयोग करता हूं क्योंकि मेरी बेटी ऐसी किसी भी स्थिति में यही शब्द बोलती है, चूंकि यह पीढ़ी हमसे कहीं आगे है इसलिए मैंने सोचा कि ऐसे मौकों पर इस शब्द का कोई विशेष महत्त्व होता होगा)। यहां मैं आप सबके सामने स्वीकार करना चाहता हूं कि भारत में जब से कंप्यूटर आया है, मैं तकरीबन तभी से इसका इस्तेमाल करता आया हूं, पर मेरे लिए यह पुराने टाइपराइटर से थोड़ा-सा ही बेहतर है।

मैं चिंतित था कि मेरी एक घंटे की मेहनत पर पानी फिर गया था। इसी दौरान मेरे पास बैठे लड़के ने मुझे लैपटॉप पर यूं ही उंगलियां मारते देख पूछा–"क्या यह लैपटॉप आपके बेटे का है?"

मैंने पूछा–'' क्यों?"

"आप लैपटॉप पर यूं ही उंगलियां मार रहे हैं, पर मैटर नहीं निकाल पा रहे हैं, जो कि ज्यादा मुश्किल काम नहीं है। आप बुरा न मानें तो मैं मदद करूं?" उसने कहा।

–"हां-हां, क्यों नहीं, कृपया कर दीजिए!" मैंने कहा तो उसने झट से मेरा सारा मैटर सामने ला दिया। गाड़ी आने में पंद्रह मिनट ही रह गए थे। इसलिए मैंने लैपटॉप बंद कर दिया। मैं उससे बातें करने लगा, हालांकि मैं अक्सर ऐसा नहीं करता।

मैंने पूछा–'' आप कहां जाएंगे?"

उसने बताया–"जयपुर।"

"आप क्या करते हैं?" मैंने शेष समय बिताने के लिहाज से पूछा।

"मैं एक अध्यापक हूं।" उसने कहा।

इससे मेरे मन में कौतूहल पैदा हुआ क्योंकि मेरे सहित मेरी चौथी पीढ़ी इसी पेशे में है। आगे पूछने पर पता चला कि वह कोटा के प्रसिद्ध कोचिंग संस्थानों में से एक में जीवविज्ञान का अध्यापक है और सप्ताहांत में जयपुर केंद्र में दो दिन की कक्षाएं लेने के लिए नियमित रूप से जयपुर जाता है। वह मेरे ही विषय से जुड़ा था इसलिए मैं रुचिपूर्वक बात करने लगा। मैंने उससे पूछा कि

डर से आगे बढ़ो, डर के बाद ही जीत है

उसने पी.जी. की उपाधि किस यूनिवर्सिटी से ली। उसके जवाब ने मुझे 'क्या' कहने पर विवश कर दिया।

उसने बताया कि उसने आई.आई.टी. खड़गपुर से इलेक्ट्रॉनिक्स में आई.टी. की है, उसने एक अच्छी बहुराष्ट्रीय कंपनी में दो साल तक विभाग प्रमुख के रूप में काम किया और फिर दस लाख के वार्षिक पैकेज पर अध्यापन का पेशा अपना लिया। उसने मेरे एक सवाल के जवाब में कहा–"आई.आई.टी. के छात्र कुछ भी कर सकते हैं।" उसने इस बात पर बल दिया कि कोटा की सफलता दर दूसरों से कहीं बेहतर है, किंतु इतनी क्रीमी भी नहीं जैसे कि नियोजित मार्केटिंग में दिखाई जाती है। उसे इस बात पर पूरा भरोसा था कि चाहे वे कोचिंग संस्थान प्रत्येक को आई.आई.टी. छात्र न बना सकें, किंतु उन्हें पढ़ना सिखा देते हैं, जो कि कोई भी शिक्षा बोर्ड या अध्यापक प्रशिक्षण संस्थान आज तक नहीं सिखा सका।

हम दोनों की बातचीत सारी रात जारी रही, क्योंकि हमारे पास थ्री–टायर ए.सी. कूपे में निचली बर्थ थीं और हम धीरे–धीरे शिक्षा पद्धति, कोटा के कोचिंग दृश्य, अध्यापकों के प्रदर्शन व प्रतियोगिता, कॉर्पोरेट राजनीति, नेतृत्व, शिव खेड़ा और रॉबिन शर्मा की किताबों आदि अनेक विषयों पर चर्चा करते रहे।

जब हम सुबह जयपुर पहुंचे और मैं अपने गंतव्य तक जाने के लिए ऑटो की राह देख रहा था तो मैंने उससे पूछा कि क्या वह स्वयं को एक सफल व्यक्ति मानता है? वह एक क्षण रुका और फिर दृढ़ विश्वास के साथ बोला कि वह नहीं जानता कि वह सफल है या नहीं, किंतु यह तो तय है कि वह एक अध्यापक के तौर पर दस लाख के पैकेज से प्रसन्न है। हालांकि यहां एम.एन.सी. की तरह अच्छा वेतन और प्रतिवर्ष दो लाख तक की वृद्धि का कोई मौका नहीं होगा।

यह पुस्तक मेरे और उस अध्यापक की आपसी बातचीत के आधार पर बनी है, जो यह मानता है कि इस दुनिया में कुछ भी असंभव नहीं और अगर आप अपनी क्षमता जानते हैं और बेहिचक कार्य कर सकते हैं तो किसी भी उचित स्रोत से इतना धन कमा सकते हैं, जो कि आपके व्यय के लिए पर्याप्त होगा।

हम सब एक अच्छा व्यंजन बनाना जानते हैं क्योंकि हमारे पास उसकी तयशुदा विधि है, किंतु क्या हमारे पास यह जानने का कोई मानक उपाय है कि

किसी युवा व्यवसायी का अंतिम लक्ष्य क्या होगा? मुझे तो नहीं लगता कि हमारे पास ऐसा कोई भी उपाय है। हम अनुमान लगा लेते हैं कि उन्हें शैक्षिक या गैर-शैक्षिक साधनों का प्रशिक्षण देकर अच्छे व्यवसायी बना सकते हैं, किंतु वे अपने नियम, मूल्य तथा उसूल स्वयं परिभाषित करते हैं। वे स्वयं को बैकबैंचर बनाने के बजाय सब कुछ सीमित समय में पाने की चेष्टा करते हैं और यह भी नहीं सोचते कि वे इसके बाद क्या करने जा रहे हैं।

इस पुस्तक में भारतीय नीतियों और सामाजिक परंपराओं को ध्यान में रखते हुए कुछ आधारभूत चिंतन प्रक्रियाएं प्रस्तुत की गई हैं । ये विचार नए नहीं हैं, किंतु न्यूटन के साथ भी तो यही हुआ था। पेड़ से सेब गिरने की प्राकृतिक प्रक्रिया तो कब से चली आ रही थी, किंतु उसने न्यूटन को गुरुत्वाकर्षण का सिद्धांत जानने व उस पर मनन करने के लिए विवश किया था। पाठक भी पुस्तक पढ़ते समय इसी प्रकार की विचार प्रक्रिया का श्रीगणेश कर पाएंगे।

यह पुस्तक अध्यायों में विभाजित है, ताकि पाठकों का कौतूहल बना रहे। प्रत्येक अपने-आपमें स्वतंत्र है, ताकि पाठक को पढ़ने की पूरी स्वतंत्रता रहे। पाठक कहीं से भी पुस्तक को पढ़ सकता है और अपनी पढ़ने की गति के अनुसार चक्र को पूरा कर सकता है। समय का विभाजन सामान्य तौर पर लिया गया है, जो कि संभवत: सबके लिए उपयुक्त न हो, किंतु घंटे तो सबके पास चौबीस ही होते हैं। अत: यह चर्चा सबके लिए ठीक रहेगी।

केवल यह आशा की जा सकती है कि यह पुस्तक प्रत्येक पाठक के लिए फलदायी होगी।

15 फरवरी, 2008

अशोक-इंदु

पुस्तक के विषय में

मेरा मानना है कि पुस्तकें हमें हमारी चिंतन प्रक्रिया में बदलाव के लिए अंतर्दृष्टि प्रदान करती हैं। यह भी ठीक है कि यदि हम चाहें तभी यह संभव हो पाता है, अन्यथा हम किताबें पढ़ते रह जाएंगे और एक ऐसे व्यक्ति की उपाधि पा लेंगे, जो कभी नहीं बदल सकता। यह भी एक खूबी है और हममें से अधिकतर लोग इसी श्रेणी में आते हैं। ऐसा इसलिए है क्योंकि हमें लगता है कि केवल कमजोर लोग ही बदलते हैं। मैं आपको कभी परामर्श नहीं दूंगा कि परिवर्तन प्रकृति का नियम है और एक सामाजिक व्यक्ति होने के नाते आपको इस प्राकृतिक नियम को मानना चाहिए।

पुस्तकें मृत होती हैं, किंतु उनमें दिए गए विचार जीवित होते हैं। जब पाठक पुस्तक के किसी विचार को अपने दैनिक जीवन में उतारने का प्रयास करता है तो वह पुस्तक भी जीवित हो जाती है। आपने पढ़ने के लिए यह पुस्तक चुनी, इसी से प्रकट होता है कि आप अपनी चिंतन प्रक्रिया के शून्य को भरने के लिए कुछ चाहते हैं। मुझे पूरा विश्वास है कि जब आप यह पुस्तक पढ़ेंगे तो वह शून्य अवश्य ही भर जाएगा।

पुस्तक में दिए गए विचार ही उसे बेस्टसेलर की श्रेणी में लाते हैं और साथ ही वे पाठकों के लिए उपयुक्त भी होने चाहिए। यह पुस्तक आयु तथा लिंग की सभी बाधाओं से परे सभी के लिए लिखी गई है। मुझे विश्वास है कि आप पुस्तक में दिए गए विचारों में से कुछ को तो बिना सोचे-समझे अपना लेंगे और कुछ का चुनाव सोच-समझकर करेंगे। मैं परामर्श दूंगा कि किसी भी विचार को वैध मूल्यांकन के बिना न अपनाएं। यदि किसी भी विचार से आपके भीतर चिंतन प्रक्रिया आरंभ होती है तो मुझे प्रसन्नता होगी।

हममें से अधिकतर लोग एक खोल से ढके रहते हैं और किसी भी आपातकाल में स्वयं को उस खोल में छिपाकर मान लेते हैं कि सब कुछ ठीक है, परंतु मामला ऐसा नहीं है। हम ऐसे पेश आते हैं जैसे एक शुतुरमुर्ग रेगिस्तान

में पेश आता है। केवल आंखें बंद कर लेने से राह की परेशानियां दूर नहीं हो जातीं। हमें एक स्थायी समाधान तलाशना चाहिए और उसके लिए हमें अपने खोल को तोड़कर बाहर निकलना होगा और चुनौतियों का सामना करते हुए समाधान तलाशने होंगे। डर हमें इस दिशा में सकारात्मक कदम ही नहीं उठाने देता और हम कुछ चीजों को तब तक टालते रहते हैं, जब तक कि वे हमारे लिए समस्या नहीं बन जातीं। मैंने इस डर का विश्लेषण करने का प्रयास किया है, ताकि एक छोटा–सा कदम आपके जीवन में बड़ा बदलाव ला सके। मुझे पूरा विश्वास है कि इस पुस्तक में दिए गए विचार आपके लिए अवश्य ही सहायक होंगे।

यदि ऐसा होता है जिसका मुझे पूरा विश्वास है तो आपकी ओर से इस बारे में सूचना पाकर मुझे बेहद आनंद होगा। आप मुझसे edutrust@rediffmail.com पर संपर्क कर सकते हैं। मैं तत्काल उत्तर देने का प्रयास करूंगा।

जयपुर, 4 अप्रैल, 2009

अशोक–इंदु

डर से आगे बढ़ो, डर के बाद ही जीत है

1

डर

डर सफलता का प्रमुख शत्रु है और सफलता के लिए यात्रा आरंभ करने से पहले आपको इसका सामना करना चाहिए।

एक सच्चे दिल का नेक इंसान किसी गांव के पास गुजर रहा था। उसने देखा कि कुछ व्यक्ति एक महिला को घेरे खड़े थे। उनके हाथों में पत्थर थे। पूछने पर पता चला कि उस औरत से कोई भूल हुई थी और वे सब उसे पत्थरों से मारकर खत्म कर देना चाहते थे।

उस इंसान ने कुछ पल सोचा और उस भीड़ से कहा-''बेशक इस औरत को सजा मिलनी ही चाहिए, किंतु पहला पत्थर वही मारे जिसने कभी कोई भूल न की हो।''

पल-भर के लिए तो शांति छा गई पर, उसके बाद अचानक उस औरत पर पत्थरों की बौछार होने लगी और वह धरती पर गिर पड़ी।

भीड़ में मौजूद हर इंसान ने यही सोचा कि अपने आपको उस नेक आदमी के सामने सच्चा साबित करने का इससे अच्छा मौका और कोई नहीं हो सकता, इसलिए कोई भी मौका गंवाना नहीं चाहता था।

पहले-पहल जब मैंने यह कहानी पढ़ी तो मुझे यही लगा कि उस नेक आदमी ने ऐसे हालात में अपने न्याय कौशल की परख क्यों की?

हालांकि असली कहानी लंबी है, किंतु उसके भी तथ्य यही हैं। वहां खड़ी भीड़ देवदूत के सामने स्वयं को साबित क्यों करना चाहती थी? उन्होंने ऐसा व्यवहार क्यों किया? सीधा-सा जवाब तो यही है कि उन्होंने यह सब 'डर' के कारण किया। वे डरे हुए क्यों थे? वे इस सोच से डरे हुए थे कि अगर उन्होंने पत्थर न मारा तो वह देवदूत कहीं उन्हें भी पापी न मान ले। वहां मौजूद सभी

डर से आगे बढ़ो, डर के बाद ही जीत है

लोगों ने खुद को सही साबित करना चाहा। भीड़ में कई लोगों को यह भी लगा होगा कि कहीं उन्हें सबसे अलग न मान लिया जाए। यही डर का असली कारण है।

डर स्वयं को दूसरों के सामने सही साबित करने का नतीजा होता है। हम जब भी खुद को दूसरों से बेहतर साबित करने का प्रयास करते हैं तो अपनी कमजोरी ही दर्शाते हैं।

जब अमेरिका ने अंतरिक्ष में अपने वैज्ञानिक भेजने का फैसला किया तो सबसे बड़ी परेशानी यह थी कि अंतरिक्ष से धरती पर लिखित संदेश कैसे भेजा जाए, क्योंकि वहां कोई पेन काम नहीं करता। उन्हें इस तरह का पेन बनाने में तकरीबन तीन साल लग गए। जैसे ही वे मिशन आरंभ करने लगे तो पता चला कि रूस वाले तो मिशन से लौट भी आए। उन्होंने पता लगाना चाहा कि वहां पेन की जगह क्या इस्तेमाल किया गया था। उन्हें जानकर हैरानी हुई कि वह एक सिक्के वाली पेंसिल थी।

जापानियों के साथ भी यही हुआ। एक बड़ी कंपनी में साबुन पैक करते समय एक पैकेट खाली निकल गया और कंपनी को काफी हरजाना देना पड़ा, क्योंकि ग्राहक ने कंपनी पर मुकदमा ठोंक दिया था।

काफी शोध के बाद एक एक्स-रे मशीन बनी, जो आजकल भी प्रयोग में आती है। हर पैकिंग उस मशीन के आगे से निकलती थी। एक दिन मशीन खराब होने से सारा काम ठप हो गया, क्योंकि कंपनी नहीं चाहती थी कि फिर कोई पैकेट खाली निकलने से हरजाना देना पड़े। अचानक एक अनपढ़ मजदूर ने कन्वेयर बैल्ट के सामने पंखा लगा दिया और मशीन वाले को काम आरंभ करने को कहा। जैसे ही पैकेट वहां से निकलते, साबुन वाला पैकेट तो आगे निकल जाता, पर खाली पैकेट वजन में हल्का होने के कारण वहीं गिर जाता।

यह तो एक पहेली थी, पर हमारी जिंदगी कोई पहेली नहीं हकीकत है। दूसरों से आगे निकलने की कोशिश में यदि तुलना को अपना अस्त्र बनाया तो कभी खुश नहीं रह पाएंगे। आपको अपने आपसे अपनी तुलना करनी है और यह तभी संभव है, जब आप असफलता के डर को अपने मन से निकालकर

लक्ष्य तक जाने का एक नियोजित तरीका अपना लें। आप इस धरती पर अपना सब कुछ मनचाहा पाने के लिए सबसे उचित व्यक्ति हैं, किंतु शर्त यही है कि आप धैर्य खोए बिना सही दिशा में तुरंत कार्य करेंगे, लक्ष्य के प्रति वचनबद्ध रहेंगे और राह में आने वाली बाधाओं का सामना करेंगे।

हम इस संसार में मुक्त रूप से जन्मे हैं और हमारी सोच भी मुक्त है। हमारा अपनी सोच पर पूरा नियंत्रण है। संकल्पशक्ति ही हमारी सोच को क्रियान्वित करने में महत्त्वपूर्ण भूमिका निभाती है। यह हमें दृढ़ विश्वास और क्रियान्वयन के साथ लक्ष्य की ओर ले जाती है। डर इस उत्पादक सोच का शत्रु है। ज्यों ही आपके दिमाग में सफल होने का कोई विचार आता है, उसके साथ ही एक प्रतिरोधक बल भी पैदा हो जाता है, जो आपको यह सोचने पर विवश कर देता है कि आप सफल होंगे कि नहीं। यह सही है कि कोई भी कार्य आरंभ करने से पहले आपको प्रत्येक कारक का विश्लेषण कर लेना चाहिए और ऐसे उपाय तलाशने चाहिए, जो आपके लिए सकारात्मक कारक बन सकें। डर सबसे बड़ा नकारात्मक बल है। आपको बहुत बारीकी से इसका विश्लेषण करना होगा, ताकि इसे आपकी किसी भी योजना में घुसपैठ करने का मौका न मिले। उपलब्धि एक ऐसा उद्देश्य है जिसे आप डर रहित सोच के साथ ही पा सकते हैं। स्वयं को निर्भीक कहना आसान है, किंतु निर्भीक होकर कार्य करना कठिन है। डर कोई ऐसी वस्तु नहीं जिसे दिखा सकते हैं। यह एक मानसिक अवस्था है, जो आपको डरपोक या निर्भीक बनाती है और केवल रोजमर्रा के कार्यों में प्रतिबिंबित होती है। आप अपने कार्यों को प्रत्यक्ष रूप से नियंत्रित कर सकते हैं, किंतु डर की अवस्था को नहीं कर सकते।

डर की मानसिकता का विश्लेषण करना बहुत कठिन है। एक अवस्था जो आज आपको प्रसन्न्ता दे रही है, वह करीब एक घंटे के बाद उसी गहनता के साथ आपको डरा भी सकती है। ऐसा क्यों होता है? अवस्था को हम जिस रूप में लेते हैं, वह उसी रूप में हमारे सामने आती है। कोई भी वस्तु जिसका प्रभाव अज्ञात है, वह निश्चित रूप से डर उत्पन्न करेगी, किंतु वास्तविक डर अज्ञात वस्तु या हालात के प्रभाव की गहनता पर निर्भर करता है। यदि हम परिस्थिति से अधिक जुड़े होंगे तो गहनता अधिक होगी और यदि कम जुड़े होंगे तो गहनता कम होगी। मान लें कि आप अस्पताल में अपने किसी संबंधी को देखने जा रहे है, जिसका ऑपरेशन होना है और बचने की संभावना 50-50 प्रतिशत है। आप व आपके मित्र के लिए डर

की गहनता अलग-अलग होगी। वह घटना मित्र से प्रत्यक्ष रूप से संबंधित है इसलिए उस पर प्रभाव अधिक होगा और उसकी तुलना में आप पर प्रभाव कम होगा।

किसी भी डर की गहनता को अपनी सोच में बदलाव लाकर बदल सकते हैं, किंतु आपको अपनी सोच का आयाम विकसित करना होगा। हमें यह मानना होगा कि डरावनी परिस्थिति से उत्पन्न होने वाला नुकसान हम आसानी से सह पाएंगे तो अचानक उससे उत्पन्न होने वाला डर गायब हो जाएगा। परिस्थिति से सामना करने की तैयारी से जुड़ी सोच ही बहुत कुछ बदल देगी और हमें एक प्रसन्न व निर्भीक जीवन जीने के लिए इस हुनर को सीखना होगा ताकि समाज को एक उत्पादक योगदान दे सकें। अचानक तो कोई भी बदलाव नहीं ला सकता, किंतु नियमित अभ्यास और मानसिकता में बदलाव से यह संभव है। ज्यों-ज्यों आप इस पुस्तक को पढ़ेंगे तो आपको आभास होगा कि जो-जो परिस्थितियां आपको सताती थीं और डर का कारण बनती थीं, वे अपनी गहनता खो रही हैं और आप निश्चिंत होते जा रहे हैं। आपको यह स्पष्ट रूप से याद रखना होगा कि इस संसार में डर की मानसिकता को त्यागे बिना कोई भी व्यक्ति कुछ भी नहीं पा सकता, फिर चाहे उसकी योग्यता व क्षमता कुछ भी क्यों न हो। हमारे जीवन की अधिकतर असफलताएं डर का ही शिकार होती हैं। डर सफलता का प्रमुख शत्रु है और सफलता के लिए यात्रा आरंभ करने से पहले आपको इसका सामना करना चाहिए।

1.1
डर का कारण

रविवार का दिन था। भगवान विष्णु सृष्टि के संहारक भगवान शिव के यहां चाय पर जाने वाले थे। वे अपने वाहन गरुड़ पर सवार होकर शिवजी के धाम जा पहुंचे। उन्होंने यमराज के वाहन भैंसे को द्वार पर देखकर अनुमान लगाया कि वे भी भीतर ही होंगे। भगवान विष्णु अंदर चले गए तो गरुड़ वहां बैठे कबूतर से बतियाने लगा। वह काफी डरा हुआ लग रहा था। गरुड़ के पूछने

पर उसने बताया–''भगवान यमराज ने भीतर जाने से पहले मुझे रुककर देखा और फिर अंदर चले गए।''

''तो क्या हुआ?'' गरुड़ ने पूछा।

''हो सकता है कि आज मेरा अंतिम दिन हो, तभी भगवान यमराज ने मुझे ऐसे देखा था।'' कबूतर ने कहा।

''कोई बात नहीं। मेरे स्वामी को अभी चर्चा में समय लगेगा, तब तक मैं तुम्हें इतनी दूर छोड़ दूंगा कि यमराज वहां जाने की सोच भी नहीं पाएंगे।'' गरुड़ ने कहा।

उसने कबूतर को अपनी पीठ पर बिठाया और शिवजी के धाम से बहुत दूर, एक गुफा में छोड़ आया। यमराज बाहर निकले तो यहां-वहां ताकने लगे। गरुड़ ने पूछा–''आप क्या खोज रहे हैं?''

यमराज ने कहा–''एक कबूतर यहां बैठा था और मेरी गणना के हिसाब से आज उसे यहां से करीब एक हजार कि.मी. की दूरी पर मरना है।'' उन्होंने एक खास जगह का नाम भी लिया– ''जब वह कबूतर यहां बैठा था तो मैं यही सोच रहा था कि बेचारा नन्हा-सा पक्षी उड़कर इतनी दूर कैसे जाएगा क्योंकि समय तो काफी कम है।''

अब गरुड़ के पछताने की बारी थी क्योंकि वह कबूतर को वहीं छोड़कर आया था जिस जगह का नाम यमराज ले रहे थे।

यह कबूतर द्वारा पैदा किया गया डर ही था, जो उसे मृत्यु स्थल पर ले गया। यदि उसने इसे अनदेखा किया होता तो हो सकता था कि उसकी मृत्यु न होती। हिंदू मिथक के अनुसार, मृत्यु का समय व स्थल निश्चित है। हम इसे दूसरे दृष्टिकोण से भी देख सकते हैं कि कबूतर वहां यही सोचकर रुक सकता था कि मृत्यु आनी है तो जहां भी जाएगा, मृत्यु को प्राप्त होगा।

मैं आपको अंधविश्वासी नहीं बल्कि निर्भीक बनाना चाहता हूं। जिस व्यक्ति को मृत्यु का डर नहीं, वह कुछ भी कर सकता है और उसे कोई भी डरा नहीं कर सकता। डर एक गुप्त हत्यारा है। यदि आप किसी चीज से डर जाते हैं तो अपने स्वाभिमान के बावजूद, उसका सामना नहीं कर पाते। अपने आप उत्पन्न किया गया डर, डर के सबसे बुरे प्रकारों में से एक है।

कोई भी मनोवैज्ञानिक, डॉक्टर या धनराशि आपके भीतर से इस डर को निकाल नहीं सकते। इसके साथ दो कारण जुड़े हैं। पहले के अनुसार, यदि आप

भाग्य में विश्वास रखते हैं तो आपको कोई डर नहीं होना चाहिए, क्योंकि आपके अनुसार जीवन की प्रत्येक घटना पहले से ही सुनिश्चित है। ऐसे में आप जो भी करें, जो होना है, सो तो होना ही है। अधिकतर भारतीय बुरे समय में इसी सिद्धांत को अपनाते हैं। वे ऐसा इसलिए करते हैं क्योंकि बुरे वक्त में काम नहीं होता, किंतु सोचने के लिए काफी समय होता है, तब इस सोच के वायरस को पनपने के लिए काफी उर्वर जमीन मिल जाती है। आपको पता होना चाहिए कि वायरस जीवित या अजीवित नहीं होता। यह जीवित तथा अजीवित के बीच संपर्क सूत्र है। यह कोई जीवित शरीर पाने के लिए निष्क्रिय रहता है तथा जीवित शरीर पाते ही ज्यामितीय रूप से पुन: उत्पादन करने लगता है। डर भी ऐसा ही है। यदि आप पूरी मजबूती से इसे अपने दिमाग से निकालने की ताकत रखते हैं तो इतनी विशालता व गहराई के बावजूद आप इससे संक्रमित नहीं होते, किंतु ज्यों ही आप दुर्बल होते हैं, डर का वायरस तत्काल आक्रमण कर देता है।

यदि आप भाग्य में विश्वास रखने के बजाय अपने कर्मों में विश्वास रखते हैं तो डर का प्रश्न ही नहीं उठता। आपके सशक्त कर्म ही आपका भाग्य निश्चित करेंगे। अपने कर्मों पर पूरा विश्वास रखते हुए सब कुछ भूल जाएं क्योंकि उससे मजबूत कुछ नहीं हो सकता। लोगों की कोई तीसरी श्रेणी नहीं होती और हमने दोनों स्थितियों का विश्लेषण कर लिया है, किंतु फिर भी हम अनेक व्यक्तियों को इस रोग से ग्रस्त देखते हैं, जो वास्तव में असली डर नहीं, केवल डर का बोध है। इसके लिए निश्चित रूप से उपाय मौजूद हैं। यह वास्तविक डर से कहीं खतरनाक रोग है।

हममें से अधिकतर लोगों की आदत होती है कि हम बॉस के करीब आना चाहते हैं। कई बार बॉस हमारी कॉल का जवाब नहीं देते तो हमें लगता है कि संगठन में हमारे दिन गिनती के रह गए हैं। इतना ही नहीं, हम अपने सहकर्मियों से भी इस बारे में बात करते हैं। कुछ ही दिन में यह मामला बॉस तक पहुंचता है और कोई भी बॉस दुर्बल अधीनस्थ नहीं चाहता। इस मोड़ पर वह आपके स्थान पर सशक्त व्यक्तियों को रखने के बारे में सोचता है। हम इसे उस दिन की खास प्रतिक्रिया के रूप में ले सकते हैं, किंतु इसके लिए हम ही प्रत्यक्ष रूप से उत्तरदायी हैं। एक बात याद रखें कि कोई भी बॉस ऐसा व्यवहार नहीं करेगा, किंतु हमारा डर उसे ऐसा निर्णय लेने को बाध्य कर सकता है। हम लोगों को कहते सुन सकते हैं कि संसार में कोई

भी अनिवार्य नहीं और वे अपने सिद्धांत को प्रमाणित करने के लिए उदाहरण भी दे सकते हैं।

चूंकि आपने असफल न होने का निर्णय लिया है इसलिए अपनी सोच को सशक्त बनाएं ताकि बॉस भी आपको हटाने से पहले सैकड़ों बार सोचे। महसूस करें कि कोई भी आपका काम उस प्रकार नहीं संभाल सकता, जिस प्रकार आप संभाल सकते हैं और आप उस पद के लिए समानार्थी हो पाएंगे।

मैं आपको अनुभव के बल पर गारंटी दे सकता हूं कि यह सच होगा और यदि कुछ गलत होता भी है तो उसे अपने भाग्य के रूप में लें। आपके पास अपनी नौकरी के लिए पूरी विशेषज्ञता है, इसलिए वैसा ही दूसरा पद पाने के लिए आपको देर नहीं लगेगी।

आपको याद रखना चाहिए कि अगर आपको काम करने के लिए संगठन चाहिए तो उसे भी आप जैसे व्यक्ति की आवश्यकता है। यह याद रखें कि इस दुनिया में निःशुल्क कुछ नहीं मिलता। बस अब खास बात यह है कि आपको यह सोचते हुए डर से छुटकारा पाना है कि यह एक ऐसी पतलून है जिसे आप केवल रंग अच्छा लगने के कारण ही इस्तेमाल करते आ रहे हैं, किंतु अब किसी भी रूप में इसका प्रयोग नहीं करेंगे।

1.2
दूसरों द्वारा उत्पन्न किया गया डर

इस धरती पर प्रत्येक व्यक्ति पहले अपना बचाव करता है और अगर वह ऐसा नही कर रहा है तो वह या तो मूर्ख है या फिर भगवान। इन दोनों की ही संख्या काफी कम है इसलिए हम सब उसी श्रेणी में आते हैं जिसकी मैं बात कर रहा हूं। अपनी उच्चता का बोध कराने का सबसे बेहतर उपाय यही है कि डर उत्पन्न किया जाए। संगठनों में ऐसे लोगों की कमी नहीं होती, जो आपको वरिष्ठों के बारे में पकी-पकाई बातें सुनाते हैं, ताकि आप किसी भी दशा में उनके पास न जा सकें। वे ऐसा इसलिए करते हैं क्योंकि वे स्वयं इस प्रयास में असफल हो चुके हैं और उन्हें इसके सिवा कुछ आता ही नहीं। जैसे ही एक भीड़ से भरी गाड़ी में जाने के बाद कोई खड़े होने

की जगह पाता है तो उसका अगला प्रयास यही होता है कि कोई और डिब्बे में कदम न रखे।

व्यक्तिगत तौर पर आपको इस तरह के उत्पन्न किए गए डर के प्रति सावधान रहना होगा, ताकि आपकी सकारात्मक ऊर्जा व्यर्थ न जाए। इसके लिए आपको स्वयं को मानसिक तौर पर दूसरों से अधिक सशक्त बनाना होगा, ताकि वे आपके दिमाग पर काबू न पा सकें। लोग जाने-अनजाने अपना काम निकालने के लिए ही दूसरों के नाम से डर उत्पन्न करते हैं और आप जान भी नहीं पाते। किसी भी चीज की मौजूदगी या गैर मौजूदगी को ज्यादा समय तक छिपा नहीं सकते और आपकी डर की मानसिकता पर भी यही लागू होता है। डर के कारण ही युवा पीढ़ी आत्महत्या का मार्ग चुन लेती है, क्योंकि जिंदगी की बाजी हारने के बाद उनके पास खुद को मारने के सिवा कोई उपाय ही नहीं बचता। तेजी से बढ़ते दबाव के कारण छात्रों में आत्महत्या की प्रवृत्ति बढ़ रही है, जो कि हमारी दोषायुक्त शिक्षा पद्धति का नतीजा है। हम आरंभ से ही बच्चों की सामर्थ्य का अनुमान लगाए बिना उन्हें टॉपर सूची में देखना चाहते हैं। हम उन्हें यह नहीं सिखा पाते कि बोर्ड की परीक्षा दिए बिना या किसी व्यावसायिक कोर्स में दाखिला मिले बिना भी एक प्रसन्न जीवन जीने के हजारों तरीके हो सकते हैं। हम अपने नन्हे बच्चों को चूहा-दौड़ का हिस्सा बनाते समय भूल जाते हैं कि रेस जीतने पर भी चूहा तो चूहा ही रहेगा।

एक समय था जब स्कूल में प्रवेश की न्यूनतम आयु छः वर्ष थी, जो अब तीन वर्ष तक आ गई है। अधिकतर मामलों में बच्चे को ढाई साल की आयु में ही स्कूल भेज दिया जाता है जिससे उनके तनाव का स्तर बढ़ता है। इस देश में शिक्षा पद्धति में सुधार के लिए अनेक कमेटियां बनीं, किंतु आज भी उनके सुझाव कागजों तक ही सीमित हैं। प्रत्येक व्यक्ति व्यक्तिगत तौर पर यह सब बदलना चाहता है, किंतु समूह में अप्रचलित कहलाने के डर से डरा रहता है, उन्हें समय के साथ चलना नहीं आता । हम आरंभिक सालों में ही छोटे बच्चे के मन में शिक्षा पद्धति के बारे में डर भर देते हैं और कोई भी तंत्र इस डर के साए में वांछित नतीजे नहीं दे सकता।

बिट्टू और खुशी दो बहनें हैं। उन दोनों की उम्र में पंद्रह साल का अंतर है। खुशी केवल छः साल की है। वह पास के ही स्कूल में स्कूल बस से जाती है। बिट्टू होस्टल में पढ़ती है। वह जब भी छुट्टियों में घर आती

है तो खुशी को पढ़ाई में मदद करती है। एक दिन दोनों बहनें घर के बाहर खेल रही थीं। उन्होंने एक व्यक्ति को देखा, जो बकरी के बच्चे को घसीटकर ले जा रहा था। बिट्टू ने कहा-''देखना तो, वह बकरी का बच्चा अपने मालिक को कैसे तंग कर रहा है।''

खुशी ने एक पल तक कुछ सोचा और बिट्टू से बोली-''प्यारी बहन! क्या वह बकरी के बच्चे को स्कूल ले जा रहा है?''

बिट्टू के पास अपनी नन्ही बहन की बात का कोई जवाब नहीं था।

आप इसे एक काल्पनिक कथा के तौर पर ले सकते हैं, परंतु क्या इससे इसके संदेश में कोई अंतर आएगा? छात्र के मन में जड़ें जमा चुका यह डर काफी डरावने रूप में सामने आता है। स्कूलों में गोली चलने जैसी घटनाएं युवा पीढ़ी के प्रति हमारी उपेक्षा का ही परिणाम हैं। छात्र और शिक्षक का संबंध टूट रहा है। छात्र सब कुछ भुलाकर अपनी ही अध्यापिकाओं के एम.एम.एस. बनाने से नहीं हिचकते। क्या हम ही इस स्थिति के लिए उत्तरदायी नहीं हैं? हमें काफी सावधान रहना होगा, अन्यथा इन सब नुकसानों की भरपाई नहीं हो सकेगी।

यदि आप डर का सामना करने के लिए मानसिक तौर पर मजबूत हैं तो आप असफल नहीं हो सकते। डर सफल होने के लक्ष्य को हमेशा के लिए खत्म कर सकता है। यदि आपके पास डर का सामना करना सिखाने के लिए समर्थक माता-पिता नहीं हैं तो आपको स्वयं ही इसका प्रशिक्षण लेना होगा। आप सफल होने की कतार में खड़े दूसरे लोगों से कहीं सशक्त हैं इसलिए आपको ज्यादा समय नहीं लगेगा। असफल न होने की दशा में आपका सबसे पहला कदम यही होना चाहिए। समय के किसी-न-किसी बिंदु पर आपको अहसास होगा कि आपके भीतर डर उत्पन्न करने वाले हालात पहले भी रहे होंगे, किंतु यदि उस बाधा को पार कर दूसरे व्यक्ति सफल हो सकते हैं तो आप उसे क्यों नहीं पा सकते? आप किसी भी दशा में दूसरों से कहीं अधिक बुद्धिमान हैं और आपका स्वाभिमान भी ऊंचा ही रहना चाहिए।

हालात या किसी भी व्यक्ति को अपनी सोच पर हावी न होने दें। यदि एक बार ऐसा हो गया तो उनकी पकड़ से छूटना कठिन हो जाएगा, क्योंकि आपके भीतर निर्भरता की आदत पैदा हो जाएगी, जो कि आपके लिए घातक है। हालात या किसी व्यक्ति के वश में रहने से कहीं बेहतर होगा कि आप दुर्बल ही रहें। कई बार हम यह सोचकर दूसरों के वश होने की भूल कर देते हैं कि जब हम

डर से आगे बढ़ो, डर के बाद ही जीत है

मजबूत होंगे तो इससे छुटकारा पा लेंगे, किंतु ऐसा कभी नहीं हो पाता। हम बाहरी शक्ति के वश में रहने के इतने आदी हो जाते हैं कि पूरा जीवन ऐसे ही बिता देते हैं। एक व्यक्ति होने के नाते आपको पता होना चाहिए कि आप जिसके वश में हैं, वह भी एक इंसान ही है, तो वह आपसे मजबूत कैसे हो सकता है? यदि यह स्थिति है तो यह आपके लिए समस्या पैदा क्यों कर रही है? सही तरीके से सोचने से आप स्वयं को बेहतर हालात में पाएंगे। हमें किसी भी हालात या व्यक्ति के पीछे चलने का फैसला लेने से पहले हर चीज के यथार्थ पहलू पर नजर डालने की आदत विकसित करनी चाहिए। यदि एक बार हमें इस आदत का अभ्यास हो गया तो यह हमें रोजमर्रा के जीवन में इतना मजबूत बना देगी कि हम किसी के वश में नहीं रहेंगे। आपको एक ऐसा इंसान नहीं बनना चाहिए, जो भीड़ का हिस्सा होता है, क्योंकि आप दूसरों की तरह नहीं हैं। आपने अपनी विश्लेषणात्मक योग्यता विकसित की है, जो आपको दूसरों से कहीं अलग करती है और अलग तरह से काम करने की प्रेरणा देती है, जो कि किसी भी व्यक्ति के लिए सफलता का मंत्र हो सकती है।

1.3

स्वयं द्वारा उत्पन्न किया गया डर

डर कुछ नहीं किसी वस्तु के विषय में अज्ञानता है, जो जीवित या अजीवित हो सकती है। जिस दिन हम किसी वस्तु का पूर्ण परिचय पा लेते हैं, डर स्वाभाविक रूप से गायब हो जाता है। पहली बार पब्लिक स्कूल की परीक्षा दे रहा छात्र माता-पिता व अध्यापकों की सलाह व तसल्ली के बावजूद भयभीत रहता है, किंतु पहला पेपर देते ही उसका डर घटने लगता है और आखिरी परीक्षा तक आते-आते वह मित्रों को सलाहें भी देने लगता है। वह निर्भीक हो जाता हैं क्योंकि उसने हालात से लड़कर उन पर विजय पा ली है। इसी तरह आप भी असफलता का स्वाद चखे बिना अपनी सफलता की कहानी लिख सकते हैं। इससे कोई अंतर नहीं पड़ता कि आप क्या हैं- छात्र, निचली सीढ़ी के एग्जीक्यूटिव या बहुराष्ट्रीय कंपनी के सी. ई.ओ.—आपने स्वयं परिस्थितियों से लड़कर अपना सुरक्षा जाल बनाना है।

किसी भी चीज को स्थगित करना छोड़ दें, चाहे वह कोई फैसला हो या किसी व्यक्ति से सामना।

हालात आपके दिमाग में बस जाएं, उससे पहले ही उनसे बचाव का उपाय खोज लें। किसी छोटे पौधे को जड़ से उखाड़ना आसान होता है, किंतु यदि वह जड़ पकड़ ले तो थोड़ा मुश्किल हो जाता है।

हममें से अधिकतर लोग दूसरों को सलाहें देते हैं, पर स्वयं उन पर अमल नहीं करते। याद रखें कि अभ्यास से संपूर्णता नहीं आ सकती, पर संपूर्णता को अभ्यास में बदल सकते हैं।

एक बार बुद्ध प्रवचन कर रहे थे और सभी प्रेमभाव से सुन रहे थे। एक व्यक्ति अपने घरेलू मामलों से दुखी था। बुद्ध की बातों से चिढ़कर वह उन्हें अपशब्द कहने लगा। बुद्ध उसे एक भी शब्द कहे बिना अपना उपदेश देते रहे।

तीन दिन बाद, वे दूसरे गांव में उपदेश देने पहुंचे। उन्हें अपशब्द कहने वाला व्यक्ति पास आकर बोला-''आपने मुझे पहचाना? मैं वही हूं जिसने तीन दिन पहले आपको अपशब्द कहे थे। अब मैं अपने किए पर पछता रहा हूं। मैं आपको मुंह दिखाने लायक नहीं था, तभी तो आप तक आने में तीन दिन लगा दिए। मैं आपसे माफी मांगने आया हूं।''

बुद्ध ने मुस्कराकर कहा-''तुमने अपने तीन अमूल्य दिन क्यों बरबाद किए? तुम मुझे कुछ दे रहे थे जो मैंने लिया ही नहीं, बात तो वहीं खत्म हो गई।''

वह व्यक्ति बुद्ध का प्रिय शिष्य बन गया। एक दिन उसने पूछा कि उन्होंने उसके व्यवहार पर प्रतिक्रिया क्यों नहीं दी थी?

बुद्ध ने कहा-''मैं लोगों को क्षमा का उपदेश देना चाहता था। मैं लोगों को जिस दोष से दूर रहना सिखा रहा था, उसे स्वयं ही कैसे अपनाता!''

जब तक आप किसी को घर में घुसने की इजाजत नहीं देते, कोई हिम्मत तक नहीं कर सकता। डर के साथ भी ऐसा ही है। आप एक बुरी काल्पनिक घटना के बारे में सोचना आरंभ करते हैं और यह शीघ्र ही आपकी चिंतन प्रक्रिया पर हावी हो जाती है। नियमित अभ्यास से चिंतन प्रक्रिया को इतना मजबूत बनाएं कि उसमें नकारात्मक विचारों का प्रवेश ही न हो सके। मन को

डर से आगे बढ़ो, डर के बाद ही जीत है

प्रदूषित करने वाले लोगों का साथ छोड़ दें। ऐसे लोगों के साथ से तो अकेले रहना कहीं बेहतर होगा। इस तरह आप लक्ष्य की दिशा में जाने के लिए काफी कीमती ऊर्जा बचा पाएंगे।

आपका 'स्व ही चिंतन प्रक्रिया का आकार लेता है। आप जैसा सोचते हैं, वैसा ही व्यक्तित्व बना लेते हैं। एक अनुयायी कभी स्वतंत्र रूप से फैसले नहीं ले सकता, क्योंकि उसने निर्देशों का पालन करने की आदत डाल ली है। आप नहीं कह सकते कि आपके पास फैसले लेने की ताकत नहीं है। मुझे पूरा विश्वास है कि आपके पद के बावजूद, अनेक ऐसी परिस्थितियां आई होंगी, जहां आप फैसले ले सकते थे, किंतु आपने वह कदम इसलिए नहीं उठाया कि कहीं कुछ गलत हो गया तो सारी जिम्मेदारी आपके सिर आ जाएगी। यदि आपकी सोच ऐसी है तो सही मायनों में आप कोई भी फैसला लेने के हकदार ही नहीं हैं। यदि कुछ पाने की आशा रखते हैं तो आपको स्वयं को प्रमाणित करना होगा। प्रत्येक व्यक्ति यही चाहता है कि वही सारे फैसले ले और उसके आस-पास के लोग फैसले की योग्यता पर सवाल उठाए बिना उसे मान लें। चाहे आप जो भी हैं, जहां भी हैं आपको अपनी क्षमता दिखाने का अवसर अवश्य मिलेगा और आपको इसे अवश्य करके दिखाना चाहिए। यदि आप ऐसा नहीं कर सके तो अपने पद के बावजूद स्वयं को कमजोर महसूस करेंगे। अपनी क्षमता का आकलन करने का प्रयास करें तथा जब भी आवश्यकता हो अपनी निर्णय निर्धारण क्षमता को भी सिद्ध कर दें।

1.4

डर का अनुमान

हम चाहें या न चाहें कभी-कभी नकारात्मक सोच भी हमारे मन में डर उत्पन्न करती है। सशक्त मानसिक सोच वाले व्यक्ति के साथ भी ऐसा हो सकता है। आपको शीघ्र-से-शीघ्र डर के कारण को जानकर उसकी गहराई का अनुमान लगा लेना चाहिए। बोध भी कारण का अनुमान लगाने में सहायक होता है। जैसे ही आप मानसिक तौर पर इसका सामना करने के लिए तैयार होते हैं, इसकी गहनता घटती है और कई बार तो यह गायब भी हो जाता है।

मैं इसे छोटे-से उदाहरण से सपष्ट करता हूं। एक इंजीनियरिंग प्रशिक्षु जिसने हाल ही में कोई नौकरी शुरू की है, वह भूल करने से डरता है कि उसकी नौकरी न चली जाए। समय बीतने के साथ-साथ उसकी भूलें इतनी बढ़ती हैं कि वह सचमुच नौकरी से हाथ धो बैठता है। यदि वह पूरे भरोसे के साथ नौकरी करे कि वह कोई भूल नहीं करेगा और यदि नौकरी चली भी गई तो आसमान नहीं टूट पड़ेगा, क्योंकि वह वैसी ही या उससे बेहतर नौकरी पाने के लिए पूरी तरह से सक्षम है तो केवल यही सोच उसके व्यक्तित्व में बदलाव ला सकती है। यह तभी संभव है जब वह बदतर हालात का सामना करने को भी तैयार हो। जब आप एक बार बदतर हालात का सामना करने को तैयार हो जाते हैं तो वे कभी आपके द्वार पर नहीं आतीं क्योंकि वे भी सशक्त मानसिक सोच वाले व्यक्ति से घबराती हैं।

एक व्यक्ति अपने रोजमर्रा के जीवन की समस्याओं से परेशान होकर ज्योतिषी के पास गया, ताकि अपनी ग्रह दशा जान सके। माना जाता है कि ज्योतिषी ग्रहों की दशा और किसी व्यक्ति के जीवन पर उनका प्रभाव जानने में निपुण होते हैं। ज्योतिषी ने उसके हाथ की रेखाएं देखकर कहा-''शनि तुमसे रुष्ट है और जन्मकुंडली के छठे घर में बैठा है। वही सारी समस्याओं की जड़ है। यदि तुम मुझे पांच सौ रुपये दे सको तो मैं देखूंगा कि शनि अपनी दशा बदल दे और तुम प्रसन्न रह सको।"

व्यक्ति ने कहा-''महाराज! मेरे पास पांच सौ रुपये नहीं हैं।"

ज्योतिषी और उस व्यक्ति में मोलभाव चलता रहा और ज्योतिषी मात्र दस रुपये में शनि की दशा सुधारने को मान गया।

उस आदमी ने कहा कि उसके पास देने के लिए दस रुपये भी नहीं हैं। तब ज्योतिषी चिढ़कर बोला-''चलो फूटो। शनि और बुध भी तुम्हारा क्या बिगाड़ सकते हैं, जब तुम्हारे पास कुछ खोने के लिए है ही नहीं।?"

लोगों का मानना है कि अपनी समस्या कहने से आप तनावमुक्त होते हैं। इस बात को अभी अपने मन से निकाल दें, क्योंकि यह आपको निर्भीक बनाने की राह में सबसे बड़ी बाधा है। जब तक आप किसी समस्या को हल करना नहीं सीखते, तब तक आप स्वयं को डर से मुक्त नहीं कर सकते। हो सकता है कि कोई आपको किसी खास डर का सामना करने की सलाह दे दे, किंतु साथ ही वह यह नकारात्मक विचार भी बना लेगा कि आप किसी हालात का

सामना करने के लिए दुर्बल हैं। आपने असफल होने के लिए नहीं बल्कि सफल होने के लिए जन्म लिया है और आप सफलता तभी पा सकते हैं, जब समस्या को अपने स्तर पर पहचानकर उसके लिए सही हल तलाश सकते हैं।

ऋण की राशि या ऋण परामर्श को ब्याज सहित चुका सकते हैं, पर मुझे पूरा यकीन है कि आप जैसा मजबूत व्यक्ति किसी ऐसे काम के लिए ब्याज नहीं देना चाहेगा, जो वह स्वयं कर सकता हो। आप अपनी क्षमता जानते हैं जिसे प्रबंधन की भाषा में बाजार मूल्य कहते हैं और मुझे पूरा यकीन है कि आपने तार्किक रूप से अपना आकलन कर लिया है। एक बार यह कार्य हो जाए तो ऐसे हालात और व्यक्तियों की सूची बनाएं जिनसे आप डरे रहते हैं। उनके वे सभी नकारात्मक बिंदु लिखें जिनसे आपको डर लगता है, फिर प्रत्येक बिंदु की ईमानदारी से जांच करें और इनसे सामना करने की ताकत को भी साथ ही लिखें। मुझे पूरा यकीन है कि फिर कोई बिंदु नहीं बचेगा। अपने भीतर से ही यह जानने का प्रयास करें कि इनसे लड़ने के लिए आपको क्या करना होगा। ये छोटे अभ्यास आपको हमेशा के लिए निर्भीक बना देंगे। स्थिति का विश्लेषण करके उसी के अनुसार कार्य करें परंतु कभी किसी परिस्थिति को स्थगित न करें, अन्यथा यह एक ऐसे कैंसर में बदल जाएगी जिसके लिए बड़ी सर्जरी की आवश्यकता होगी।

यह न भूलें कि जिन व्यक्तियों को आप स्वयं से पद व स्थिति में बेहतर मानते हैं, उन्होंने भी ऐसी परिस्थितियों का सामना किया होगा। वे इनसे ऊपर उठे और विजेता बने और जो इन हालात का सामना नहीं कर सके, वे वहीं रह गए, जहां से चले थे। डरना या न डरना आपके विवेक पर निर्भर करता है। अपने विवेक का प्रयोग करना सीखें। हालात तो आते-जाते रहेंगे, किंतु यदि आपने इनका सामना करने का संकल्प ले लिया तो कोई भी आपको हरा नहीं सकता और कुछ ही समय में आप दूसरों के लिए उदाहरण बन जाएंगे। किसी भी डर को जीतने का सबसे बेहतर उपाय यही है कि उसका पहले से ही अनुमान कर लें, ताकि उससे हो सकने वाले खतरे का पता लग सके और आप उसका सामना करने की योजना बना सकें यानी एक कदम आगे चल सकें। यदि आपने असफल न होने का फैसला कर ही लिया है तो आपको हर प्रकार के डर पर काबू पाना होगा।

एक राजधानी में परंपरा थी कि राजा अपने उत्तराधिकारी को पद सौंपने के बाद वन में रहने चला जाएगा, ताकि सत्ता के लिए आपस में कोई

संघर्ष न हो। वन में वह अकेला अपनी मौत का इंतजार करता। ऐसा कई युगों से चला आ रहा था। एक बार एक ऐसा व्यक्ति राजा बना जो कुशल प्रशासक भी था। जब सब कुछ छोड़कर जाने का समय आया तो उसने सोचा कि वह सत्ता के लिए तो संघर्ष नहीं करेगा, पर वह एक असहाय का जीवन बिताते हुए अपनी मौत की प्रतीक्षा क्यों करे, जिसका समय भी तय नहीं है? अपने सक्रिय जीवन से सेवानिवृत्त होने से एक साल पहले उसने अपनी पसंद के सभी पढ़ने व खेल के सामान के साथ रहने के लिए घर बनवाया और सेवानिवृत्त होने से तीन माह पहले ही राज्य छोड़कर वहां रहने चला गया।

आपको कोई भी काम आरंभ करने से पहले दो बार सोचना चाहिए और अपनी सारी क्षमता व योग्यता का मूल्यांकन कर लेना चाहिए। फिर काम के अंतिम बिंदु तक जाने का प्रयास करना चाहिए, चाहे राह में कितनी ही कठिनाई क्यों न हों। विपरीत परिस्थितियों में भी अपने स्वाभिमान को बनाए रखें और सफलता के फल का स्वाद लें।

1.5
डर पर काबू कैसे पाएं?

एक व्यक्ति ताड़ के पेड़ पर चढ़ना सीख रहा था और उसने मेहनत के बल पर सीख ही लिया। एक दिन वह सबसे बड़े ताड़ के पेड़ पर चढ़ गया और नीचे देखने लगा। इतनी ऊंचाई से नीचे देखते ही वह यह भी भूल गया कि नीचे कैसे उतरना है। जैसा कि इंसानों की आदत होती है, वे मुसीबत के समय भगवान को याद करते हैं, उसने भी मन्नत मानी कि नीचे सुरक्षित उतरने पर एक हजार रुपये का प्रसाद बांटेगा। वह धीरे-धीरे उतरते हुए थोड़ा नीचे आ गया।

फिर उसने सोचा-'पांच सौ रुपये का प्रसाद काफी होगा।' ज्यों-ज्यों वह धरती पर आने लगा, प्रसाद की राशि घटने लगी और पांच रुपये पर आ गई। उसने स्वयं से कहा-'इतने लोग भगवान को रोज प्रसाद चढ़ाते हैं, भला पांच रुपये के प्रसाद से भगवान क्या करेंगे?' यह विचार

दिमाग में आते ही वह रोजमर्रा के कामों में व्यस्त हो गया और प्रसाद वाली बात भुला दी।

एक बार डर का आकलन कर लेने पर उसका सामना करना काफी आसान हो जाता है। डर के उत्तरदायी कारकों का उचित आकलन ही उस पर काबू पाने के उचित उपाय सिखा देगा। यह याद रखें कि इतनी वैज्ञानिक प्रगति के बावजूद कोई एक शक्ति उन सब चीजों को नियंत्रित कर रही है, जो हमारे नियंत्रण में नहीं हैं। जैसे हम अभी तक वृद्धावस्था पर काबू नहीं पा सके। चाहे आप ईश्वर को मानें अथवा न मानें, इससे कोई अंतर नहीं पड़ता, किंतु आपको विवेकपूर्ण सोच अपनानी होगी। इस असीम शक्ति में अंतहीन शक्तियां समाई हैं। आप इसे संख्या रेखा की सहायता से समझ सकते हैं।

संख्या रेखा पर मध्य में एक शून्य होता है। इसका कोई आदि या अंत नहीं होता। हमारे ईश्वर का भी कोई आदि या अंत नहीं है। चाहे दो संख्याएं कितनी भी छोटी क्यों न हों, उनके बीच में अनंत संख्याएं होती हैं। ईश्वर सर्वत्र और अनंत है। गणित में भी अपरिमेय की यही अवधारणा है। यद्यपि हमारे गणितज्ञों द्वारा प्रयोग होने से बहुत पहले यह ऋग्वेद में भी वर्णित थी, किंतु यह आज भी सिद्धांत की वैज्ञानिक व्याख्या करती है। संख्या रेखा में भी सर्वशक्तिमान ईश्वर जैसी ही विशेषताएं हैं।

यदि अब भी कोई संदेह हो तो किसी छोटी कक्षा में पढ़ने वाले भाई या पुत्र की सहायता से इसे समझें।

एक बार एक धार्मिक मामलों के मंत्री आदरणीय अंग्रेज रेवरेंड थॉमस बायस ने ईश्वर के बारे में अध्ययन करने के लिए गणित का आश्रय लिया। उन्होंने संसार में ईश्वर से संबंधित सभी साक्ष्यों का निरीक्षण किया। उन्होंने निष्कर्ष निकाला कि अपने जीवों की प्रसन्नता ही दैवी विधान का चरम लक्ष्य है। उनके द्वारा दिए गए सिद्धांत इतने चुनौतीपरक थे कि उन्होंने अपने जीवनकाल में अपने कार्य को प्रकाशित कराने से इंकार कर दिया। यद्यपि उनके कामों ने ही उन्हें जीवित रखा। उनके सम्मान में आधुनिक निर्णय सिद्धांत को 'बायसियन निर्णय सिद्धांत' के नाम से जाना जाता है। यह नई सूचनाओं के मूल्यांकन के लिए शक्तिशाली सांख्यिकी पद्धतियां प्रदान करता है। यदि इसे सही तरह से प्रयोग में लाया जाए तो प्रबंधक आंकड़े रखे बिना भी भविष्य का बेहतर अनुमान लगा सकते हैं।

ऐसा नहीं कि आपको सब कुछ ईश्वर पर छोड़ देना चाहिए, किंतु यदि सारे प्रयास करने पर भी डर से छुटकारा न मिले तो उसे यह मानकर मन से निकाल दें कि वह आपको कोई नुकसान नहीं देगा, फिर किसी दूसरे काम में लगें, ताकि उस ओर ध्यान ही न जाए। बस यही सोचकर चलें कि आप जीतने के लिए बने हैं और कभी असफल नहीं हो सकते।

आपकी असफलता केवल आपकी असफलता नहीं, उस ईश्वर का भी अपमान है जिसने आपको रचा है। उसने आपको विजेता बनने के लिए भेजा है, हारकर सिर धुनने के लिए नहीं। हालात कोई भी हों, आप वहीं रहेंगे, डरावने हालात व लोग ही हार मानेंगे। ये डर उन कमजोरों के लिए हैं, जो इन बातों में अपनी सकारात्मक ऊर्जा नष्ट करते रहते हैं। आप तो प्रभु की सबसे सुंदर रचना हैं, उसी के समान व्यवहार करें। मैं आपका मानसिक संतुलन बनाए रखने का भरपूर प्रयास कर रहा हूं, ताकि आप जीवन में किसी भी तरह की असफलता से दूर रह सकें। यदि आप दूसरों से आगे निकलकर डर पर काबू पा सके तो दुनिया आगे आकर आपका स्वागत करेगी। अपने भीतर बैठे डर के राक्षस के बारे में सोचकर समय नष्ट न करें। जब तक आप इससे डरते थे, तब तक ही इसका दबदबा था। अब इसे गायब होते देर नहीं लगेगी। कोई रहस्य तब तक रहस्य रहता है, जब तक आप उसे खोल नहीं देते।

2

डर से सामना

न्यूटन के गति के तीसरे नियम के अनुसार ही 'डर' भी किसी क्रिया की प्रतिक्रिया से आरंभ होता है। जब आप जाने-अनजाने में कोई गलती करते हैं तो 'डर' आपके आस-पास मंडराने लगता है और सशक्त मानसिकता के बावजूद आप इसका सामना नहीं कर पाते।

इस धरती पर कोई ऐसा नहीं, जो यह दावा कर सके कि उसने कभी झूठ नहीं बोला। चूंकि सच और झूठ के बीच एक बाल के बराबर अंतर होता है, अतः उनमें भेद कर पाना बहुत कठिन हो जाता है। डर उन सब बोले गए झूठों की उपज है जिनका हममें से अधिकतर लोग विश्लेषण नहीं करते। कई बार समाज में आपकी स्थिति के कारण भी ऐसा होता है। एक बार जब आप समाज में व्यक्ति, धन व सिस्टम के हिसाब से दबदबा बना लेते हैं तो आपका झूठ भी सच माना जाने लगता है। ज्यों-ज्यों इन तीनों मापदण्डों पर ऊंचे होते जाते हैं, उतने ही असत्यवादी होते जाते हैं और उसी अनुपात में डर बढ़ता है। यही हकीकत है।

हो सकता है कि मेरी ये बातें आपको ठीक न लगें, किंतु ये केवल यही अहसास दिलाने के लिए हैं कि जो व्यक्ति अपने प्रति सच्चा न हो, वह समाज तथा दूसरों के प्रति सच्चा कैसे हो सकता है? यह सच नहीं कि हमेशा असत्यवादी ही डरपोक होता है, सच का दामन थामने वाले को भी डर का सामना करना पड़ता है। डर जैसी अवस्था किसी भी क्रिया से आरंभ होती है और न्यूटन के गति के तीसरे नियमानुसार प्रत्येक क्रिया के लिए एक समान तथा विपरीत प्रतिक्रिया होती है। जब आप जाने–अनजाने कोई गलती करते हैं तो नियम के हिसाब से डर आपके आस-पास मंडराने लगता है। सशक्त मानसिकता के बावजूद आप इसका सामना नहीं कर पाते।

किसी गांव में एक व्यक्ति रहता था। वह बहुत साहसी था। प्रायः सभी उसके साहस की चर्चा करते थे। वह एक समाज सुधारक भी था।

इसलिए अक्सर लोगों के साथ बैठकर उनके अंधविश्वास मिटाने की कोशिश करता, ताकि वे एक बेहतर जीवन जी सकें। उस गांव में दो अंधविश्वासी युवक हमेशा लोगों के मन में डर पैदा करने की कोशिश करते। वे उस समाजसुधारक को नीचा दिखाने की चालें चलते रहते। एक दिन उन्होंने उस व्यक्ति को चुनौती दी कि वह आधी रात तक गांव के श्मशान में एक घंटा रुककर दिखाए।

वह स्थान ऐसी जगह था, जहां लोग दिन में भी जाने से कतराते थे। साहसी व्यक्ति ने चुनौती स्वीकार कर ली और बिना किसी डर के आधी रात को श्मशान में जा पहुंचा। वह पूरे एक घंटे तक वहीं रहा और फिर गांव लौटने लगा, जहां सभी उसकी प्रतीक्षा में थे।

ज्यों ही वह मुड़ने लगा तो उसकी कमीज झाड़ियों में फंस गई। उसे लगा कि हो-न-हो किसी बुरी आत्मा ने उसे पकड़ लिया है। वह वहीं गिर पड़ा और दिल के दौरे ने उसके प्राण ले लिए। अब उन दो लोगों को गांववालों की सोच को हजारों साल पीछे धकेलने का मौका मिल गया।

अपने शब्दों और कामों से डर का सामना करना, दोनों अलग-अलग बातें हैं। आपकी करनी कथनी से ज्यादा ताकतवर होनी चाहिए। इस कहानी के पात्र को स्थिति को जानने के बाद ही कोई राय बनानी चाहिए थी। अपनी ताकत पर भरोसा होने के बावजूद उसके अवचेतन मन में यह बात बैठी हुई थी कि इस धरती पर ऐसी अप्राकृतिक शक्तियां भी होती हैं। यही बात उसके जीवन की एक घटना बन गई, जिसने उसकी जान ही ले ली। आप भी मन में कोई ग्रंथि न पालें। इस दुनिया में डर नामक कोई चीज नहीं है। यह केवल सोचने की प्रक्रिया है। आप एक निर्भीक इंसान हैं और आपके कामों से यही निर्भीकता झलकनी चाहिए।

बिना किसी दबाव के अपना काम करें और स्वयं अपने फैसले करें, बस आपको कुछ और नहीं करना।

आपने लोगों को ऐसा कहते सुना होगा–'मैं तो अपने बॉस या किसी और की रत्ती-भर परवाह नहीं करता।' इस तरह के लोग सनकी होते हैं और हमें इन पर तरस खाना चाहिए। जरा उनसे पूछें–'आपको किसी की परवाह क्यों करनी चाहिए? क्या उसने आपको अपनी परवाह करने के लिए कहा है?' आपको करने के लिए काम दिया गया है और आपको केवल अपने काम में ही ध्यान लगाना चाहिए। आप बॉस की परवाह करते हैं या नहीं, क्या इस बात

से बॉस को कोई फर्क पड़ता है? आपकी मंशा यही होनी चाहिए कि लोग आपको एक निर्भीक इंसान के रूप में लें।

आपने अपने आस-पास कुछ दूसरी तरह के लोग भी देखे होंगे। वे हमेशा यही साबित करना चाहते हैं कि संगठन को उनकी आवश्यकता है इसलिए वे वहां काम कर रहे हैं, उन्हें संगठन से कोई लेना–देना नहीं है। हो सकता है कि यह बात सच हो, संगठन को आपके जैसे काम करने वाले की आवश्यकता हो, पर क्या यह सब कहने की कोई तुक है–'मैं इस नौकरी की परवाह नहीं करता, इसे किसी भी दिन छोड़ सकता हूं।' सवाल यह है कि क्या किसी ने आपको ऐसा करने से रोका है? किसी भी संगठन में काम करते समय याद रखें कि आपको उसके साथ समझौता करना होगा। ऐसी भूमिका संगठन नहीं निभाएगा (यदि अपवाद को छोड़ दें)। संगठन तो उस कीड़े जैसे होते हैं जिसकी अनेक टांगें होती हैं, एक- दो टूट भी जाएं तो कोई अंतर नहीं पड़ता। जिस तरह कीड़े की टांगें दोबारा आ जाती हैं, उसी तरह संगठन भी मजबूती पा लेता है।

आपको ऐसे हालात से बचना चाहिए। आपको अपने कामों से अपने-आपको प्रमाणित करना है और यह काम इतना कठिन भी नहीं है। यदि आपमें भी ऊपर दी गई कोई आदत है तो उसे बदलने की कोशिश करें। कुछ ही महीनों में आप स्वयं को ऐसे बदले हुए व्यक्ति के रूप में पाएंगे, जो कभी अपने कामों के कारण असफल नहीं होता। याद रखें कि कभी-कभी कुशल खिलाड़ी भी गलती कर देते हैं। आपकी मानसिक ताकत ही सफलता पाने में सहायक होगी। यह भी याद रखें कि महान युद्ध मानसिक रूप से ही लड़े गए थे। आप भी बड़े युद्ध लड़ने की ताकत रखते हैं, छोटी लड़ाइयां जीतने में ऊर्जा नष्ट न करें।

2.1

स्वयं को जानें

आपने असफल न होने का फैसला किया है और आपने स्वयं से यह वादा किया है। किसी भी सफल व्यक्ति के पास यह भावना होनी आवश्यक है। आप असफल हो ही नहीं सकते, यह इस बात का संकेत है कि आपने दूसरों के मुकाबले लक्ष्य तक जल्दी पहुंचने के लिए अपनी सकारात्मक ऊर्जा का सहारा ले लिया है। इस दिशा में कदम रखने के बाद निश्चित तौर पर सफलता

डर से आगे बढ़ो, डर के बाद ही जीत है

का स्वाद ले पाएंगे। अपने प्रति सच्चा रहने से आप क्या समझते हैं? एक व्यक्ति तब सच्चा होता है, जब वह जानता है कि वह क्या है और उसकी क्षमताएं व योग्यताएं क्या हैं। यह आपकी क्षमता है और सफल होने की कोई भी भावी योजना इस क्षमता के समानुपातिक है। आपके पास कितनी क्षमताएं हैं, इससे फर्क नहीं पड़ता, पर इससे फर्क पड़ता है कि आप उन्हें जानते हैं और आपने उन्हें पूरे आत्मविश्वास के साथ परख लिया है।

आपको अपनी सभी क्षमताओं की एक सूची बनानी चाहिए और नियमित रूप से अपनी क्षमताओं के मूल्यांकन की आदत डालनी चाहिए। याद रखें कि किसी भी व्यक्ति की क्षमताएं सदा एक-सी नहीं रहतीं। ये प्रयोग के हिसाब से घटती-बढ़ती रहती हैं। उचित प्रयोग में आने वाली क्षमताएं समय के साथ-साथ संपूर्णता पा लेती हैं। लक्ष्य का क्षमताओं के अनुरूप होना बहुत मायने रखता है। पिकासो एक अकेला व्यक्ति था और बीस उच्चस्तरीय कलाकार मिलकर भी उसके कार्य का मुकाबला नहीं कर सकते। पिकासो ने विश्वस्तरीय चित्र बनाए क्योंकि उसने अपनी क्षमता का भरपूर प्रयोग किया और उसे उन पर पूरा भरोसा था। यदि वह कोई कला अध्यापक बन जाता तो उसके सफल होने की संभावना क्षीण हो जाती।

अपने प्रति सच्चे बने रहने से आप असफलता का सामना करने से बचे रहेंगे। आप ऐसा कोई भी काम नहीं करेंगे, जहां आपको लगेगा कि आप उसे पूरा करने की क्षमता नहीं रखते। इससे न केवल सकारात्मक ऊर्जा बचेगी, बल्कि आप पूरे मनोबल के साथ नया लक्ष्य भी चुन पाएंगे। यह यात्रा अंतिम लक्ष्य पाने और उसके बाद भी चलती रहेगी, क्योंकि सफलता केवल एक यात्रा है, कोई मंजिल नहीं। बच्चे खिलौना लेकर ही खुश हो जाते हैं क्योंकि वे नहीं सोचते कि उन्हें किसी दूसरी वस्तु से इतनी खुशी मिल सकती है। आप एक वयस्क हैं और आपके पास अपने चुने गए क्षेत्र में श्रेष्ठता पाने के लिए सारा जीवन पड़ा है। यह तभी संभव है, जब आप अपनी जानी-पहचानी क्षमता में ही सुधार लाएं। अपने ऊपर आवश्यकता से अधिक भरोसा करना और बिल्कुल भरोसा न करना दोनों ही हानिकारक हैं। ज्यादा भरोसे से अहं पैदा होगा और भरोसा न करने से तनाव पैदा होगा।

अपनी क्षमता की सही समझ न होने पर आप हमेशा कार्यों को वांछित स्तर से अधिक या कम करने की दुविधा में रहेंगे। इस धरती पर प्रत्येक व्यक्ति का वांछित स्तर अलग है जिसे वह स्वयं ही जान सकता है। यह क्षमता जानने के लिए शिक्षा, पारिवारिक पृष्ठभूमि, कार्य की दशाओं, क्षमताओं, योग्यताओं जैसे

कारकों को ध्यान में रखा जाना चाहिए। ये सभी कारक प्रत्येक व्यक्ति में अलग-अलग होते हैं।

एक बार एक किसान का गधा कुएं में गिर गया। गधा घंटों रोता रहा और किसान उसे बाहर निकालने की तरकीब सोचता रहा। अंत में उसने तय किया कि वह गधा काफी बूढ़ा हो गया था और किसी काम नहीं आता था। इसके विपरीत उसे खिलाना-पिलाना भी पड़ता था, उसे जीवित रखने का कोई फायदा नहीं था। उसने अपने पड़ोसियों से मदद मांगी। सभी मिलकर बेलचे से उस पर मिट्टी उछालने लगे। पहले तो गधा कुछ समझ नहीं सका कि क्या हो रहा था, फिर अपने ऊपर थोड़ी धूल गिरते ही उसने झट से सारी धूल झाड़ दी। लोग उस पर मिट्टी के ढेर फेंकते रहे और वह उसी धूल पर पांव जमाकर ऊपर की ओर आता रहा। पड़ोसी यह देखकर हैरान थे कि जिस गधे को वे दफनाने आए थे, कुछ देर में ही वह कुएं से बाहर निकल आया और वहां से भाग गया।

यहां तक कि गधे जैसे जानवर ने अपनी क्षमता के सही इस्तेमाल से जान बचा ली, जबकि बाकी लोग उसे मार देना चाहते थे। उसने उनकी इच्छा पूरी नहीं होने दी, तभी हम कहते हैं कि अपने प्रति सच्चे बने रहकर ही आप अपना उचित मूल्यांकन कर सकते हैं। दुनिया तो हमेशा आपको एक असफल इंसान के रूप में ही देखना चाहेगी, पर आपने उनकी यह इच्छा पूरी नहीं होने देनी। युद्ध केवल दो लोगों या समूहों के बीच ही नहीं लड़े जाते। स्वयं को किसी भी हालत में जीतने के लिए तैयार करें ताकि वही दुनिया आपकी तारीफों के पुल बांधे।

एक पीरू पक्षी बैल से बात कर रहा था–''मुझे पेड़ की सबसे ऊंची शाखा पर जाने का बेहद शौक है, पर मेरे पास इतना दम नहीं है।''

बैल ने कहा–''तुम मेरा गोबर क्यों नहीं खाते। वह तो पोषण से भरपूर है?''

पीरू ने ऐसा ही किया। पहले ही दिन उसमें पेड़ की पहली शाखा पर जाने की ताकत आ गई। अगले दिन उसने और गोबर खाया और ताकत मिलते ही वह पेड़ की दूसरी शाखा तक जा पहुंचा। अंत में करीब पंद्रह दिन बाद वह पेड़ की सबसे ऊंची डाल पर था। ज्यों ही एक किसान की नजर उस पर पड़ी, उसने उसे मार गिराया।

पीरू को अपनी ताकत का अंदाजा नहीं था, तभी तो उसे अपने प्राण गंवाने पड़े। याद रखें कि गोबर आपको ऊपर तक ले जा सकता है, किंतु वह वहां बने रहने में मदद नहीं करेगा। यह कमजोर लोगों के लिए होता है। आपको इसकी कोई आवश्यकता नहीं है। शायद उस पक्षी ने बैल को भी ध्यान से नहीं देखा था। बैल ने जीवन में क्या पाया? यदि उसने ही कुछ नहीं पाया तो उसके गोबर के बल पर पक्षी पेड़ पर सुरक्षित कैसे रह सकता था? स्वयं सीढ़ी पर चढ़ना सीखें। लता या बेल न बनें, वरना वहीं लौटना होगा, जहां से चले थे। जीवन में सांप-सीढ़ी का खेल न खेलें। अपने द्वारा तय किए गए लक्ष्य तक जाने के लिए केंद्रित हों। कोई मदद करे तो आभार व्यक्त करें, कोई मदद न करे तो धन्यवाद देकर आगे निकल जाएं। जब आपने असफल न होने का फैसला कर ही लिया है तो अपने साथ कुछ न लेकर चलें।

बैल की कहानी सकारात्मक दिशा में सोच को ले जाएगी, जब तक जीने-मरने का सवाल न हो, किसी से अहसान न लें और मुझे यकीन है कि आपके जीवन में ऐसे हालात कभी नहीं आएंगे। आप पूछ सकते हैं कि मुझे इस बात पर इतना भरोसा क्यों है। मेरा जवाब बिल्कुल सादा होगा कि यदि यह आपकी उत्तरजीविता का प्रश्न है तो आप बेहद दुर्बल हैं और यह किताब आपके लिए एक उचित चुनाव नहीं है। यह किताब केवल उन्हीं लोगों के लिए है जिन्होंने हर हाल में जीतने का फैसला कर लिया है। अपनी क्षमता की सही परख का यही वक्त है ताकि आपको किसी बैल की मदद न लेनी पड़े और गोबर का तो सवाल ही नहीं पैदा होता।

2.2

अपने परिवार व मित्रों को जानें

हमारी सफलता और असफलता केवल हमारे अपने प्रयास नहीं, अपितु हमारे आस-पास के सभी हालात का निचोड़ होता है। हमें समझना चाहिए कि हम अपने मित्रों व परिवार द्वारा जाने जाते हैं। परिवार के सदस्य चुनने में हमारी कोई भूमिका नहीं होती, किंतु हम अपने मित्रों को तो स्वयं ही चुनते हैं। हमारे परिवार के सदस्यों और मित्रों द्वारा ही हमारी सोच संचालित होती है और हम उसी के अनुसार कार्य भी करते हैं। हम चाहें या न चाहें यह मानसिकता हमारी सफलता के विषय में बहुत मायने रखती है। हमें भावी

योजनाओं पर काम करने से पहले अपनी और अपने साथ के लोगों की क्षमता को परख लेना चाहिए।

परिवार के सदस्यों का योगदान तभी से आरंभ हो जाता है, जब आप कुछ जानते तक नहीं। वे अपनी सोच के अनुसार आपका भविष्य गढ़ते हैं और आप भी वैसा ही सोचने लगते हैं। यदि वह आपकी सोच के अनुकूल है तो आपके लिए किसी वरदान से कम नहीं और सफलता की कहानी लिखने में सहायक होगी तथा सफल होने की ऊर्जा भी प्रदान करेगी, किंतु यदि यह विपरीत है तो आपको सावधान होना होगा। अच्छे माता-पिता पाना किसी वरदान से कम नहीं और अगर यह आपके पास है तो आप दूसरों से कहीं आगे हैं। माता-पिता की सबसे अहम भूमिका यही है कि वे बच्चों को डर का सामना करना सिखाएं। बच्चों के सामने दुनिया की बेरौनक तस्वीर प्रस्तुत करके उन्हें अनावश्यक रूप से डराएं नहीं। वे ही माता-पिता सफल माने जा सकते हैं, जो अपने बच्चों को किसी भी परिस्थिति में अकारण न डरने की शिक्षा दे सकें।

एक सच्चा मित्र वही है, जो मुसीबत में काम आए, किंतु इस भौतिकवादी युग और वैश्वीकरण ने इस कहावत के मायने बदल दिए हैं। आपका भावी व्यक्तित्व गढ़ने में एक मित्र की भूमिका भी काफी अहम होती है। यदि वे कहने लगें कि आप एक दिन अवश्य सफल होंगे तो आप निश्चित तौर पर सफल होंगे, किंतु इसका विपरीत भी उतना ही सच है। मित्र ही हमें बताते हैं कि हम क्या हैं और हमारी क्षमताएं क्या हैं। वे हमें हमारे भीतर छिपी क्षमताओं की याद दिलाते हैं, किंतु कई बार हम दिखावे के चक्कर में यह पहचान ही नहीं पाते कि हम वास्तव में क्या हैं और क्या चाहते हैं, जैसा कि सौरव के साथ हुआ।

सौरव तेईस वर्षीय युवक था। उसे इंजीनियरिंग की डिग्री पाने के बाद एक बहुराष्ट्रीय कंपनी में नौकरी भी मिल गई। इससे उसे लगने लगा कि वह दूसरों से कहीं बेहतर है। विवाह योग्य आयु हुई तो पिता ने उसे दो अच्छे खानदानों की लड़कियों के चित्र दिखाए, ताकि वह उनमें से किसी एक को चुन ले। उसने बहाने बनाकर दोनों से ही शादी करने से इंकार कर दिया। इसी तरह एक वर्ष बीत गया और पिता ने एक और रिश्ता देखा, फिर सौरव को सिंधु नाम की लड़की से मिलवाया गया। वह एक सभ्य परिवार की सुसंस्कृत कन्या थी। सौरव के माता-पिता, छोटा भाई और वह स्वयं भी लड़की के घर गया। उसने मन-ही-मन

सिंधु को पसंद तो कर लिया, पर अपनी अकड़ दिखाने के लिए पूछा-''क्या आप गाना जानती हैं?''

सिंधु ने हामी भरी।

सौरव ने फिर से पूछा-''क्या आप नाचना जानती हैं?''

सिंधु ने फिर से हामी भरी।

चाय पेश की गई और इसी दौरान सिंधु की सौरव के छोटे भाई शशांक से दोस्ती हो गई। उसने उससे पूछा कि क्या उसके भाई को ढोल बजाना आता है।

परिवार वाले जानना चाहते थे कि सिंधु ने उससे क्या पूछा था। शशांक ने सबको बता दिया । पूछने पर सिंधु ने कहा कि उसने यही जानने के लिए प्रश्न किया था कि जब वह नाचेगी और गाएगी तो ढोल कौन बजाएगा, क्योंकि उसके बिना तो नाच-गाना जमेगा नहीं।

प्रेरणादायक शब्द हमारी क्षमता और स्वाभिमान की वृद्धि में सहायक होते हैं। वे ही हमें निर्भीक या कायर बनाने के कारक हैं, क्योंकि वे हमें उनके अनुसार प्रतिक्रिया देने के लिए विवश करते हैं। हमारा भविष्य भी उनके अनुसार ही तय होता है। हम बड़ी किस्मत से ऐसे मित्र पाते हैं, जो हमेशा अपने शब्दों से हमारा उत्साह बढ़ाने के साथ-साथ यह अहसास भी दिलाते हैं कि हम सारी बाधाओं के बावजूद दुनिया में कुछ भी पा सकते हैं। वे हमारे मार्गदर्शक बल बन जाते हैं। बचपन में यदि इस प्रकार का समर्थन मिले तो हम काफी हद तक डर का सामना करने के लायक हो जाते हैं और जान जाते हैं कि डर (भय) कुछ नहीं, केवल एक मानसिक अवस्था है।

आस-पास का वातावरण भी हमारा भविष्य बनाने में सहायक होता है। हमें जो वातावरण मिलता है, उसी से हमारा व्यक्तित्व बनता है। यहां माता-पिता की सकारात्मक भूमिका यही है कि वे बच्चे को एक ऐसा माहौल दें जिसमें वह एक मजबूत और निर्भीक व्यक्ति के रूप में अपने संपर्क में आने वाले हर आदमी का ध्यान रखने के साथ-साथ हालात का सामना करने के लिए भी तैयार रहे । किसी भी व्यक्ति की सफलता या असफलता से उसका वातावरण भी प्रत्यक्ष तौर पर प्रतिबिंबित होता है।

एक बेहतर वातावरण एक बेहतर व्यक्तित्व का और एक दुर्बल और डरपोक वातावरण दोहरे व्यक्तित्व का परिचायक है, जो न केवल उस व्यक्ति के लिए बल्कि समाज के लिए भी घातक होता है।

2.3

अपने संगठन को जानें

हममें से अधिकतर व्यक्तिगत रूप से बेहतर काम करते हैं, किंतु जब भी कोई सामूहिक कार्य करना पड़ता है तो आपसी मतभेद पैदा हो जाते हैं। समूह का प्रत्येक सदस्य यही सोचता है कि वह सही है तथा बाकी सब गलत हैं। विडंबना यह है कि हम सबसे ऊंचे पद पर पहुंचने या फिर किसी दूसरे संगठन का हिस्सा बनने पर भी इसका अहसास तक नहीं कर पाते। आप सभी योग्यताओं के विषय में निश्चित हैं, किंतु इसका अर्थ यह नहीं कि आपको दूसरों को मान व प्रशंसा नहीं देने चाहिए। कई बार ऐसा जाने-अनजाने में भी हो जाता है । जो व्यक्ति जीवन में कभी असफल नहीं होता, वह हमेशा दूसरों को साथ लेकर चलता है तथा किसी छोटी-सी उपलब्धि पर भी उसे सराहता है। सफल होने व असफल न होने का सबसे बेहतर हिस्सा यही है कि सबको एक साथ आगे ले जाएं। यह उनके ही नहीं बल्कि आपके भी हित में होगा। आप कह सकते हैं कि आपको मजबूरन ऐसा करना पड़ता है, वरना आपको उनके इकट्ठे दबाव के आगे काफी ऊर्जा लगानी होगी व लक्ष्य तक पहुंचने की राह में बाधा आएगी। वे जब मिलकर आपको पीछे धकेलेंगे तो आपके लिए उस असर को घटाना कठिन होगा।

आपका प्रमुख उद्‌देश्य यही है कि दूसरों से कम समय में लक्ष्य तक पहुंचें व याद रखें कि यह सब हवा में नहीं मिलने वाला तो लक्ष्य प्राप्ति में दूसरों की ताकत का इस्तेमाल क्यों न करें। इस दुनिया में सफल व्यक्तियों का उदाहरण लें और आपको अपना उत्तर मिल जाएगा। उच्च पद पर बैठा व्यक्ति स्वतंत्र रूप से काम करने देता है और सबके सम्मिलित कार्यों का जोड़, उसका अपना लक्ष्य होता है। संगठन के प्रति सच्चाई इसी को कहते हैं। प्रत्येक संगठन का एक विज़न व उद्‌देश्य होता है। संगठन के एक हिस्से के रूप में, आपको भी उस विज़न व उद्‌देश्य की पूरी समझ होनी चाहिए व आपका लक्ष्य भी उसी के अनुसार होना चाहिए, अन्यथा आप वहां अपनी ऊर्जा बरबाद कर रहे हैं। आपको बेहिचक झटपट वहां से विदा ले लेनी चाहिए।

थोड़े ही समय पहले की बात है, पेंग्विन महासागरों के विशाल क्षेत्र पर राज करते थे। ये पेंग्विन न तो हमेशा से बुद्धिमान थे और न ही

लोकप्रिय, किंतु वे हमेशा सक्रिय रहते। उच्च प्रबंधक अपने खास काले-सफेद सूट पहनता। उसका मानना था कि सार्वभौमिकता ही काम करने का तरीका है। एकरूपता ही एकता है। वहीं दूसरी ओर कामगार पक्षी रंगीन पोशाकें पहनते, जो उनके काम व जीवन शैली को प्रतिबिंबित करतीं। जो पक्षी कॉर्पोरेट जगत की सीढ़ियां चढ़ना चाहते थे, उन्हें पेंग्विनों की तरह आचरण करने व पेंग्विन सूट पहनने की सलाह दी जाती। वे पेंग्विनों के कदमों पर चलते व उनके नेताओं का अनुसरण करते।

एक दिन एक पैरी नामक मोर पेंग्विनों के यहां आ पहुंचा। वह बहुत जोशीला, रंगीन व नए विचारों से भरपूर था। हालांकि वह अलग था, पर पेंग्विन उसके नए विचारों से प्रभावित थे। उन्हें उसमें पेंग्विन प्रतिभा दिखाई दी। पहले-पहल सभी प्रसन्न थे। पेंग्विन भी इस नई भर्ती से प्रसन्न थे।

पैरी की रचनात्मकता नए नतीजे लाने लगी, लेकिन समय बीतने के साथ-साथ पैरी के खिलाफ आवाजें उठने लगीं। वह इतना जोशीला, रंग-बिरंगा व नए विचारों से ओत-प्रोत था कि उससे पेंग्विनों के सुविध ा-दायरे में सेंध लगने लगी। पैरी भी खुश नहीं था। पेंग्विन उसे अपने जैसा बनाना चाहते थे। उसे कहा गया-'हम सबकी तरह बनो, पेंग्विन सूट पहनो।' इससे दोनों ही पक्ष अप्रसन्न थे।

कई संगठनों में रचनात्मकता व नवीनता को 'ताजी हवा के झोंके' के रूप में लिया जाता है। कई पैरी ऐसे हैं, जिन्हें अपनी रचनात्मकता के कारण भर्ती किया जाता है। हालांकि बाद में उन्हें भी आम बनने को बाध्य कर दिया जाता है। संगठन में मोर व पेंग्विन तो हमेशा ही रहेंगे। इसके अलावा ऑफिसों में कबूतर भी होते हैं, जो शांति कायम करते हैं। चिड़ियां तटस्थ रहना चाहती हैं, ऑस्ट्रिच रेत में सिर दिए बैठे रहते हैं। बेशक मोर नए तथा विविध विचार लाते हैं, किंतु पेंग्विनों द्वारा प्रदान की गई स्थिरता को भी अनदेखा नहीं करना चाहिए। संगठन की बैकबोन होने के नाते पेंग्विनों को भी पहचानना होगा कि यदि संगठन में स्वीकृति तथा विश्वास होगा, तभी विविधता का अस्तित्व रह पाएगा। जब हम एक-दूसरे के विचारों को सराहना सीखते हैं, तो ज्यादा बेहतर तरीके से सुनने को उत्सुक होते हैं, नए विचारों के लिए आग्रही होते हैं तथा उन्नति के लिए और भी प्रेरित होते हैं। डाल-डाल के पक्षी परस्पर ताल-मेल के साथ काम कर सकते हैं।

2.4
अपने काम को जानें

यह हमेशा कहा जाता है कि काम नहीं, बल्कि उसे करने वाला अधिक महत्त्वपूर्ण होता है। यह आपके प्रति भी सत्य होना चाहिए। आप जो भी करें, उससे आपकी छवि झलकनी चाहिए, तभी आप स्वयं को दूसरों से बेहतर साबित कर पाएंगे। यदि आप भी दूसरे आम लोगों की तरह ही कार्य कर रहे हैं तो कोई भी आपको अलग नहीं मानेगा। विजेता कोई अलग काम नहीं करते, बस वे कामों को थोड़ा अलग तरीके से करते हैं, अन्यथा सभी विजेता क्यों नहीं हो सकते थे। जो भी करें, उसमें पूरी तरह से सुनिश्चित हों, तभी सफलता की राह पर अग्रसर हो पाएंगे। आपके काम करने के तरीके में रचनात्मकता और नवीनता का अनूठा समावेश होना चाहिए। एक विजेता दूसरों के मुकाबले आस-पास की घटनाओं के प्रति अधिक सजग होता है। ऐसा नहीं कि न्यूटन के देखने से पहले सेब पेड़ों से गिरते ही नहीं थे। उसने इसे ध्यान से देखा और अपना सिद्धांत दिया। जो लोग पहले से इस घटना को देखते आ रहे थे, उन्होंने चुप्पी साध ली। वे यही सोचते रह गए कि उनके दिमाग में यह क्यों नहीं आया। आपको भूलना नहीं चाहिए कि आप सारे काम नहीं कर सकते, पर आपको जानना चाहिए कि सारे काम होते कैसे हैं। यह आपके लिए दो तरीकों से महत्त्व रखता है। यदि आप काम नहीं जानते तो उसे सीखना चाहेंगे। यदि आप उसे पहले से जानते होंगे तो कोई भी आपका मुकाबला नहीं कर पाएगा और आपको उससे जुड़ी बारीकियां भी पता होंगी।

किसी काम के जानने या करने में बहुत अंतर होता है। एक सफल व्यक्ति बनना चाहते हैं तो काम को करना और जानना दोनों ही आने चाहिए। कभी किसी दूसरे से वह काम करने को न कहें, जो आप स्वयं कर सकते हैं।

एक दिन महात्मा गांधी साबरमती आश्रम में विश्राम कर रहे थे। एक वृद्धा जोर-जोर से रोते हुए आई और कारण पूछने पर बोली-''मेरा बेटा बहुत मीठा खाता है। डॉक्टरों ने कहा है कि इसने मीठा खाना न छोड़ा तो इसकी जान भी जा सकती है। यह आपको बहुत मान देता है। अगर आप कह देंगे तो शायद इस पर कोई असर हो जाए।''

डर से आगे बढ़ो, डर के बाद ही जीत है

गांधी जी ने एक पल सोचा और फिर उस महिला को एक सप्ताह बाद आने को कहा। वह अगले सप्ताह आई तो उन्होंने फिर अगले सप्ताह आने को कहा। इसी तरह दो माह बीत गए। जब वह लड़का आया तो वे उसे पास बिठा, पीठ थपथपाकर बोले-''मीठा खाना सेहत के लिए अच्छा नहीं होता। इसे छोड़ दो।''

बच्चे ने उनकी सलाह मान भी ली।

तकरीबन एक सप्ताह बाद उस महिला ने आकर कहा-''महात्मा! आपने इस छोटी-सी सलाह देने में इतना वक्त क्यों लगाया? यह तो आप पहले ही दिन कह देते?''

वे बोले-''बहन, जब तुम मुझसे मिलीं तो मैं स्वयं बहुत मीठा खाता था। मैं वह सलाह देने का साहस नहीं बटोर सका जिस पर खुद अमल नहीं करता था।''

हममें से अधिकतर को अपनी जिम्मेदारी दूसरों के सिर डालने और बहाने बनाने की आदत होती है। दूसरों को काम सौंपने के बाद भी हम दखलंदाजी से बाज नहीं आते। हम सोचते हैं कि सही तरीके से काम हुआ तो सारा श्रेय हमारा होगा और पूरा न हुआ (संभावना तो यही है कि पूरा नहीं होगा, क्योंकि न तो आपने स्वयं किया और न ही दूसरे को करने दिया) तो बहाना तैयार ही है। दुर्बल हमेशा ऐसी बहानेबाजी पर ही जीते हैं।

आपको इस श्रेणी में नहीं आना क्योंकि आप जो किताब पढ़ रहे हैं, वह यही सिखाती है कि कोई काम कैसे करना चाहिए। सफल व्यक्ति काम का श्रेय दूसरों को देते हैं और दोष अपने सिर ले लेते हैं। उन्हें अपनी जीत का पूरा भरोसा होता है। इस धरती पर ऐसा कोई काम नहीं, जो आप नहीं कर सकते। यदि आप कोई कार्य कर सकते हैं तो आपको उसे सुधारने की समझ भी होनी चाहिए। यह सिर्फ आपकी सोच का सवाल है। स्वयं को हमेशा सकारात्मक रखने का प्रयास करें।

आप अपने आस-पास कई अप्रसन्न व्यक्ति पाएंगे। जो मनपसंद काम न मिलने के कारण नाखुश रहते हैं और हर जगह के लिए अनफिट हो जाते हैं। हमें समझना चाहिए कि सबको अपना मनपसंद काम नहीं मिल सकता, किंतु अपनी क्षमता सिद्ध कर सकें, ऐसा तो कहीं भी हो सकता है। काम चाहे जो भी हो, आपके पास अपनी क्षमता दिखाने का अवसर तो होता ही है।

द प्वाइंट केजन (एक जापानी शब्द, हमेशा कुछ नया करना) हमेशा अपना महत्त्व रखता है तथा एक व्यक्ति होने के नाते आपको भी जानना चाहिए

कि आप भी किसी काम को हमेशा दूसरों से बेहतर तरीके से कर सकते हैं। इससे आपकी पहचान और क्षितिज दोनों का विस्तार होगा।

यदि आपको आपके नए विचारों के साथ स्वीकृति मिल गई तो कोई भी आपको आगे बढ़ने से रोक नहीं सकता, किंतु पहले आपको अपने काम को आदर-मान देना सीखना होगा।

2.5

वह जानें जिसे आप नहीं जानते

आप भी सोच रहे होंगे कि इसका क्या अर्थ है, यह तो बहुत साधारण बात है। सफल होने के लिए जो भी जानना आवश्यक है, आपको वह सब जानना चाहिए। यही आपकी प्राथमिकता होनी चाहिए क्योंकि यह सफलता के लिए आवश्यक सामग्री है। आप जहां भी हैं और जो भी कर रहे हैं, आपको अपने काम की पूरी बुनियादी जानकारी होनी चाहिए। काम की गुणवत्ता से भटक गए तो असफलता के सिवा कुछ हाथ नहीं आएगा। आपने असफल न होने का फैसला कर लिया है इसलिए आपके लिए आराम करने का तो कोई सवाल ही नहीं पैदा होता। सफलता पाने और उसका स्वाद चखने में अंतर होता है। यह तभी संभव है, जब आप अपने काम को दूसरों से बेहतर जानते हों। अपने काम की बारीकियां जानने के बाद आप उसमें प्रवीण होकर दूसरों से बेहतर प्रदर्शन दे सकते हैं। काम में रुचि लेने से आत्मविश्वास आएगा और आप गुणवत्ता पाने का सपना साकार कर पाएंगे। दूसरों से अधिक तेजी से आगे निकलना चाहते हैं तो स्वयं को अद्यतन करना सीखें, क्योंकि आप जानते हैं कि समय तो हमेशा ही कम होता है।

वियतनाम में यू.एस. नेवी का एक जैट पायलट था। 75 युद्ध मिशन के बाद उसका विमान एक मिसाइल से नष्ट हो गया। पायलट पैराशूट से कूदा और दुश्मनों के हाथ पड़ गया। उसे छः साल तक कम्युनिस्ट वियतनामी जेल में रखा गया। फिर छूटने के बाद वह अपने अनुभवों के बारे में भाषण देने लगा। एक दिन वह पत्नी के साथ रेस्त्रां में बैठा था। दूसरी मेज से एक आदमी ने आकर कहा—"आप एक पायलट हैं और आप एयरक्राफ्ट किटी हॉक से वियतनाम में जैट फाइटर्स उड़ाते थे। आपका विमान नष्ट हो गया था।"

डर से आगे बढ़ो, डर के बाद ही जीत है

पायलट ने पूछा-''तुम यह सब कैसे जानते हो?''

वह व्यक्ति बोला-''मैंने आपका पैराशूट पैक किया था और मुझे उम्मीद है कि उसने सही काम किया होगा।'' यह सुनकर तो पायलट का मन आभार से भर गया और वह बोला-''उस दिन तुम्हारा पैराशूट काम न करता तो आज मैं एक हीरो न होता और न ही इस दुनिया में होता।'' उस रात वह सो न सका और उस आदमी के बारे में ही सोचता रहा। पायलट ने सोचा-'मैं यही सोचता रहा कि वह नेवी की वर्दी में कैसा दिखता होगा। एक सफेद हैट, पीछे की ओर बिब और बैलबॉटम पैंट।' पायलट बैठकर सोचता रहा कि उस नाविक ने जहाज की लंबी लकड़ी की मेज पर बैठकर कितनी सावधानी और लगन से हर पैराशूट के धागे को बुना होगा और हर बार उसके हाथ में किसी ऐसे का भाग्य रहता होगा जिसे वह जानता तक नहीं।

स्वयं को सबसे बेहतर बनाने के लिए तैयार कर लें क्योंकि यही आपका भाग्य है। आपके सिवा इसे पाने से कोई नहीं रोक सकता। मैं आशा करता हूं कि आप जल्दी से अपने लक्ष्य तक पहुंचे और ऐसा इंसान बनने की आपकी इच्छा पूरी हो जाए, जो जानता है कि सफलता कैसे पानी है। यह समय भी अब दूर नहीं है, आपने असफल न होने का फैसला ले ही लिया है तो अपने लिए सबसे बेहतर पाने के लक्ष्य तक जाने के लिए काफी ऊर्जा बचा पा रहे होंगे।

हम ऐसे बहुत से लोगों से मिलते हैं जिन्हें अपने काम के सिवा किसी भी दूसरे काम की जानकारी नहीं होती। मुझे याद है जब मुझे के.बी.सी. के लिए चुना गया था तो अपनी पत्नी के साथ मुंबई गया था। इससे कोई फर्क नहीं पड़ता कि मैं पहले ही राउंड में बाहर हो गया, किंतु मुझसे पहले वाला प्रतियोगी उदयपुर में साड़ियों की दुकान का मालिक था। हम दोनों राजस्थान से थे और हमने काफी समय एक साथ बिताया। रविवार को हम पूरा दिन खाली थे। वह व्यक्ति कला से स्नातक था और पैतृक व्यवसाय संभाल रहा था। उसने कहा कि उसे पढ़ाने का बहुत शौक है और वह दुकान बंद करने के बाद घर के बच्चों को पढ़ाता है। रविवार को वह पड़ोस के सभी बच्चों की कक्षाएं लेता है और इसी शौक ने उसे पचास लाख जितवाने और उसका मनोबल बढ़ाने में मदद की।

कुछ लोग कह सकते हैं कि उसकी किस्मत अच्छी थी कि उसे पूछे गए सभी सवालों के जवाब आते थे, किंतु मैं तो ऐसी सोच को मूर्खतापूर्ण ही कहूंगा, जो किसी आदमी की मेहनत को नहीं पहचानती। मैं उससे इतना

प्रभावित हुआ कि हम दोस्त बन गए। वह अब भी समय-समय पर मुझे फोन करता है और मैं उसे सैंपल किताबें भेजता हूं, जो मेरे पास बड़ी मात्रा में आती हैं। मुझे लगता है कि कुछ लोग ऐसे होते हैं, जो सिर्फ काम में विश्वास रखते हैं और विजेता बनते हैं। एक चर्चा के दौरान अचानक उसने मुझसे पूछा कि दो संख्याओं के बीच दशमलव लगाने का सबसे बेहतर स्थान कौन-सा है। नीचे, बीच में या सबसे ऊपर। मैं मानता हूं कि तकरीबन रोज यह सब देखने के बावजूद मुझे अपने उत्तर पर भरोसा नहीं था। मुंबई से वापस जाते ही मैंने ऑक्सफोर्ड यूनिवर्सिटी प्रेस को पत्र लिखकर यह जानना चाहा कि दो अंकों के बीच में दशमलव का सही स्थान क्या है? जरा हालात पर गौर करें : जिस व्यक्ति का किसी खास व्यवसाय से कोई लेन-देन नहीं, वह उसकी बारीकियां तक जानता है और उनका लाभांश भी पाता है।

मैं आपसे यह नहीं कह रहा कि आपको सारे गैर जरूरी आंकड़े एकत्रित करने चाहिए, किंतु किसी विशेष क्षेत्र में रुचि है तो उसे मरने न दें। चाहे वह आपके क्षेत्र से संबंधित न भी हो, तो भी उसकी उपेक्षा न करें। वह आपके दिमाग के लिए टॉनिक का काम करेगी। स्वयं को अपने क्षेत्र की जानकारी से अद्यतन रखें ताकि सर्वश्रेष्ठ प्रर्दशन दे सकें। आपको वर्तमान कार्य के प्रति वचनबद्धता के बावजूद अपनी मानसिक आवश्यकताओं को संतुष्टि देने के लिए भी थोड़ा समय निकालना चाहिए।

3

डर से सामना करने की तैयारी

डर आपकी सफलता के रास्ते में छिपा शत्रु है। यदि अपना कीमती समय बचाना चाहें तो इसका डटकर सामना करें और इसे तत्काल मार दें।

डर तो अनिवार्य है, आप चाहें या न चाहें, यह छिपे शत्रु के रूप में आप पर हमला करेगा, जो नंगी आंखों से दिखाई तो नहीं देता, पर उत्पादक सोच की यात्रा पर निकलते ही आपको परेशान करने लगता है। आपका इस पर कोई वश नहीं, यह चिंतन प्रक्रिया पर हावी होकर आपको हमेशा के लिए रोगी बना देता है। इसे दूर करने का एक ही तरीका है कि डर को स्थायी तौर पर दूर करने के लिए नियोजित प्रयास किए जाएं। एक बार इससे घिरने के बाद आपको इस पर काबू पाने की समय सीमा तय करनी चाहिए। कभी किसी डर को स्थगित न करें, वरना यह काबू से बाहर हो जाएगा और इससे छुटकारा पाने में उतना ही समय लगेगा। प्रगति का सुरक्षाजाल बनाना व डर का सामना करने की योजना बनाना दोनों अलग-अलग पहलू हैं। सुरक्षाजाल आपके लक्ष्य का सकारात्मक नतीजा है, जबकि डर आपके सुरक्षाजाल में बाधा देगा। कष्ट देने वाले डर का सामना करने की योजना बनाने के लिए तत्पर रहें। यह याद रखें कि यह आपकी प्रगति में भी बाधक है।

एक व्यक्ति पत्थर की खदान में पत्थर काटने का काम करता था। उसे लगता था कि वह काम निचले स्तर का था और उसे कोई बेहतर काम करना चाहिए था। वह अपना काम छोड़कर बेहतर काम की तलाश में चल पड़ा। वह एक व्यवसायी से मिला और उसका घर देखा। उसने सोचा–'काश मेरे पास भी ऐसा काम और घर होता!' भगवान ने उसे झट से व्यवसायी बना दिया। समय बीतने पर राजा का मंत्री शहर में चक्कर लगाने आया। सभी व्यापारी उसके सामने सिर झुका रहे थे। उसने

डर से आगे बढ़ो, डर के बाद ही जीत है

सोचा कि उसे मंत्री की तरह ताकतवर होना चाहिए। भगवान ने उसकी सुन ली और उसे एक मंत्री बना दिया। मंत्री बनने के बाद वह हमेशा विभिन्न देशों के दौरे पर रहता।

एक दिन वह दौरे पर निकला तो उसे सूरज की धूप ज्यादा ताकतवर लगी। अब वह सूरज बनना चाहता था। भगवान ने उसकी यह बात भी मान ली। एक दिन सूरज को बादलों ने घेर लिया तो सूरज अपनी धूप खो बैठा। अब उसने बादल बनने की सोची। बादल बनने के बाद वह सब कुछ कर सकता था, पर पहाड़ का कुछ नहीं बिगाड़ सका। वह तो सबसे ज्यादा ताकतवर निकला। भगवान ने उसकी पहाड़ बनने की इच्छा भी पूरी कर दी। एक दिन पहाड़ ने देखा कि एक पत्थर काटने वाला उसी की ओर आ रहा था, ताकि पहाड़ काट सके।

किसी डर के प्रभाव को नियोजित रूप से समाप्त करने के सिवा कोई उपाय नहीं होता। हो सकता है, आरंभ में लगे कि इस काम में सकारात्मक ऊर्जा नष्ट हो रही है, किंतु यह आपकी प्राथमिकता है। अपने मन में उत्पन्न डर का सामना करने का वह तरीका कभी न अपनाएं, जो इस कहानी वाले व्यक्ति ने अपनाया। आपने अपनी क्षमता के बल पर सफल होने का लक्ष्य बनाया है, किसी की दया के बल पर नहीं, तभी तो कहा जाता है कि सफल इंसान हमेशा अपने तरीके से काम करता है।

आपने असफल न होने का फैसला लिया है और इसके लिए आपको एक योजना बनानी होगी। सफलता की राह में डर आपका सबसे बड़ा शत्रु है और इससे छुटकारा पाना ही आपका सबसे पहला लक्ष्य होना चाहिए। केवल एक अच्छी योजना ही इस विषय में सहायक हो सकती है। मैं गारंटी देता हूं कि इसे पाने के बाद आप असफल नहीं हो सकते। डर आपकी सफलता के रास्ते में छिपा शत्रु है। यदि अपना कीमती समय बचाना चाहें तो इसे तत्काल मार दें। पूरी रणनीति के साथ आगे आने वाली समस्याओं के बारे में विचार करें। राह में आने वाले किसी भी अवसर को अनदेखा न करें। अवसर उन्हीं के काम आते हैं, जो उन पर काम करना जानते हैं।

एक समयसीमा तय किए बिना आप सफलता नहीं पा सकते और न ही काम के बारे में गंभीर हो सकते। डर का सामना करने की मंशा के विषय में भी ऐसा ही है। आपको डर के कारण का विश्लेषण करना होगा, जो किसी व्यक्ति या परिस्थिति के कारण हो सकता है, फिर आपको उस पर काबू पाने की योजना बनानी होगी। एक बार सब तय कर लेने के बाद उस पर अमल

करने में देर न करें। यदि आपातकाल में योजना बदलनी भी पड़ी तो आपको अधिक समय नहीं लगेगा। यदि कुछ बोलने की आवश्यकता न हो तो कुछ कहे बिना ही अपना काम करके दिखाएं।

डर हमारी चिंतन प्रक्रिया की प्रतिक्रिया का उत्पाद है। प्रत्येक रासायनिक प्रक्रिया में एक उत्पाद उत्पन्न होता है। इसी तरह डर पैदा होता है, जिसका निराकरण करना आवश्यक है। यदि डर को दूर न किया जाए तो यह हमारी सोच को प्रभावित कर सकता है। यदि इसने गहरी जड़ें पकड़ लीं तो इससे पीछा छुड़ाने के लिए और भी ताकत चाहिए। किसी संगठन में काम करने वाले को लगता है कि उसका प्रदर्शन ठीक नहीं है क्योंकि बॉस ने उसे टोका है और उसकी कमियों की तरफ संकेत किया है। भारतीय तंत्र में प्राय: बॉस यही मानकर चलते हैं कि अधीनस्थ की तारीफ करने से एक बॉस के तौर पर उनकी छवि धूमिल होगी। जब आप अपनी डरपोक सोच के साथ बॉस के सामने जाते हैं तो आपको डर लगने लगता है। कुछ समय बाद तो आप उसकी आवाज सुनकर भी डरने लगते हैं। इसका आपके प्रदर्शन पर गलत असर पड़ता है और आप लाख कोशिश करने पर भी बेहतर प्रदर्शन नहीं दे पाते। कुछ समय बाद आप महसूस करने लगते हैं कि आपको वह संगठन छोड़ देना चाहिए क्योंकि बॉस को आपका काम पसंद नहीं, इसलिए वे आपको हटाने की सोच रहे हैं।

यदि आपने पहले ही इस डर पर काबू पा लिया होता तो शायद यह नौबत न आती। आपको विनम्रता से अपनी भूल की क्षमा मांगने के बाद सुधार पर ध्यान देना चाहिए। इससे दो फायदे होंगे। पहला, आपको इतना कष्ट नहीं सहना होगा। दूसरा, बॉस को भी मुक्त मन से सब कुछ कहने की आदत हो जाएगी। आपके विकास के लिए भी यह जरूरी है। दबाव तथा डर से बेहतर प्रदर्शन भी नीचे आ जाता है। यहां संगठन तथा व्यक्ति दोनों को ही भुगतना पड़ता है। आपको ऐसे हालात के लिए सावधानी रखनी चाहिए। हालात या इंसान के डर के साए में जीने से बेहतर है कि उसे अलविदा कह दिया जाए।

3.1

अपने ऊपर भरोसा रखें

प्रगति की राह में बाधा देने वाले और परेशान करने वाले डर का सामना करने की योजना बनाने के बाद आपको अपनी क्षमताओं पर भरपूर भरोसा

जताना होगा। आपको अपनी क्षमताओं को जानना और उनका आकलन करना आना चाहिए, वही आपको लक्ष्य तक जाने की अतिरिक्त ऊर्जा प्रदान करेंगी। सफलता का पथ आपने स्वयं ही चुना है इसलिए आपको अपने भीतर से अपनी क्षमता और योग्यता पर पूरा भरोसा होना चाहिए।

बहुत समय पहले की बात है– फारस का राजा अपने प्रधानमंत्री को बेहद पसंद करता था, क्योंकि वह उसे अपनी तार्किक और आलोचनात्मक सोच के बल पर अच्छे सुझाव दिया करता था। राजा उस पर इतना निर्भर था कि उसके बिना उसका काम नहीं चलता था, किंतु एक दिन वह किसी बात पर अपने प्रधानमंत्री से नाराज हो गया। राजा अपने गुस्से पर काबू न रख सका और उसी मनोदशा में अपने प्रिय मंत्री को फांसी पर चढ़ाने का हुक्म दे दिया।

अगले दिन जब प्रधानमंत्री अपनी बिटिया का जन्मदिन मना रहा था तो उसके पास मौत का परवाना गया। यह बात पता चलते ही सबके चेहरे पर मातम छा गया और समारोह बंद कर दिया गया, लेकिन प्रधानमंत्री ने उसी समय फिर से नाच-गाना आरंभ करवा दिया और संदेशवाहक से कहा कि वह राजा से कह दे कि प्रधानमंत्री समारोह समाप्त होने पर सजा पाने के लिए आ जाएंगे।

राजा को पता चला कि प्रधानमंत्री मौत का समाचार पाने के बाद भी समारोह मना रहा था तो उसने कुछ देर सोचा और अपना आदेश रद्द कर दिया। उसने आस-पास के लोगों से कहा कि जो व्यक्ति अपनी मौत से नहीं डरता, उसे कोई भी उचित कार्य करने से डिगा नहीं सकता।

अपने ऊपर पूरे भरोसे के बल पर ही आप आस-पास के डर का सामना कर सकते हैं। 'मैं सबसे श्रेष्ठ हूं' केवल यह कह देने से ही बात नहीं बनेगी। आपको अपने कार्यक्षेत्र मे अपनी शिक्षा व जानकारी को अद्यतन करते हुए अपनी श्रेष्ठता प्रमाणित करनी होगी। जो है, उसे खो देने का डर ही हमारी चिंता का कारण बनता है। इससे आपके भीतर असुरक्षा की भावना पैदा होती है, पर आप यह भूल जाते हैं कि आपने ही तो यह सब कमाया है तो डर कैसा?

अपनी क्षमता का आकलन करने और अपने भीतर विश्वास पैदा करने के बाद चिंता का प्रश्न ही नहीं उठता। आप स्वयं को एक विजेता के रूप में देखना

चाहते हैं तो उसी के अनुसार परिश्रम करें, फिर असफलता का सवाल ही पैदा नहीं होता। मानसिक रूप से अस्थिर व दुर्बल व्यक्ति ही अचानक कुछ पाते हैं और यह भी नहीं जानते कि वांछित लक्ष्य तक जाने के लिए किस पथ से जाना होगा। ध्यान दें कि आपको सफलता की राह पता हो, तभी आप यह यात्रा कर पाएंगे, क्योंकि इसका कोई निश्चित पड़ाव नहीं होता। वांछित लक्ष्य पाने के लिए आपके निर्णय से आपकी सोच की परिपक्वता झलकनी चाहिए। दूसरों को प्रसन्न करने के लिए नहीं, अपने लिए निर्णय लेना सीखें।

प्राचीन भारत अनेक शासकों के लिए प्रसिद्ध है, जो अपनी ईमानदारी, सत्यनिष्ठा व न्यायबुद्धि के लिए जाने जाते थे। ऐसा ही एक राजा था विक्रमादित्य, जो अपने न्याय के लिए प्रसिद्ध था। एक बार उसके दरबार में एक भद्र पुरुष ने प्रवेश किया। उसने धनी व्यक्तियों जैसे वस्त्र पहन रखे थे। राजा ने अपने स्थान से उठकर उसका स्वागत किया और उसे अपने सिंहासन के पास आसन देकर बातचीत करने लगा।

अभी बात चल ही रही थी कि दरबार में सादे वस्त्रों में एक व्यक्ति ने प्रवेश किया। वह पहले व्यक्ति की तरह आकर्षक नहीं था। राजा ने उसका उस प्रकार स्वागत तो नहीं किया, किंतु उसे पहले अतिथि से थोड़ी दूरी पर आसन दे दिया।

राजा के इस अजीब व्यवहार पर मंत्रियों का ध्यान गया और वे आपस में कानाफूसी करने लगे। राजा ने दोनों अतिथियों से बात समाप्त की। अब उन्हें विदा देने का समय था। जब पहला अतिथि जाने लगा तो राजा ने अपने सिहांसन से ही उसे विदा दे दी, किंतु जब दूसरा अतिथि जाने लगा तो वह उसे द्वार तक छोड़ने गया और फिर आने का निमंत्रण भी दिया।

मंत्री यह सब देखकर चकित थे। उन्होंने राजा से विनम्रता के साथ आग्रह किया कि वे अपने व्यवहार की व्याख्या करें।

राजा ने कहा-''जब तक कोई व्यक्ति अपना मुंह नहीं खोलता तो उसकी साज-सज्जा और वेषभूषा से ही व्यक्तित्व की पहली छाप पड़ती है, किंतु ऐसी बातों से उसकी वास्तविक गहराई नहीं माप सकते। दोनों के प्रति शिष्टता का बर्ताव करना चाहिए, किंतु आगे का मेल-जोल उसी से संभव हो सकता है, जो ज्ञानी हो।

आपकी किसी वस्तु या परिस्थिति को परखने की शैली से मानसिक ढांचे का पता चलता है, जो कि आपको समाज में प्रतिष्ठित करता है। किसी भी

हालत में समायोजन के लिए लोच अपनानी पड़ती है, किंतु हो सकता है कि यह लचीला निर्णय आपके लिए अपनी क्षमता सिद्ध न कर सके, क्योंकि आप एक निर्भीक निर्णयकर्ता के रूप में जाने जाते हैं और आपको राह में आने वाली अवांछित परिस्थितियों को अनदेखा करना आता है। अपने आपको कठोर बनाएं, किंतु अपने निर्णय के प्रति ईमानदार रहें, तब सफलता आपके कदम चूमेगी।

3.2

अपना मानसिक चित्रण करें

मानसिक चित्रण का अर्थ है, आपकी ताकत और कमजोरियों के बारे में सपना देखने या कल्पना करने की स्थिति, ताकि स्वयं को किसी भी दूसरे व्यक्ति से बेहतर तरीके से जान सकें। लोगों को यह काफी कठिन लगता है, पर मेरे हिसाब से यह इतना कठिन भी नहीं है। बस आपने अपनी क्षमताओं और दुर्बलताओं को पहचानना है। क्षमता आपकी संपत्ति है और दुर्बलता आपका दायित्व। धीरे-धीरे क्षमताओं को बढ़ाते हुए दुर्बलताएं घटाएं, ताकि स्वयं को सफलता पाने के लिए तैयार कर सकें। क्रोध हम सबका दुर्बल क्षेत्र है और इस पर नियंत्रण पाना काफी कठिन होता है। आधुनिक और प्राचीन जगत के तकरीबन बड़े युद्ध इसी क्रोध की देन हैं।

एक लड़का था, उसे बहुत जल्दी गुस्सा आ जाता था। उसके पिता ने उसे कीलों से भरा थैला देकर कहा-"बेटा, मैं चाहता हूं कि जब भी तुम्हें गुस्सा आए तो तुम बाग की चारदीवारी में एक कील ठोंक देना।"

बेटा पिता की आज्ञा का पालन करने लगा। पहले दिन उसने सैंतीस कीलें ठोकीं, लेकिन यह काम इतना आसान नहीं था इसलिए उसने अगले दिन अपने गुस्से पर थोड़ा काबू रखा और थोड़ी कम कीलें ठोकनी पड़ीं। कुछ ही सप्ताह में उसने काफी हद तक गुस्से पर काबू पा लिया और इस तरह कीलें ठोकने के काम से भी जान बची। उसने अपने पिता को अपनी उपलब्धि के बारे में बताया। वे बहुत खुश हुए और बोले-"बेटा, आप जिस पूरे दिन में एक बार भी गुस्सा नहीं होगे, उस एक दिन के लिए एक कील निकालनी होगी। ऐसा तब तक करना होगा, जब तक चारदीवारी से सारी कीलें नहीं निकल जातीं।" बेटे ने

वैसा ही किया, फिर अपने पिता को इस उपलब्धि के विषय में बताया। उसके पिता उसे चारदीवारी के पास ले गए और बोले–

"बेटा, तुमने बहुत अच्छा किया, पर जरा चारदीवारी के इन छेदों को तो देखो। यह चारदीवारी कभी भी पहले जैसी नहीं हो पाएगी। जब आप गुस्से में किसी से कुछ कहते हैं तो वे बातें उसके दिल पर इन छेदों जैसे निशान छोड़ जाती हैं। आप किसी को चाकू मारकर उसे निकाल लें और जितनी भी माफी क्यों न मांगें, वह चोट ठीक नहीं होगी। कभी गहराई से सोचा तुमने?"

यह कहानी पढ़कर सोचना चाहिए कि आपने कितनी बार लोगों के दिल छलनी किए होंगे? वे निशान वहां कब तक रहे होंगे? आपने कितनी चारदीवारियों में कीलें ठोकीं? यह सोचकर ही आपका मन व्याकुल हो जाएगा। यदि आपने सचमुच किसी की चारदीवारी में कीलें ठोकीं हैं तो उन छेदों को भरने या उन्हें नई चारदीवारी लेकर देने का वक्त आ पहुंचा है। इसके साथ ही खुद से वादा भी करें कि अपने हथौड़े और कीलों को कहीं बंद कर दें, ताकि चाहकर भी उनका इस्तेमाल न कर सकें।

मैंने अभी एक ऐसी दुर्बलता का उदाहरण दिया, जो सत्ता व पद के बावजूद प्रत्येक व्यक्ति में पाई जाती है। हम सबको लगता है कि जोर से बोलने से बात में वजन आ जाता है। हम यह छोटा-सा वैज्ञानिक सिद्धांत भूल जाते हैं कि भाप उबलते पानी से ज्यादा जलन पैदा करती है। भाप में बहुत-सी प्रसुप्त उष्मा छिपी होती है। क्रोधित व्यक्ति उस उबलते पानी की तरह होता है, जो उबलने के दौरान अपने तत्व खो देता है।

क्रोध आपकी सफलता की राह में एक बड़ी बाधा है। इससे केवल असफलता हाथ आएगी और आप पछताते हुए अपना दोष दूसरों के सिर डाल देंगे। असफल न होने का निर्णय लेने के बाद इस राक्षस से बचने का तरीका सोचना ही होगा। यदि आप इसके वश में आ गए तो कुछ नहीं बचेगा। आप यह जाने बिना ही लाखों की भीड़ में खो जाएंगे कि दरअसल हुआ क्या था।

इसके अलावा और भी कई दुर्बलताएं सफलता की राह में बाधा बनती हैं। इन कारकों पर सामान्य अभ्यास से नियंत्रण पा सकते हैं, किंतु क्रोध तथा डर रवैए से जुड़ी समस्याएं हैं। इनसे पीछा छुड़ाने में काफी समय लगता है। आपके पास समय के अलावा सब कुछ पर्याप्त मात्रा में है। समय के बारे में सावधानी बरतें। जिस दिन क्रोध तथा डर नामक नकारात्मक कारक आपके वश में होंगे, वह समारोह मनाने का दिन होगा, क्योंकि उसके बाद सफलता की राह सुगम हो जाएगी।

56 *डर से आगे बढ़ो, डर के बाद ही जीत है*

क्रोध के कारण का व्यावहारिक विश्लेषण उस पार काबू पाने में मदद कर सकता है। हम क्रोध से बच नहीं सकते, किंतु उस पर काबू तो पा ही सकते हैं। पहले इसके कारण का पता करें, यदि यह किसी व्यक्ति के कारण है तो उसे साफ शब्दों में कह दें, मामला वहीं खत्म हो जाएगा। बस कारण का पता होना बहुत आवश्यक है, तभी इस बारे में कोई कदम उठा पाएंगे। यदि आप अपनी पत्नी के किसी व्यवहार को पसंद नहीं करते और अपने सहायक की छोटी- छोटी बातों पर झल्लाते हैं तो इससे आपको कोई फायदा नहीं होने वाला। आप एक सशक्त व्यक्ति हैं और आपके रवैए से यह झलकना चाहिए। आपमें इतना हुनर हो कि संबंधित व्यक्ति को उसकी गलतियों के बारे में बता सकें। इससे समस्या के समाधन में सहायता मिलेगी, अन्यथा आप कुछ समय बाद लोगों के उपहास का पात्र बनकर रह जाएंगे।

3.3
सबसे पहले क्या करें

आपने जीतने के लिए ही जन्म लिया है और यदि आप जानते हैं कि सबसे पहले क्या करना है या किस काम को प्राथमिकता देनी है तो आप असफल हो ही नहीं सकते। अधिकतर समय आप कई तरह के कामों से घिरे रहेंगे और तय नहीं हो पाएगा कि पहले क्या करें, कैसे व कब करें।

1990 में, मैंने 32 वर्ष की आयु में मध्यप्रदेश के एक बड़े प्रोजेक्ट सीनियर स्कूल में प्रिंसीपल का पद संभाला था। उन दिनों प्रायः इतनी कम आयु के प्रिंसीपल नहीं होते थे। मेरे स्कूल के चेयरमैन कॉर्पोरेशन के जी.एम. थे और उनका ऑफिस हमारे स्कूल से करीब 30 कि.मी. दूर था। सभी सरकारी विभागों की तरह यहां भी 500 रुपये से अधिक बजट की फाइलों के लिए जी.एम. से मंजूरी लेनी पड़ती थी। प्राथमिकता के हिसाब से फाइलों पर अलग-अलग रंग के स्टिकर लगाए जाते थे। लाल स्टिकर का मतलब था कि काम को चौबीस घंटे से ज्यादा नहीं टाल सकते। हरे स्टिकर का मतलब 72 घंटे और नीले स्टिकर का मतलब एक सप्ताह था। बिना स्टिकर की फाइलों का मतलब था, रोजमर्रा के कामों की फाइलें। जी.एम. हर रोज लगभग 100 फाइलों पर

हस्ताक्षर करते। उनका सहायक रंगों के हिसाब से उन्हें फाइलें देता। एक दिन मैंने अपने एक शिक्षक के मेडिकल एडवांस की फाइल पर लाल रंग का स्टिकर लगाकर भेजा। अगले दिन मैं मंजूरी आने का इंतजार करता रहा। फाइल नहीं आई । उनके सहायक के बच्चे मेरे ही स्कूल में थे।

मैंने सहायक को फोन करके पूछा कि मेरी फाइल का क्या हुआ? पता चला कि वह अब भी जी.एम. की मेज पर थी। मैंने कहा कि उन्हें इस बारे में याद दिलाए। जी.एम. महोदय एक दक्षिण भारतीय भद्र युवक थे और शिक्षक समुदाय से बड़ी विनम्रता से पेश आते थे। वे यह भी जानते थे कि यह एक प्रशासक के तौर पर मेरी पहली नियुक्ति थी। उनके फोन ने मुझे हैरत में डाल दिया। एक-दो मिनट की रस्मी बातचीत के बाद वे बोले—"मि. पांडे! प्राथमिकता व्यक्ति के हिसाब से बदलती रहती है।" फिर उन्होंने मुझे बताया कि किसी बड़ी मशीन के खराब होने से खानों का काम बंद हो गया था और वे देर रात तक वहीं थे। इसी वजह से वे फाइल नहीं देख सके । वैसे भी उस छोटी-सी मंजूरी का इंतजार करने के बजाय मैं उसे कैसे संभाल सकता था। उन्होंने यह भी बताया कि मुझे उस इंप्रेस्ट खाते से पैसा ले लेना चाहिए था और बाद में एक अलग नियमानुसार मंजूरी ली जा सकती थी, फिर उन्होंने बताया कि फाइल का काम कर दिया गया है। यह मेरे बॉस की ओर से पहला प्रबंधन पाठ था। तीन साल बाद वे उसी संस्था के सी.एम.डी. चुने गए।

जो व्यक्ति अपने काम को प्राथमिकता देना जानता है, उसकी असफलता की संभावना नगण्य हो जाती है। आपको काम, परिवार व मित्रों के अनुसार अपने काम का विभाजन करना चाहिए। कार्यक्षेत्र में भी आपके काम का उपविभाजन होना चाहिए। इस वैज्ञानिक विकास के युग में समय का विभाजन और भी महत्त्वपूर्ण हो गया है, क्योंकि आप नहीं जानते कि कौन आपकी प्राथमिकता जाने बिना आपका समय लेना चाहेगा। मोबाइल व इंटरनेट आपके समय के सबसे बड़े शत्रु बन गए हैं। आदत यही बनाएं कि इन आधुनिक उपकरणों का लाभ उठा सकें । ये आप पर हावी न हों व आप इन्हें अपने वश में रख सकें।

समय की मात्रा व गुणवत्ता में अंतर करना सीखें। अपने परिवार के साथ व काम के दौरान गुणवत्ता समय देने का प्रयास करें। गुणवत्ता समय तब होगा, जब आप उसके लिए वचनबद्ध होंगे तथा मात्रा का ध्यान तब दिया जाएगा, जब आप उसमें केवल शामिल होंगे।

वचनबद्धता व्यक्तित्व की एक खूबी है, जो कार्यों की प्राथमिकता के साथ लक्ष्य पाने में सहायक होती है। कार्यक्षेत्र में तनाव के कारण आप काम की प्राथमिकता भूल जाते हैं। यही आपको असफलता की ओर ले जाने में सहायक होते हैं।

प्रोफेसर ने हाथ में पानी का गिलास लिए कक्षा में प्रवेश किया। उसमें जरा-सा पानी था। उन्होंने छात्रों से पूछा-''इस गिलास का भार कितना होगा?"

''50 ग्राम!, 100 ग्राम! 125 ग्राम!" छात्रों ने कहा।

प्रोफेसर ने कहा-''मैं इसका भार मापे बिना इस बारे में नहीं जान सकता, पर अब सवाल यह है कि अगर इसे कुछ मिनट तक उठाकर रखा जाए तो क्या होगा?"

''कुछ नहीं।" छात्रों ने कहा।

प्रोफेसर ने कहा–"अब सवाल यह है कि अगर इसे एक घंटे तक उठाकर रखा जाए तो क्या होगा?"

''आपकी बाजू में दर्द होगा।" एक छात्र ने कहा।

''ठीक कहा। अब सवाल यह है कि अगर इसे एक दिन तक उठाकर रखा जाए तो क्या होगा?"

''आपकी बाजू सुन्न हो सकती है। मांसपेशियों में दबाव के साथ पक्षाघात भी हो सकता है और फिर आपको अस्पताल जाना होगा।" सुनकर कई छात्र हंसने लगे।

प्रोफेसर ने कहा–"ठीक है, पर क्या इससे गिलास के भार में कोई अंतर आएगा?"

''नहीं।" जवाब मिला।

''तो बाजू और मांसपेशियों में तनाव और दर्द का क्या कारण है?"

छात्र चकरा गए।

प्रोफेसर ने पूछा-''मुझे इस दर्द से छुटकारा पाने के लिए क्या करना होगा?"

''गिलास नीचे रखना होगा।" छात्रों ने कहा।

प्रोफेसर ने कहा-''बिल्कुल ठीक! जीवन की समस्याएं भी कुछ ऐसी ही हैं। कुछ मिनट तक दिमाग में रखो तो ठीक है। अधिक देर तक सोचो तो सिर चकराने लगता है। यदि और ज्यादा सोचोगे तो पक्षाघात भी हो सकता है, तब तुम कुछ नहीं कर पाओगे। जीवन में चुनौतियों व

संकटों के बारे में सोचना जरूरी है, पर रात को सोने से पहले उन्हें दिमाग से निकालना भी उतना ही जरूरी है।"

इस तरह आप तनावग्रस्त नहीं होंगे और हर सुबह तरोताजा उठेंगे, फिर आप पूरी मजबूती से हर संकट व चुनौती का सामना कर सकते हैं।

किसी भी कहानी को पढ़कर उसके हिसाब से चलना आसान होता है, पर अचानक एक दिन आपको लगने लगता है कि आप इसे लागू नहीं कर सकते और आप पुरानी सोच पर लौट आते हैं। हममें से अधिकतर लोगों के साथ ऐसा ही होता है, पर आपके साथ ऐसा नहीं होना चाहिए, क्योंकि आपने असफल न होने का फैसला कर लिया है। चाहे आप जन्मजात विजेता ही क्यों न हों, तनाव आपको पथ से भटकाकर लक्ष्य से दूर ले जा सकता है। इसी तरह एकाग्रता और वचनबद्धता की कमी भी आपको पराजित बना देती है।

3.4

प्रशंसा की प्रतिक्रिया से बचें

इस धरती पर ऐसा कोई नहीं जो अपनी प्रशंसा न सुनना चाहे। प्रशंसा से हमें आपने काम की मान्यता मिलती है, पर हम ये बुनियादी तथ्य भूल जाते हैं कि कार्य तो अपने संतोष के लिए पूरा किया गया था। यह किसी के लिए उपयोगी हो सकता है या फिर अनुपयोगी, पर आपके लिए यह कड़े परिश्रम का फल है। प्रशंसा नमक की तरह जीवन रूपी व्यंजन का स्वाद तो बढ़ाती है, किंतु इसकी जरा-सी भी अधिक मात्रा भोजन को खाने के अयोग्य बना देती है। आपको बिना किसी सकारात्मक या नकारात्मक प्रतिक्रिया के अपनी प्रशंसा सुननी चाहिए। इससे उस व्यक्ति को ऐसा आभास मिल जाएगा कि आप इतनी आसानी से प्रशंसा के बहकावे में आने वाले नहीं। इस प्रकार आप दूसरों पर बेहतर पहुंच बना सकते हैं।

एक बार एक मूर्तिकार अपनी कला के लिए बहुत प्रसिद्ध था। उसके द्वारा तराशी गई पत्थर की मूर्तियां ऐसी लगती थीं मानो अभी बोल उठेंगी। ऐसा लगता था मानो जीवित प्राणी व मूर्ति में कोई अंतर ही न हो। एक दिन एक ज्योतिषी ने उसे बताया कि किसी खास दिन कोई घटना होगी। समय आने पर वह बात सच हुई। उस मूर्तिकार ने उसे

खोजना चाहा, किंतु वह ज्योतिषी नहीं मिला। इसी तरह समय बीतता गया और वह बात भुला दी गई। काफी लंबे समय बाद वह ज्योतिषी फिर से आया और इस बार उसने मूर्तिकार की मृत्यु का समय व दिन बताया। इससे मूर्तिकार को सदमा-सा लगा, पर उसने सोचा कि वह अपनी कला के माध्यम से यमराज से अपनी जान बचा लेगा। उसने अपने जैसी तीन मूर्तियां बनाईं और नियत दिन पर उनके बीच चौथी मूर्ति के रूप में सांस रोककर खड़ा हो गया।

यमराज ने अपने दूत को उसके प्राण लेने भेजा। दूत एक जैसे चार चेहरे देखकर चकरा गया। उसने जाकर यमराज को बताया। बड़ी विकट परिस्थिति थी। देवों की परीक्षा हो रही थी। अंत में ब्रह्मा जी से इस बारे में मदद मांगी गई। वे जाकर बोले-"मैं तो उस महान व्यक्ति के चरण छूने आया हूं जिसने इतनी सुंदर कलाकारी दिखाई है।"

यह सुनने पर मूर्तिकार अपने को रोक नहीं पाया और पंक्ति से बाहर आ गया। वह धरती पर उसकी अंतिम सांस थी।

निःसंदेह अपनी तारीफ सुनकर स्वयं पर काबू पाना कठिन होता है, क्योंकि इससे एंड्रिनैलिन का स्राव होता है। यह आपको अपनी प्रशंसा की प्रतिक्रिया देने को विवश कराता है। यहां तक कि हम भगवान को भी उनकी प्रशंसा करके रिझाने की कोशिश करते हैं। मैं नहीं जानता कि इससे कोई फायदा होता भी है या नहीं। ज्यो-ज्यों आप उच्च पदासीन होते हैं तो प्रशंसा पाने के अवसर बढ़ते हैं क्योंकि आपके पास दूसरों की भलाई से ज्यादा उनका नुकसान करने के अवसर भी आ जाते हैं। कई बार केवल आपका पक्ष लेने के लिए नहीं बल्कि आपकी दुष्टता को शांत करने के लिए भी प्रशंसा की जाती है। इन दोनों में भी अंतर करना सीखें। किसी एक व्यक्ति या दल द्वारा की गई नियमित प्रशंसा से सचेत हो जाएं व उसका कारण जानने की कोशिश करें। कभी-कभी मिली तारीफ चिंतन प्रक्रिया के लिए टॉनिक का काम करती है। किसी अज्ञात से मिली तारीफ तो और भी सकारात्मक प्रभाव देती है, तब आप अपने कार्य के प्रति और भी सक्षम हो पाते हैं।

बहुत कम प्रशंसा ऐसी है, जो अकारण हो। असली प्रशंसा वही है जो आपकी सार्थक कार्यक्षमता से जुड़ी हो। व्यक्ति को प्रशंसा की अपेक्षा किए बिना कार्य करना चाहिए, किंतु ऐसा हो नहीं पाता। हमें कार्य समाप्त होने पर तारीफ न मिले तो ऐसा लगता है कि हमारे कार्य को मान्यता नहीं मिली। क्या आपको लगता है कि पुरस्कार हमेशा सही हाथों में जाता है। जो व्यक्ति

पुरस्कार की अपेक्षा नहीं करता, वही एक सफल व्यक्ति है। अपनी क्षमता प्रमाणित करने के लिए कार्य करने या मान्यता पाने के लिए काम करने में अंतर है। आपको हमेशा अपनी क्षमता प्रमाणित करने के लिए ही कार्य करना चाहिए और किसी की परवाह नहीं करनी चाहिए, क्योंकि आप एक ऐसे सफल व्यक्ति के रूप में मान्यता पाने जा रहे हैं, जो अपना काम जानता है।

3.5

ईमानदार बनें

हम प्रायः ईमानदारी की सही परिभाषा जाने बिना कहते हैं कि ईमानदारी एक अच्छी नीति है। जब तक कोई इस बारे में हमें याद न दिलाए तो हम इसके विषय में सोचते तक नहीं। आज तक 26 वर्ष के सार्वजनिक जीवन के बावजूद मैं भी आपको इसके सही मायने नहीं बता सकता, किंतु मैं चाहूंगा कि आप यह कहानी पढ़कर स्वयं ही ईमानदारी की परिभाषा तय करें।

एक ईमानदार लकड़हारा था। लकड़ियां काटते समय उसकी कुल्हा़ड़ी नदी में गिर गई। वह रोने लगा तो जल देवता उसकी मदद के लिए सामने आ गए। वे जल से सोने की कुल्हाड़ी निकाल लाए। लकड़हारे ने उसे लेने से मना कर दिया। अगली बार जलदेवता चांदी की कुल्हा़डी ले आए। लकड़हारे ने मना किया तो वे तीसरी बार में उसकी कुल्हाड़ी ही निकाल लाए। लकड़हारे ने स्वीकार किया कि यही उसकी कुल्हाड़ी है।

लकड़हारे की ईमानदारी से प्रसन्न होकर जलदेवता ने वे तीनों कुल्हाड़ियां लकड़हारे को दे दीं।

लकड़हारे ने अपनी पत्नी को सारी बात बताई तो उसने भी कहा कि वह जलदेवता के दर्शन करना चाहेगी। वहां वह स्वयं ही नदी में जा गिरी। लकड़हारे को रोता देख जलदेवता फिर से आ गए। वे नदी से खूबसूरत स्त्री को निकाल लाए और लकड़हारे से पूछा कि क्या वह उसकी पत्नी है। लकड़हारे ने झट से हामी भर दी। जलदेवता ने हैरानी से पूछा–"आज तुम ईमानदार क्यों नहीं हो?"

लकड़हारे ने कहा–''न कहता तो आप पहले थोड़ी कम सुंदर स्त्री लाते और फिर मना करने पर मेरी पत्नी को लाते। जब मैं अपनी पत्नी

पर हामी भरता तो आप मुझे तीनों स्त्रियां घर ले जाने को कह देते और मैं तो सदमे से ही मर जाता।

इस कहानी में आए सभी मोड़ों के विश्लेषण से आप स्वयं ही तय कर लें कि ईमानदारी की क्या परिभाषा होनी चाहिए। क्या आपको नहीं लगता कि सब लोग अलग-अलग तरह से इसका अर्थ निकालेंगे। लकड़हारे के पिछले हालात ने उसे बेईमान बनाया। हममें से अधिकतर लोगों के साथ ऐसा ही होता है। कोई भी जन्म से ही बेईमान नहीं होता। हालात ही उसे ऐसा बनाते हैं। हमें लगता है कि सिस्टम में बने रहने के लिए हमें ऐसा ही करना होगा। शीशे के घरों में रहने वालों को दूसरों के घरों पर पत्थर नहीं मारने चाहिए।

यहां भी यही मामला है। हमें किसी भी घटना के बावजूद हिंदू पौराणिक कथाओं के राजा हरिश्चंद्र की तरह ईमानदार बनने को कहा जाता है, किंतु श्रोता को यह नहीं कहा जाता कि वह परिस्थिति के अनुसार कार्य करे। उसे स्वयं तय करने दें कि क्या सही है और क्या गलत। हम दूसरों को ईमानदारी का उपदेश देना अपना नैतिक कर्तव्य मानते हैं और ऐसा पीढ़ियों से करते चले आ रहे हैं।

आप एक ऐसे व्यक्ति हैं जिसने असफल न होने का निर्णय लिया है। आपको इस विषय में विचार करना चाहिए, क्योंकि व्यक्तित्व की यह एक विशेषता काम करने के तौर-तरीके को प्रभावित करेगी। स्थान व समय के नियमानुसार स्वयं ही ईमानदारी की परिभाषा तैयार करें। जब तक आप किसी स्थान के नियमों की अवहेलना नहीं करते, तब तक अपनी मर्जी से कुछ भी करने को स्वतंत्र हैं। मैं आपको कभी परामर्श नहीं दूंगा कि आप दूसरों का अंधा अनुकरण करें और न ही कभी बेईमान बनने को कहूंगा। आप ईमानदारी और बेईमानी दोनों के ही बहुत से उदाहरण पा सकते हैं।

एक बार ईमानदारी के आयाम तय कर लेने के बाद उन पर पूरी तरह से डटे रहें, जब तक कि जीने, मरने का सवाल न पैदा हो जाए। अपने उसूलों से हटना बेईमानी होगी और मैं राय दूंगा कि आप ऐसा करने से बचें। मैं आपको ऐसे व्यक्ति के रूप में देखना चाहता हूं, जो अपने तयशुदा उसूलों पर चलता है। दूसरों के बनाए उसूलों पर न चलें। इससे आपको कोई लाभ नहीं होगा।

अपनी असफलताओं से परेशान व्यक्ति ने एक बार आत्महत्या करने की सोची। वह परेशान था क्योंकि उसके पास दूसरों की तरह धन, सत्ता या पद कुछ भी नहीं था। वह अपनी असफलताओं से बुरी तरह दु:खी था।

वह आखिरी कदम उठाने से पहले उसने ईश्वर से बात करने की सोची जिसके लिए वह वन के एकांत में चला गया। वन में जाकर उसने भगवान को पुकारा और देखते-ही-देखते वे उसके सामने प्रकट हो गए। उसने पूछा-''आप मेरे प्रति इतने अन्यायी क्यों रहे हैं?''

ईश्वर ने कहा-''मैं कभी किसी के साथ पक्षपात नहीं करता। मैंने जहां इतना बड़ा बांस बनाया है, वहीं छोटी-सी घास भी बनाई है। बांस कई सालों तक घास से संघर्ष करने के बाद ही जमता है, क्योंकि घास उसे उगने ही नहीं देती। प्रिय पुत्र! घास और बांस दोनों का इस्तेमाल अलग तरह से होता है और वे एक-दूसरे के विकल्प नहीं हो सकते। इस धरती पर प्रत्येक वस्तु एक खास उद्देश्य से बनाई गई है और उसे अपने काम को पूरा करना चाहिए। उसे यह नजर नहीं रखनी चाहिए कि दूसरों को क्या दिया गया है।''

उस व्यक्ति को ईश्वर की बातों से तसल्ली नहीं हुई। उसने पूछा-''आप बिना किसी चीज के मुझसे कोई काम पूरा करने की उम्मीद कैसे कर सकते हैं, जबकि प्रत्येक मुझसे कहीं बेहतर है।''

ईश्वर ने कहा-''तुम्हें दूसरों से अपनी तुलना न करते हुए अपने काम पर ध्यान देना चाहिए। जब तुम अपनी तुलना स्वयं से करोगे तो अपने भीतरी विकास को महसूस कर पाओगे। आत्महत्या करने व मेरे पास शिकायतें करने से कहीं बेहतर है कि तुम दुनिया में जाकर अपने अधूरे काम पूरे करो।''

अब उस व्यक्ति की समझ में आ गया था कि इस धरती पर प्रत्येक व्यक्ति अलग है और उसे विभिन्न प्रकार का दिया गया काम पूरा करना है।

ईश्वर ने विभिन्न उद्देश्यों से विभिन्न वस्तुओं का सृजन किया है और हमें स्वयं को भरोसा दिलाना होगा कि कोई खास विशेषता विभिन्न लोगों के लिए विभिन्न अर्थ रख सकती है। सभी व्यक्तियों के लिए एक-सी परिभाषा स्वीकार्य नहीं होगी। आप जीवन की नई दिशाओं का अन्वेषण कर रहे हैं। इसलिए आपको किसी भी चीज के आधारभूत नियमों को विकृत किए बिना अपने नियम बनाने होंगे और यही आपको सफलता की राह पर अग्रसर करेंगे। हो सकता है कि दूसरों से प्राप्त आलोचना आपको विचलित कर दे, किंतु फिर भी विजेता आप ही होंगे, क्योंकि आप असफल हो ही नहीं सकते। आप ऐसे व्यक्तियों की परवाह ही क्यों करें, जो आप जैसे परिश्रमी व सफल व्यक्ति की

आलोचना करने के सिवा कुछ जानते ही नहीं। सब कुछ भुलाकर आगे बढ़ें। दुनिया बांहें फैलाकर आपका स्वागत करने को तैयार है। संकोच न करें और मैं आपको विश्वास दिलाता हूं कि आप सफलता के सच्चे हकदार हैं। स्वयं को इतना सशक्त बनाएं कि अपने लिए ईमानदारी की परिभाषा चुन सकें।

एक सफल व्यवसायी वृद्ध हो चला था। उसे पता था कि अब व्यवसाय के लिए उत्तराधिकारी चुनने का समय हो गया था। उसने तय किया कि वह अपने किसी डायरेक्टर या बच्चे को चुनने के बजाय कुछ अलग करेगा। उसने कंपनी के सभी युवा एग्जीक्यूटिवों को बुलाकर कहा-''अब मुझे कंपनी के अगले सी.ई.ओ. का चुनाव करना है और मैंने तय किया है कि वह आप सबमें से ही कोई एक होगा।''

सभी युवा एग्जीक्यूटिव स्तब्ध रह गए, परंतु बॉस ने अपनी बात जारी रखी– ''मैं आप सबको एक खास तरह का बीज देने जा रहा हूं। मैं चाहता हूं कि आप सब इस बीज को बोएं और सींचें और फिर एक साल बाद मेरे पास आएं। मैं आपके साथ लाए गए उन पौधों के आधार पर ही तय करूंगा कि अगला सी.ई.ओ. कौन होगा।''

पिट्टू नामक युवक को भी वह बीज मिला। वह घर गया और उत्साहपूर्वक अपनी पत्नी को सारी कहानी सुनाई। पत्नी ने उसे एक गमला, खाद और मिट्टी लाने में मदद की, फिर उन दोनों ने बीज बो दिया। वह उसका पूरा ध्यान रखता व उसे रोज पानी देता। करीब तीन सप्ताह बाद कुछ सहकर्मी अपने बीज व अंकुर के बारे में बात करने लगे, किंतु पिट्टू के बीज से कोई अंकुर नहीं फूटा। इसी प्रकार कई सप्ताह बीत गए। अब सभी अपने नन्हे पौधों की बातें करने लगे थे और पिट्टू को लगता था कि वह असफल रहा।

छ: महीने बीत गए। अब भी उसके गमले में कुछ नहीं था। वह जान गया कि उसने अपने बीज को मार दिया था। बाकी सब के पौधे पेड़ में बदलने लगे थे और उसके पास कुछ भी नहीं था। उसने किसी सहकर्मी से कुछ भी नहीं कहा और अपनी असफलता के बावजूद उस गमले में पानी देता रहा।

एक वर्ष बीता और सभी अपने पौधे निरीक्षण के लिए कंपनी में ले आए। पिट्टू ने पत्नी से कहा कि वह खाली गमला कंपनी में नहीं ले जाना चाहता, किंतु पत्नी ने कहा कि उसे पूरी ईमानदारी के साथ बता देना चाहिए कि क्या हुआ था।

हालांकि पिट्टू के लिए यह जीवन के सबसे अपमानजनक क्षण होने वाले थे, किंतु वह जानता था कि उसकी पत्नी सही कह रही थी। वह खाली गमले को ही बोर्ड कक्ष में ले गया। दूसरे सहकर्मी अपने विविध पौधों के साथ मौजूद थे। गमलों में कई आकार-प्रकार के खूबसूरत पौधे दिखाई दे रहे थे। जैसे ही पिटटू ने खाली गमला फर्श पर रखा तो कई लोगों ने उसका मजाक उड़ाया और कुछ ने अपना अफसोस भी जाहिर किया।

जब सी.ई.ओ. पहुंचे तो उन्होंने कमरे में चारों ओर देखा, पिट्टू ने अपने को कोने में छिपाने का प्रयास किया।

''वाह वाह! आप सबने तो बहुत खूबसूरत पेड़-पौधे और फूल उगा दिए। आज आपमें से ही कोई अगला सी.ई.ओ. बनेगा।"

अचानक उनकी नजर पिट्टू पर पड़ी, जो अपने खाली गमले के साथ खड़ा था। उन्होंने वित्तीय निर्देशक को निर्देश दिया कि वे उसे आगे लाएं। पिट्टू ने डरते हुए सोचा-'सी.ई.ओ. जानते हैं कि मैं असफल रहा। हो सकता है कि मुझे काम से ही निकाल दें।'

वह आगे आया। उन्होंने उससे बीज के बारे में पूछा। पिट्टू ने सारी कहानी सुना दी। सी.ई.ओ. ने पिट्टू को छोड़कर बाकी सबको बैठने के लिए कहा। फिर वे उसे देखकर बोले-''ये हैं आपके नए चीफ एक्जीक्यूटिव। इनका नाम है पिट्टू।"

पिट्टू तो सुनकर यकीन ही नहीं कर सका। दूसरे सवाल करने लगे-"पिट्टू तो बीज तक नहीं उगा सका। यह नया सी.ई.ओ. कैसे हो सकता है?"

तब सी.ई.ओ. ने कहा-''आज से एक वर्ष पहले मैंने आप सबको एक-एक बीज दिया था और कहा था कि उसे बो दें। नियमित रूप से पानी दें और फिर मेरे पास लाएं, किंतु वे सब बीज उबले हुए थे। वे पहले से मरे हुए थे। उनके उगने की कोई संभावना नहीं थी। पिट्टू के अलावा आप सब मेरे लिए गमलों में पेड़-पौधे और फूल उगा लाए हैं। जब आपको पता चला कि बीज नहीं उगा तो आपने मेरे बीज के स्थान पर दूसरा बीज उगा दिया। केवल पिट्टू में ही इतना साहस और ईमानदारी थी कि वह मेरे बीज वाले गमले के साथ ही आया। इस प्रकार केवल वही ऐसा व्यक्ति है, जो आप सबका नया सी.ई.ओ. बनने की योग्यता रखता है।"

4

डर के प्रकार

जब तक हम न चाहें, कोई व्यक्ति या हालात हमारे भीतर डर उत्पन्न नहीं कर सकते। अधिकतर मामलों में 'डर' केवल मन का भ्रम होता है, जो वास्तव में कभी नहीं घटता।

मूल रूप से डर कमजोरी की उपज है। यह कमजोरी शारीरिक या मानसिक हो सकती है। यह शारीरिक कमजोरी की दशा में मृत्यु का डर हो सकती है या मानसिक कमजोरी की दशा में कुछ खोने का डर हो सकती है। कमजोरी हमारी चिंतन प्रक्रिया का परिणाम है। यह सोच ही हमें कमजोर या ताकतवर बनाती है। घातक रोगग्रस्त व्यक्ति यदि मानसिक रूप से सशक्त हुआ तो वह अपने रोग पर विजय पा लेगा। मानसिक कमजोरी वाले व्यक्ति के साथ इसका विपरीत परिणाम होगा। जब तक हम न चाहें, कोई व्यक्ति या हालात हमारे भीतर डर उत्पन्न नहीं कर सकते। अधिकतर मामलों में यह केवल मन का डर होता है, जो हकीकत में कभी नहीं घटता।

एक उपजाऊ मिट्टी में दो बीज साथ-साथ पड़े थे। पहले बीज ने कहा-''मैं उगना चाहता हूं। मैं चाहता हूं कि मेरी जड़ें मिट्टी के भीतर गहराई तक जाएं और धरती की छाती से मेरे अंकुर फूटें। मैं चाहता हूं कि मेरी नरम-मुलायम पत्तियां लहराकर वसंत के आने की सूचना दें। मैं अपने चेहरे पर सुबह की गुनगुनी धूप और पंखुड़ियों पर सुबह की ओस की बूंदों का स्पर्श चाहता हूं।'' और वह पनप गया।

दूसरे बीज ने कहा-''मैं नहीं जानता कि वहां अंधेरे में मेरा सामना किससे होगा। यदि मैं धरती का सीना फाड़कर बाहर आना चाहूं तो हो सकता है कि मेरे मुलायम अंकुर नष्ट हो जाएं। अगर मेरी पत्तियों को कोई कीड़ा कुतरने लग गया तो...? कहीं मेरे खिलने से पहले ही किसी बालक ने मुझे तोड़ लिया तो... नहीं, बेहतर होगा कि मैं यहीं रुककर

डर से आगे बढ़ो, डर के बाद ही जीत है

इंतजार करूं।" वह वहीं इंजतार करने लगा। एक पालतू मुर्गी धरती में दबे बीजों की तलाश में जमीन कुरेदती हुई वहां पहुंची और उस प्रतीक्षा करते बीज को झट से खा लिया।

हमारा डर चाहे असली हो या नकली, यह हमें अंततः नुकसान ही पहुंचाएगा। इससे हमें कोई भी मुक्त नहीं कर पाएगा। एक डर, जो किसी व्यक्ति को डरा सकता हो, जरूरी नहीं कि दूसरों को भी डरा सके। हां, मिसाल के तौर पर यदि आपने ऑफिस में कोई घपला किया है तो आप जानते हैं कि आपको सजा हो सकती है या नौकरी से हाथ धोना पड़ सकता है। मैं आपसे विनती करूंगा कि हालात पर विचार करें। आप कई सारे काम करके संगठन के लिए अच्छे नतीजे लाते आ रहे हैं। हो सकता है कि काम के दौरान आपसे कोई गड़बड़ हो गई हो, ऐसे में यदि वे आपको काम से निकालना चाहें तो बेहतर होगा कि आप स्वयं उन्हें जल्द-से-जल्द छोड़ दें क्योंकि वे संगठन के प्रति आपके अतीत व भविष्य के योगदान का मूल्यांकन नहीं कर पाए। याद रखें कि कोई संगठन नकारा लोगों को काम पर नहीं रखता। ऐसे में आपके प्रदर्शन न देने का सवाल ही पैदा नहीं होता। एक सक्षम व्यक्ति होने के नाते आपको डर के साए में नहीं जीना चाहिए, क्योंकि यह आपके भावी प्रदर्शन पर विपरीत प्रभाव डालेगा।

कोई भी गलती होने के बाद हमारा नैतिक कर्तव्य बनता है कि हम निःसंकोच सारी जिम्मेदारी लेते हुए, वरिष्ठों से माफी मांग लें। हो सकता है कि वे आपके पिछले कामों के आधार पर आपको माफ कर दें। इन हालात से निबटने में देर न लगाएं ताकि आपकी रातों की नींद हराम न हो और ऐसी मनःस्थिति में और गलतियों की संभावनाएं पैदा न हों। अगर आपने शुरुआत में ही फैसला कर लिया है तो आप असफल हो ही नहीं सकते। अतः एक अच्छी परियोजना खोने का सवाल ही पैदा नहीं होता। यह कभी न भूलें कि 'बहुत बेहतर' हमेशा 'बेहतर' से अच्छा होता है। ऐसी नकारात्मक सोच न रखें कि आप भविष्य में अच्छी परियोजना नहीं पा सकते।

मैंने आपके सामने यह परिस्थिति प्रस्तुत की, ताकि आप राह में आने वाली परिस्थितियों व डर का सामना कर सकें। पूरी मजबूती व कठोरता के साथ, किसी भी तरह के हालात या व्यक्ति को अपने आपको डराने की अनुमति न दें। एक बार आपने न डरने का फैसला कर लिया तो हालात कोई भी क्यों न हों, आप शांत व सहज रहेंगे। याद रखें कि डर से वही दो-चार होते हैं, जो

विपरीत परिस्थितियों का सामना करने के लिए तैयार नहीं होते। यदि आपने वास्तव में अपनी क्षमता व योग्यता पहचान ली है तो आप इतनी आसानी से डर के प्रभाव में नहीं आएंगे।

डर के आकलन से आपको इसका सामना करने की अंतर्दृष्टि प्राप्त होगी। इसका संकेत पाते ही डर का विश्लेषण करें। यदि इसे समय मिल गया तो यह आपकी चिंतन प्रक्रिया का अंग बनकर सकारात्मक सोच को नष्ट कर सकता है और आपके लिए कष्टदायक परिस्थितियां पैदा कर सकता है। कोई भी डर आगे आने से पहले अपनी ताकत का अंदाजा लगाता है। आपकी दुर्बलता से उसे उपजने का आधार मिल जाता है। आपको पता लगाना चाहिए कि वह डर किसी तरह के हालात या किसी व्यक्ति के कारण है। पहले यह देखें कि आप उस व्यक्ति या हालात को अनदेखा करने की स्थिति में हैं या नहीं। यदि थोड़ी-सी हानि के साथ ऐसा कर सकते हैं तो तत्काल कर देना चाहिए। ऐसे हालात या व्यक्ति से निकटता रही तो उनका सामना करना होगा यानी डर से अप्रत्यक्ष मुकाबला। इस आधार पर उन्हें अनदेखा न करें कि आप उनका सामना नहीं कर सकते। इन बदतर हालात में तो डर और भी विकराल हो जाएगा। कोई भी डर आरंभ में छोटा होता है और उसे संभाला जा सकता है, किंतु उसकी वृद्धि समस्या पैदा कर सकती है।

डर से निबटने के लिए अपने ज्ञान में वृद्धि करें व नेटवर्किंग तंत्र को मजबूत बनाएं। आपको अपना 'सुरक्षा जाल' हमेशा तैयार रखना है। इससे आपको हर परिस्थिति का सामना करने का साहस मिलेगा। आप चाहें या न चाहें, परिस्थितियों में बदलाव आएगा ही, किंतु उनसे निबटने की उचित विधि जानने से कई गुणात्मक बदलाव आएंगे। यदि आप इन बदलती परिस्थितियों को सही तरीके से संभाल पाए तो ये एक विजेता के रूप में आपके व्यक्तित्व के लिए सकारात्मक कारक बन जाएंगे।

4.1

अतीत का डर

यह सबसे भयंकर वायरस है। मनुष्य होने के नाते हमसे गलतियां होती हैं, जो एक स्वाभाविक प्रक्रिया है। मनुष्य गलतियों का पुतला है। कई बार ऐसा अनजाने में भी होता है और हर बार गलती का असर छोटा-बड़ा हो सकता है।

डर से आगे बढ़ो, डर के बाद ही जीत है

एक बार भूल हो जाए तो कोई उसे ठीक नहीं कर सकता है। हो सकता है कि विवेकपूर्ण चिंतन के कारण वैसी गलती दोबारा न हो, किंतु यदि आप बार-बार उस भूल के बारे में ही सोचते रहें तो संभावना यह है कि आप वही या उससे भी बड़ी भूल कर बैठें। आपने इतिहास में पढ़ा होगा कि पृथ्वीराज चौहान ने युद्ध के मैदान में मुहम्मद गौरी को सत्रह बार पराजित किया, किंतु अट्ठारहवीं बार गौरी उसे हराने में सफल रहा। प्राचीन भारतीय इतिहास का महान योद्धा पराजित हो गया। ऐसा कैसे हुआ? हो सकता है कि गौरी ने आखिरी बार लड़ते समय वे सब भूलें न दोहराई हों, जो वह पहले करता आ रहा था।

अब एक और परिस्थिति का उदाहरण लें। हो सकता है कि पूरा ध्यान न देने की वजह से कोई दसवीं की बोर्ड की परीक्षा में असफल हो जाए। तो क्या अगली बार भी वह यही प्रदर्शन देगा? मुझे पूरा यकीन है कि अगर छात्र ध्यान से पढ़ेगा तो वैसी गलती दोबारा नहीं होगी। बिस्मार्क ने एक बार कहा था-'मूर्ख कहते हैं कि वे अनुभवों से सीखते हैं। मैं दूसरों के अनुभव से सीखने को प्राथमिकता देता हूं।' उनके अनुसार, सोचने का प्रयास करें। यदि आप बार-बार गलतियां दोहराते रहे तो उन्हें जीवन में बार-बार सुधारने का मौका नहीं मिलेगा।

जो बीत गया, उसे भूल जाएं, गलतियों से सबक लें, स्वयं से वादा करें कि भविष्य में उस भूल को नहीं दोहराएंगे। यह भी हो सकता है कि किसी पिछली भूल का खामियाजा आगे भी भुगतना पड़े। वर्तमान भी प्रभावित हो सकता है। आपको बिना किसी खीझ या क्रोध के इसका सामना करना है। जितना शांत व सहज रहेंगे, कष्ट भी उतनी ही सहजता से कट जाएंगे। शांत माहौल में समस्या का हल तलाशें। पछताने या सिर धुनने का व्यवहार आपको शोभा नहीं देता। बुरे हालात से भी प्रेरणा लें ताकि कार्यक्षमता बढ़े और समस्या का आसानी से हल मिल सके।

एक ब्रिटिश नागरिक अपनी मौत के बाद नर्क में गया तो दरबान ने पूछा कि वह किस नर्क में अपनी सजा की अवधि पूरी करना चाहेगा। उस जगह अमेरिकी, जर्मन और भारतीय नर्क थे। उस आदमी ने सबका ब्यौरा लेना चाहा।

दरबान ने कहा-"अमेरिकी नर्क में एक तिहाई सजा तीखी कीलों वाली कुर्सी पर बैठकर बितानी है, एक तिहाई सजा सरसों के गर्म तेल में उबलते हुए बितानी है और एक तिहाई सजा पेड़ से रस्सी के सहारे उल्टे लटककर बितानी है।"

उसने जर्मन नर्क के बारे में पूछा तो दरबान ने कहा-''इस नर्क में सब कुछ वही है, बस आपके पास सजा बिताने के लिए विकल्प चुनने की आजादी है।''

वह व्यक्ति अपना नर्क चुनने से पहले भारतीय नर्क भी देखना चाहता था। अमेरिकी और जर्मन नर्क के सामने तो कोई था ही नहीं, पर भारतीय नर्क के सामने लंबी-लंबी कतारें लगी थीं। पूछने पर दरबान ने कहा-''सजा तो उन दोनों नर्कों जैसी ही है, पर कुर्सियों की कीलें रक्षक के नए बन रहे मकान के लिए निकाल ली गई हैं। सरसों का तेल काले बाजार में बिक गया है और उसने रस्सी से अपनी भैंस बांध ली है।''

व्यक्ति ने पूछा-''क्या कोई जांच नहीं करता कि सजा सही तरीके से दी जा रही है या नहीं?''

रक्षक बोला-''दरअसल जांच अधिकारी एक आई.ए.एस. है। वह एक भारतीय ब्यूरोक्रेट है, जो अधिकतर अपने फोन, लैपटॉप और फाइलों में व्यस्त रहता है। उसे ऑफिस से बाहर निकलने का वक्त ही नहीं मिलता। एक-दो बार देखने आया भी तो गेट के बाहर खड़ी कतारों से ही अंदाजा लगाकर लौट गया कि सब ठीक चल रहा है।''

आखिर में ब्रिटिश नागरिक ने अपनी सजा पूरी करने के लिए इसी नर्क को चुना और वह भी उसी कतार का हिस्सा बनकर अपनी बारी आने का इंतजार करने लगा।

आपको ही हर चीज में से प्रसन्नता तलाशनी है, अपनी भूलों से भी। इनके कारण अपने स्वाभिमान को चोट न आने दें। यह एक बुरा लक्षण है। यह सफलता की राह में बाधा बनकर अंततः असफलता की ओर ले जा सकता है। इसके विपरीत प्रसन्नता आपको भावी भूलों की संभावना से बचाती है। आज को निखारने के लिए बीते हुए कल से सबक लें, जो निश्चित तौर पर आने वाले कल को संवार देगा।

4.2

वर्तमान को बनाए रखने का डर

आप अपने वर्तमान के कारण जाने जाते हैं। आपका वर्तमान ही आपकी नियति है। आपको हमेशा अतीत के लिए सिर धुनने या भविष्य की परवाह

डर से आगे बढ़ो, डर के बाद ही जीत है

किए बिना वर्तमान को बेहतर बनाने का प्रयास करना चाहिए। वर्तमान प्रदर्शन के आधार पर ही आपका भविष्य गढ़ा जाएगा। निःसंदेह अतीत में प्राप्त अनुभव से आपका मार्गदर्शन होगा, किंतु यहां उसकी भूमिका से, आपकी एकाग्रता ज्यादा मायने रखती है। वही मनचाहा 'आज' गढ़ने में सहायक होगी। वे आप ही तो हैं, जिसने अब असफल न होने का फैसला कर लिया है तो आपके सभी कार्य उसी दिशा में केंद्रित होने चाहिए। इस समय केवल वर्तमान ही आपके वश में है व आपको इसे निखारने का हर संभव प्रयास करना चाहिए।

लोग कहते हैं कि अतीत आपके वर्तमान को आकार देता है, पर मेरा मानना है कि अतीत केवल आपके भविष्य में झलकता है और आपको भविष्य को बेहतर बनाने के लिए वर्तमान को मोल देना होगा। आपके पास अपना मनचाहा पाने का पर्याप्त अवसर व संभावानाएं हैं, किंतु पहले आपको सबसे बेहतर करने या बनाने के डर से उबरना होगा।

आधी रात का समय था। न्यूटन का 'मैथेमेटिका ओलंपिया' पूरा होने को था। उसका कुत्ता पास बैठा मालिक को काम करते देख रहा था। अचानक न्यूटन कुछ भूल गए और उसे याद करने के लिहाज से टहलने निकल गए। वे लौटे तो दस साल की मेहनत जलकर राख हो चुकी थी और पास खड़ा कुत्ता जोर-जोर से भौंक रहा था। पल-भर को वे चुप हो गए, किंतु फिर बोले-''शुक्र है, भगवान! तुमने मेरे पालतू कुत्ते की जान बचा ली। मैं इसके बिना जीवित नहीं रह पाता।''

कुत्ते को कुछ भी कहे बिना या घटना कैसे घटी, यह जानने में समय गवांए बिना ही उन्होंने फिर से काम करना शुरू कर दिया और एक वर्ष के रिकॉर्ड समय में उसे पूरा कर दिखाया।

बिस्मार्क के शब्द याद करें कि आपको न्यूटन से सबक लेना चाहिए। उन्होंने अतीत पर पछताने व समय नष्ट करने के बजाय फिर से काम शुरू कर दिया व अपने भविष्य को सुनहरा बना लिया। अगर न्यूटन ने अपने काम को दोबारा न किया होता तो क्या उन्हें इतना मान व यश मिलता या लोग यह मानते कि उन्होंने कोई अद्भुत कार्य किया था? हो सकता है कि राष्ट्रीय हाईवे पर आप एक सौ बीस कि.मी. प्रति घंटे की गति से गाड़ी दौड़ाकर आप एक बढ़िया ड्राइवर न कहलाएं, लेकिन अगर भीड़ भरी सड़क पर 40 कि.मी. प्रति

घंटे की गति से बिना किसी गलती के गाड़ी चला पाए तो लोग आपको एक अच्छा ड्राइवर कहेंगे।

यदि आपने संतोषजनक अवस्थाओं में ही सब कुछ पाया तो इसमें आपकी अपनी सामर्थ्य क्या हुई? आपको इस धरती पर कई ऐसे लोग मिलेंगे, जिनका अतीत, वर्तमान और भविष्य तीनों ही उज्ज्वल रहे, ऐसा इसलिए है क्योंकि वे समृद्ध व संपन्न परिवार में जन्मे हैं। एक व्यक्ति के रूप में आपको सब कुछ पाना चाहिए। कड़े परिश्रम के बल पर आप किसी भी प्रतिकूल परिस्थिति को अनुकूल बना सकते हैं।

वर्तमान की उपलब्धियां आपके प्रत्यक्ष लाभ हैं। आपको उन पर गर्व होना चाहिए। अतीत को इन उपलब्धियों पर हावी न होने दें। हम लोग प्राय: वर्तमान में अपनी उपलब्धियों के प्रति चिंतित रहते हैं। आपने जो भी पाया है, वह किसी का उपहार नहीं बल्कि आपने स्वयं प्रतिकूल परिस्थितियों को अनुकूल बनाते हुए वह उपलब्धि पाई है। आप उसके असली हकदार हैं। आपने जो उपलब्धियां पाई हैं, आप उन्हें पाने की शर्तें भी जानते हैं तो चिंता क्यों करते हैं। परिश्रम से प्राप्त वस्तु कहीं नहीं जाती। यदि उसके खोने का डर हो भी तो चिंता कैसी? मुझे पक्का यकीन है कि आप उसे पहले से भी कम समय में दोबारा पा लेंगे।

वर्तमान ही आपका भाग्य है, जो मनचाहे तरीके से आपका साथ देगा, शर्त इतनी है कि अपने अतीत को वर्तमान पर हावी नहीं होने देना। आपको अतीत में हुई भूलों के बावजूद एक मजबूत मन:स्थिति बनाए रखनी होगी। बैठकर अतीत की भूलों पर सिर धुनने से कुछ हाथ नहीं आएगा। इससे केवल असफलताएं ही दोबारा सामने आएंगी, जो आपकी नियति नहीं है, क्योंकि आपने असफल न होने का फैसला कर लिया है। वर्तमान को अतीत की किसी भी परछाई के बिना, वर्तमान की तरह ही बीतने दें।

आपका सामना ऐसे व्यक्तियों से भी हो सकता है, जो भविष्य तथा अतीत के डर से, हमेशा अपना वर्तमान बिगाड़ने पर तुले रहते हैं। वे वर्तमान का आनंद नहीं ले सकते। वे उन भारतीय पर्यटकों की तरह होते हैं, जो पर्यटन स्थलों का आनंद लेने या सगे-संबंधियों के साथ मौज-मस्ती करने के बजाय भविष्य की यादगार के लिए फोटो खींचने में ही सारा समय बिता देते हैं। हम वर्तमान को बिगाड़कर, भविष्य को स्थिरता देने में अधिक रुचि रखते हैं। हमें ऐसा करना चाहिए, किंतु वर्तमान की कीमत पर बिल्कुल नहीं। वर्तमान तथा भविष्य का

डर से आगे बढ़ो, डर के बाद ही जीत है

समुचित संतुलन व उसमें से घटा अतीत ही डर से सामना करने की बेहतर अंतर्दृष्टि दे सकता है। हमें पशु जगत से इसे सीखना चाहिए। वे हमेशा वर्तमान में जीते हैं और हमेशा वर्तमान की ही कद्र करते हैं। वर्तमान को बिगाड़कर असंतोष के सिवा कुछ हाथ नहीं आएगा और आपके पास पछताने के सिवा कोई चारा नहीं होगा। आप संकल्प लें कि वर्तमान को अतीत से कहीं अधिक सुंदर बनाना है, भविष्य तो स्वयं ही संवर जाएगा। यदि वर्तमान के लिए यही दृष्टिकोण व मानसिकता बरकरार रही तो मुझे यकीन है कि आप भविष्य को भी इसी उमंग के साथ व्यवस्थित कर पाएंगे।

4.3
भविष्य का डर

आजकल सुबह-सुबह हर सैटेलाइट चैनल पर एक खूबसूरत-सी महिला हाथों में कई प्रकार के कार्ड थामे दिखाई देती है जिसे वह टैरो कार्ड कहती है। वह मेज पर कार्ड फैलाती है तथा उनमें से एक कार्ड निकालकर हमारा भविष्य बताती है। उन्होंने पूरे संसार की जनसंख्या को बारह राशि चिह्नों में बांटा है तथा उसी के आधार पर भविष्यफल बताया जाता है। मैं नहीं कह सकता कि मैं वह कार्यक्रम नहीं देखता, क्योंकि यह ऑफिस के लिए तैयार होने व साथ ही इडियट बॉक्स देखने का भी समय होता है। मेरी धर्मपत्नी हमेशा अपना राशिफल सुनने की प्रतीक्षा करती है, मैं मानता हूं कि मैं पर्दे की उस सुंदर बाला को देखता रहता हूं ताकि चेहरे पर एक मुस्कान के साथ दिन की शुरुआत कर सकूं। मैं आपको भी इसी प्रकार दिन की शुरुआत करने की सलाह दूंगा। बस इतनी सावधानी रखें कि पत्नी को पता न चल जाए कि आप अपना भविष्य सुनने की प्रतीक्षा में हैं या उस खूबसूरत चेहरे को निहार रहे हैं। अगर आपका राशि चिह्न सबसे आखिर में आता है तो आप बड़े किस्मत वाले हैं, क्योंकि कोई नहीं कह सकता कि आप अपना समय क्यों नष्ट कर रहे हैं।

यह पैराग्राफ लोगों की भावनाओं पर व्यंग्य करने के लिए नहीं लिखा गया, किंतु क्या भविष्य का पहले से पता लगा पाना संभव है? मान लें कि आपकी रॉबिन शर्मा की तरह हिमालय के किसी संत से भेंट हो और उसकी

भविष्यवाणियां शत-प्रतिशत सही निकलें, तब तो मैं उस व्यक्ति से दोबारा नहीं मिलना चाहूंगा, क्योंकि इससे मेरे जीवन की रोचकता जाती रहेगी। अगर मुझे पहले से ही पता है कि कुछ होना तय है, तो मुझे कोई काम क्यों करना चाहिए। सब कुछ पहले से जानकर जीने के बजाय अनिश्चितता के साथ जीना कहीं बेहतर है। यह तो कुछ ऐसा ही होगा कि मानो किसी बाध्यता के कारण कोई रहस्यमयी फिल्म फिर से देखनी पड़े।

पास के जंगल में दो गधे रहते थे। दोनों अच्छे मित्र थे। एक दिन सर्कस के मालिक ने एक गधे को पकड़ लिया, ताकि एक से दूसरे स्थान पर सर्कस का माल ढोकर ले जाने में मदद मिल सके। काफी लंबे समय के बाद जंगल वाला गधा सर्कस में काम करने वाले गधे से मिलने गया। अपने दोस्त की गिरती सेहत देखकर उसने कहा कि वह जंगल में ही आकर क्यों नहीं रहता। सर्कस वाले दोस्त ने मना कर दिया व पूछने पर बोला–'सर्कस के मालिक की एक खूबसूरत बेटी है। वह रस्सी पर चलती है। उसके पिता ने कहा है कि यदि वह किसी दिन शो के दौरान रस्सी से गिर गई तो वे गधे से उसकी शादी कर देंगे।'

सर्कस वाले गधे ने कहा कि वह उसी दिन की प्रतीक्षा कर रहा है।

भविष्य को जाने बिना हम यही प्रसन्नता पाते हैं तथा कोई चमत्कार होने की प्रतीक्षा में रहते हैं। यह जीवन उस जीवन से कहीं बेहतर है, जहां पहले से सब कुछ जानते हैं तथा सब निश्चित है।

एक रात मैं लैपटॉप पर काम कर रहा था। नौ बजे के करीब 'आज तक' पर समाचार आने लगे। वह 3 अक्तूबर, 2007 का दिन था। एक सत्तर वर्षीय वृद्ध प्रोफेसर केरल त्रिचुर में एक प्रेस कॉन्फ्रेंस को संबोधित कर रहे थे। कितना प्यारा मुस्कराता हुआ चेहरा था। वे खांस रहे थे तो मित्रों ने पानी का गिलास थमाया। उन्होंने एक-दो घूंट पानी पिया और फिर से भाषण देने लगे? लेकिन यह क्या? वे एक पल के लिए रुके, अपनी कुर्सी पर पीठ टेकी और... अब वे इस दुनिया में नहीं थे। क्या वे जानते थे कि उनके साथ क्या होने वाला था। मुझे पक्का यकीन है कि यदि ऐसा होता तो वे घर से न निकलते, संबंधी उन्हें जबरन बिस्तर पर लिटाकर घेर लेते व उनकी मृत्यु की प्रतीक्षा करते। यह समय दस मिनट का या दस घंटों का भी हो सकता था, किंतु यह उस वास्तविक मृत्यु से कहीं अधिक डरा देने वाला होता। मैंने ज्यों ही यह दृश्य देखा, तो अपने

डर से आगे बढ़ो, डर के बाद ही जीत है

ईश्वर से प्रार्थना की कि यदि मैंने सचमुच उससे प्यार किया है तो वह कहीं भी, कभी भी मेरे चाहते ही उस दृश्य को आंखों के आगे साकार कर दे। एक ऐसी मृत्यु जो जश्न मनाने लायक थी। ऐसी मृत्यु केवल किस्मत वालों को ही मिलती है। यह दृश्य मुझे वर्तमान को मान देने की पर्याप्त शक्ति प्रदान करता है।

अनिश्चितता से भरा जीवन हमें इसमें छिपे रहस्यों को उजागर करने की शक्ति देता है। ऐसा न हो कि हम रहस्य से वर्तमान को ही समाप्त कर लें, बल्कि हमें पूरी मर्यादा व शान के साथ जीना आना चाहिए। लोग कहते हैं कि यदि हमें किसी घटना के विषय में पूर्वानुमान होगा तो हम उसके शांतिपूर्ण ढंग से पूरा होने की योजना बना सकते हैं। मैं उनसे सहमत नहीं हूं, क्योंकि जाने-पहचाने रास्तों के बजाय अनजान रास्तों पर चलने में अधिक आनंद आता है।

भविष्य ने आपके लिए कई आनंददायक पल संजोकर रखे हैं और मुझे पूरा विश्वास है कि डरे बिना ही आप उनका पूरा आनंद पा सकते हैं। जो व्यक्ति किसी भी परिस्थिति में असफल न होने का निर्णय ले लेता है, वह सुनहरी रोशनी की तरह भविष्य का आनंद पाएगा। प्रबंधन के छात्रों की तरह न बनें, जो कि नियोजित जीवन जीने की तैयारियों में लगे रहते हैं, कुछ कार्यों के लिए या फिर निश्चित समयावधि के लिए योजना बनाएं और आप बिना किसी तनाव के संसार के सबसे प्रसन्न व्यक्ति होंगे। अपने वर्तमान का प्रयोग करते हुए भविष्य के लिए सुनिश्चित ढांचा बनाएं, वही भविष्य के अनावश्यक डर से मुक्त होने में सहायक होगा।

सबसे प्राचीन ग्रंथ भी यही कहते हैं कि भाग्य पहले से तय है व आप इसे बदल नहीं सकते। मैं इससे सहमत नहीं हूं। यदि आप अपनी सामर्थ्य को पहचान लें तो अपनी मेहनत के बल पर क्या नहीं कर सकते। आपके वर्तमान में ही तो आपका भविष्य छिपा है। बस दिए गए कार्य को पूरी क्षमता व योग्यता के साथ निभाएं। अपने पर व अपनी क्षमताओं पर भरोसा रखें और खुद को विश्वास दिलाएं कि आप आज और आने वाले कल में असफल नहीं होंगे।

जो व्यक्ति तयशुदा लक्ष्य को पाने के लिए वर्तमान का उचित प्रयोग कर रहा है, उसे भविष्य से भयभीत होने की कोई आवश्यकता नहीं है। जब आप अपनी तुलना दूसरों से करने लगते हैं तो वहीं से भविष्य के डर का आरंभ होता है। मैं आपको बार-बार यही सलाह दे रहा हूं कि अपनी तुलना केवल स्वयं

से करें। अपना तय किया गया फासला मापें व उसकी गति पर ध्यान दें। यदि यह उल्लेखनीय है तो शांति से आगे बढ़ें। यदि यह वांछित गतिशीलता नहीं रखता तो इस पर विचार करें, अन्यथा आगे चलकर नियोजन में बदलाव भी लाना पड़ सकता है।

बदलाव तो हमेशा बेहतरी के लिए होता है व आप इसका आनंद भी पाएंगे, आपको इसकी मदद से भविष्य के डर पर भी काबू पाना है। जीवन में आप कोई भी ऐसा व्यक्ति नहीं पाएंगे, जो अपनी नहीं दूसरों की भूलों का दंड भुगत रहा हो। प्रत्येक व्यक्ति को अपनी ही भूलों का दंड भुगतना पड़ता है, फिर चाहे वे जान बूझकर की गई हों या अनजाने में या वह उन्हें स्वीकारे अथवा न स्वीकारे।

4.4
कभी भी स्वयं को कमजोर न मानें

कमजोर या दुर्बल व्यक्ति वह होता है, जो कुछ भी करने की क्षमता नहीं रखता। शारीरिक व आर्थिक दुर्बलता तो बहुत छोटी चीजें हैं, इन्हें तो आप अपने मजबूत क्षेत्रों यानी अपनी सामर्थ्य को जानते ही पा लेंगे। दुर्बल एक ऐसा शब्द है, जो समय व स्थान के हिसाब से अर्थ बदलता रहता है। जंगल में किसी शेर से सामना होने पर आप दुर्बल हैं, पर अगर वही शेर चिड़ियाघर में हो तो आप उसे सताने में कोई कसर नहीं छोड़ेंगे। मनुष्य को ईश्वर ने एक अद्भुत वरदान दिया है, चिंतन शक्ति। धरती पर किसी दूसरे जीव के पास सोचने की ताकत नहीं है। यही शक्ति उसे धरती पर सबसे शक्तिशाली बनाती है।

एक बार कछुए और खरगोश में इस बात पर बहस हो गई कि दोनों में से कौन तेज है। उन्होंने तय किया कि वे एक दौड़ से इस बात का फैसला करेंगे। खरगोश तेजी से दौड़ता हुआ आगे निकल गया और कुछ देर तक तेज दौड़ता रहा। उसने कछुए को काफी पीछे देखा तो कुछ देर के लिए सो गया। इसी बीच कछुआ आगे निकल गया और उसने दौड़ जीत ली। खरगोश उठा तो उसे पता चला कि वह हार गया था।

खरगोश ने निराश होकर अपनी हार का विश्लेषण किया। उसे अहसास हुआ कि लापरवाही, आलस और अति-आत्मविश्वास के

कारण ही उसकी हार हुई। उसने कछुए को फिर से चुनौती दी। खरगोश ने इस बार बाजी जीतकर ही दम लिया।

फिर कछुए ने अपनी हार का विश्लेषण किया कि जिस तरह रेस हो रही है, उस तरह तो वह कभी नहीं जीत सकता। उसने कुछ पल सोचा और खरगोश को चुनौती दी। इस बार दौड़ का रास्ता थोड़ा अलग था। खरगोश ने तेजी से दौड़ने का अपना वचन निभाया और नदी के किनारे तक तेज दौड़ा, फिर उसकी कुछ समझ में नहीं आया तो वहीं बैठ गया। तब तक कछुआ आ गया और बड़े मजे से नदी पार करके रेस जीत ली।

कहानी चलती रही। अब वे दोनों पक्के दोस्त बन गए थे। उन्होंने तय किया कि वे दोबारा रेस करेंगे, पर एक टीम की तरह दौड़ेंगे। इस बार नदी से किनारे तक खरगोश ने कछुए को उठाया और फिर कछुए ने उसे पीठ पर बिठाकर नदी पार कराई। किनारे पर आकर खरगोश ने फिर से उसे पीठ पर बिठा लिया और दोनों ने एक साथ फिनिश लाइन पार की। दोनों ने ही प्रसन्नता, संतुष्टि व सफलता का अद्भुत स्वाद चखा।

ध्यान दें कि उन दोनों ने ही हारने के बाद भी हिम्मत नहीं हारी। असफलता एक घटना है, यह कभी स्थायी नहीं होती। कछुए ने अपनी रणनीति बदली क्योंकि वह पहले से जी-तोड़ मेहनत कर रहा था। जीवन में असफलता का सामना होने पर बेहतर यही होता है कि व्यक्ति ज्यादा कड़ी मेहनत और प्रयास करे। कई बार रणनीति बदलकर भी फायदा होता है। कई बार ये दोनों ही कदम उठाने होते हैं।

आप असफल नहीं हो सकते, क्योंकि आपने असफल न होने का फैसला कर लिया है। यदि व्यक्ति किसी चीज के बारे में सब कुछ नहीं जानता तो कोई फैसला नहीं कर सकता। आपने अपनी क्षमता पहचानकर ही मापदंड चुने हैं तो असफल होने का सवाल ही नहीं पैदा होता। बस एक अच्छी योजना बनानी है, ताकि सुनिश्चित लक्ष्य पाने में आसानी हो। एक अच्छी योजना बनाएं और समय-समय पर उसका आकलन करें। बेशक सभी एक ही राह पर चलते हैं, पर उनमें से कुछ ही सफल हो पाते हैं, क्योंकि असफल व्यक्तियों ने लक्ष्यों से जुड़ी रणनीतियों की योजना बनाते समय अपनी क्षमताओं का भरपूर प्रयोग नहीं किया होगा।

उनकी असफलता के विश्लेषण से पता चलेगा कि वे अपनी योजना के निर्धारण में निरंतर प्रयासरत नहीं थे। सफल व्यक्तियों की तरह रणनीति बनाने

के बावजूद वे उसे लगातार जारी नहीं रख सके। राह में जरा-सा मोड़ आते ही असफलता का डर इस तरह छा गया कि उन्होंने रास्ता बदल लिया। इसी डर ने जाने कितनों को इस धरती पर सफल नहीं होने दिया। आप अपनी सामर्थ्य पहचानते हैं। अतः असफलता कभी पास नहीं फटकेगी और अगर आ भी गई तो आप अपनी निर्धारित रणनीतियों से उसका सामना करें। वह खुद ही मुख छिपा लेगी। स्वयं को बुरे-से-बुरे नतीजे के लिए तैयार कर लें, फिर असफलता का डर आपको छू भी नहीं पाएगा। सकारात्मक सोच अपनाएं, यदि मैं सफल रहूं (जो कि आप भी होंगे) तो मैं स्वयं को छोड़कर बाकी सबको उसका श्रेय दूंगा और असफल रहा तो सारा दोष अपने सिर ले लूंगा जैसे कि वह मेरी ही योजना थी। मैं अपने भाग्य का सामना करने के लिए पूरी तरह से तैयार हूं। मैं बिना किसी विलंब के अपनी पूरी क्षमता और योग्यता के साथ वांछित रणनीतियों पर काम करने में जुट जाऊंगा, ताकि मुझे सफल होने से कोई रोक न सके।

4.5
इसे केवल आप ही कर सकते हैं

आप जो भी सपना देखते हैं, उसे साकार कर सकते हैं। सपना ही तो किसी भी यात्रा का पहला चरण है। यदि आप किसी चीज के बारे में नहीं सोच सकते तो वह आपके लिए कोई मायने नहीं रखती। पहले-पहल एक धुंधला-सा विचार ठोस रूप लेता है और फिर आपके मस्तिष्क में बैठ जाता है। आप जो भी पाना चाहें, उसके बारे में सोचना शुरू करें और फिर आप उसे पा लेंगे। यदि आप सोचते हैं कि आप असफल होंगे तो लाख प्रयत्नों के बावजूद सफलता आपके हाथ नहीं आएगी। सफलता या असफलता सबसे पहले सूक्ष्म स्तर पर आपकी अवचेतन सोच में प्राप्त होती हैं, फिर वे वास्तविक उपलब्धि के रूप में आपके सामने आती हैं।

एलेक्जेंडर ने भारत को सोने की चिड़िया समझा और इतना लंबा फासला तय करके यहां तक आ पहुंचा। आप भी कई ऐसे युवक-युवतियों के साक्षी होंगे, जो प्रतिदिन अपने घरों से निकलकर मुंबई चले जाते हैं, ताकि आम दुनिया से हटकर एक नई दुनिया का हिस्सा बन सकें व जीवन में वह सब पा लें, जो

एक सफल व्यक्ति पाता है। सफलता व असफलता कई कारकों पर निर्भर करती हैं। हम सभी अपने-अपने मनचाहे क्षेत्र में सफल होना चाहते हैं। सभी एक ही बिंदु से शुरुआत करते हैं, किंतु केवल एक ही व्यक्ति अंत तक पहुंचता है। इसकी एक वजह यह है कि हममें से पचास प्रतिशत यह मानते हैं कि यदि किसी दूसरे ने अपना सपना साकार किया है तो हम क्यों नहीं कर सकते। यहां हम इसी बुनियादी तथ्य को भूल जाते हैं कि प्रत्येक व्यक्ति भिन्न होता है।

हम सफल व्यक्तियों को देखकर उनकी नकल करने की कोशिश तो करते हैं, पर कभी यह जानने का प्रयास नहीं करते कि उन्होंने सफल होने के लिए क्या तरीका अपनाया या कितनी मेहनत की। ईश्वर ने मनुष्य को बनाने में कोई पक्षपात नहीं किया। उसने प्रत्येक व्यक्ति को कोई-न-कोई हुनर दिया है। व्यक्ति द्वारा की गई मेहनत से ही सारा अंतर पड़ता है। शुरुआत में तो हम बड़ी उमंग व जोश से आगे बढ़ते हैं, लेकिन थोड़ी-सी बाधा आने से हमारे पांव लड़खड़ा जाते हैं और हमें लगता है कि हम इस काम के लिए नहीं बने हैं। हम दूसरा काम शुरू कर देते हैं तथा उसका भी यही हाल होता है। हम लगातार ऐसा करते हैं, जब आस-पास वाले हमारा उपहास करते हैं तो हम ईश्वर को पक्षपाती होने का दोषी ठहरा देते हैं।

समुद्र में एक नाव दुर्घटना होने के बाद एक इंसान अकेला रह गया। वह किसी प्रकार एक तट पर जा पहुंचा और इस उम्मीद पर जीने लगा कि एक दिन कोई उसे खोज निकालेगा व उसकी जान बचाएगा। वहां करने के लिए कुछ भी नहीं था। उसने स्वयं को व्यस्त रखने के लिए घास-फूस से छोटा-सा घर बना लिया। दिन बीतते गए, पर किसी का ध्यान उसकी ओर नहीं गया। वह पत्थर रगड़कर आग जलाता था ताकि खुद को गर्म रख सके। एक दिन गलती से झोंपड़ी में आग लग गई और वह राख के ढेर में बदल गई। तब वह ईश्वर को कोसने लगा कि उसे उसका इतना-सा सुख भी नहीं भाया। खैर, वह किसी तरह सो गया।

सुबह उठकर उसने देखा कि एक नाव उसकी ओर आ रही थी। पूछने पर नाव वालों ने बताया कि उन्होंने उस रात उस आदमी द्वारा दिया गया आग का संकेत देखा था। अब उस व्यक्ति के हैरान होने की बारी थी। उसने पूरी ईमानदारी से ईश्वर को धन्यवाद दिया।

किसी काम को ऊर्जा तथा वचनबद्धता के साथ आरंभ करने व बिल्कुल छोर तक लाकर छोड़ देने से न केवल ऊर्जा का नाश होता है बल्कि आपका

स्वाभिमान भी क्षत-विक्षत हो जाता है। जो व्यक्ति सफल हुआ है, उसे ईश्वर की ओर से कोई विशेष शक्ति नहीं मिली थी, जिसे आप पाने में असफल रहे। 'करो या मरो' की प्रवृत्ति ही आप दोनों के बीच का बुनियादी फर्क है। उसने इस कहावत का पालन किया– 'अभी नहीं तो कभी नहीं', पर आपने उसका कहीं प्रयोग नहीं किया। सफलता और अधिक सफलता लाती है, किंतु असफलता उसका मनोबल इतना तोड़ देती है कि उसे दोबारा पाना काफी कठिन हो जाता है।

सफल या असफल कहलाने का निर्णय आपका अपना है व इसका फल भी केवल आपको ही मिलता है। ऐसा कुछ नहीं, जो आप नहीं पा सकते, किंतु आपको भरोसा दिलाना होगा कि आप स्वयं को किसी भी कीमत पर सफल देखना चाहते हैं और मुझे यकीन है कि आप उसे अवश्य पा लेंगे।

कोई भी कार्य करने से पहले अपनी सामर्थ्य जांचें और फिर पूरी लगन से जुट जाएं। वांछित लक्ष्य पाने के लिए बाकी कार्यों को एक ओर रख दें। यदि सफलता की राह में बाधाएं आएं भी तो आराम से बैठें, विश्लेषण करें व जरूरी लगे तो अपनी रणनीति बदलें, फिर दूसरों की परवाह किए बिना आगे बढ़ जाएं। आपको न केवल काम में शामिल होना है बल्कि उसे पाने के लिए वचनबद्ध भी होना है। वचनबद्धता आते ही आप निश्चित रूप से सफल होंगे। हम बाहरी प्रतिरोध के कारण असफल नहीं होते बल्कि एकाग्रता की कमी हमें पीछे धकेलती है और वांछित दिशा में जाने नहीं देती। यदि बंदूक से गोली चलाते समय हमने बंदूक को पूरी ताकत से न पकड़ा तो गोली के दबाव से हमारे गिरने की संभावना अधिक है। आगे बढ़ने के लिए स्वयं को दृढ़ता से खड़े रखना बहुत मायने रखता है।

अपने ऊपर पूरा भरोसा रखें कि आप काम को जिस तरह कर सकते हैं, उस तरह कोई दूसरा नहीं कर सकता। आपके पास ज्ञान है, आपको काम करने का तरीका आता है और आप सफलता के पथ पर असफलता के डर से नहीं डरते। यदि एक बार आपने सफल होने की ठान ली तो कोई भी आपको सफल होने से रोक नहीं पाएगा। सफल होने की संकल्पशक्ति पाने के बाद बाकी सब बातें भुलाकर केवल वही करें, जो आपसे करने की उम्मीद की गई है।

5

निर्भीक होने की तत्परता

समस्या और बाधा हमेशा ही राह रोकना चाहेंगी, पर हमें अपने लक्ष्य पर नजर रखते हुए परिस्थितियों पर नियंत्रण पाना होगा। हमें असफलता के डर से डरे बिना निर्भीकता के साथ सीना तानकर खड़ा होना होगा।

आपका रवैया ही आपको डरपोक या निर्भीक बनाता है। नकारात्मक रवैए वाला इंसान अपनी संकल्पशक्ति के बावजूद कभी भी निर्भीक नहीं बन सकता। असफल न होने का फैसला आपके ही हाथों में है और इसके लिए स्वयं को एक ऐसे व्यक्ति के रूप में बदलना है, जो वस्तुओं के उजले पक्षों को देख सके और अपना रवैया सकारात्मक रखे। वैसे रवैए में बदलाव लाने का काम इतना आसान नहीं होता। इसमें समय लगता है, किंतु एक बार आप इसे बदलने का फैसला कर लें तो बात काफी आसान हो जाती है।

कोई भी दुःखदायी स्थिति इसी रवैए के कारण अनुकूल हो सकती है और हमारा रवैया ही हमारे लिए किसी परिस्थिति को हमारे लिए प्रतिकूल या अनुकूल बनाता है। हालात अच्छे-बुरे नहीं होते, बस अंतर इतना होता है कि कठिन हालात अनुकूल हालात के मुकाबले संभलने में थोड़ा समय ले सकते हैं। जो अवस्था हमें मुंह मोड़ने या सामना करने की ताकत देती है, वह हमारे ही भीतर से पैदा होती है। जितनी जल्दी हो सके, नकारात्मकता को त्याग दें, फिर आपको सफल होने से कोई नहीं रोक सकता। जीवन में सब कुछ प्लेट में परोसा हुआ नहीं मिलता कि आप बैठे-बैठे इसका आनंद लें सकें। यदि जीवन को सुखमय और प्रसन्न बनाना चाहें तो सकारात्मक रवैए के साथ कठिन परिस्थितियों से निबटना भी सीखना होगा। याद रखें, जो बीत गई, सो बात गई। संघर्षशील रवैया अपनाते हुए स्वयं से वादा करें कि किसी भी तरह के हालात में बीच रास्ते में हार नहीं मानेंगे।

डर से आगे बढ़ो, डर के बाद ही जीत है

एक पति-पत्नी अपने आठ साल के पुत्र और सात साल की पुत्री के साथ समुद्र के किनारे टहल रहे थे। बच्चे पूरे मन से रेत का घर बनाने लगे। उन्होंने देखा कि वहीं पास में उनकी आयु की एक लड़की भी रेत का घर बना रही थी। दोनों घर बनने ही वाले थे कि पानी की तेज लहर सब कुछ बहा ले गई।

बच्चों ने समुद्र को गुस्से से देखा और फिर से घर बनाने लगे। पहले उन्होंने उस लड़की का घर बनवाया और फिर तीनों ने मिलकर दूसरा घर बनाया। माता-पिता कोई भी दखल दिए बिना चुपचाप देखते रहे। जब तीनों ने घर बना लिए तो वे भी उनकी खुशी में शामिल हो गए।

हमें भूलना नहीं चाहिए कि जिस तरह हम अपना काम कर रहे हैं, उसी तरह विपरीत परिस्थितियां भी अपना काम कर रही है यदि हम पीछे न हटें तो इन्हें अपना असर दिखाते देर नहीं लगेगी। हम केवल भाग्यवश ही इनका सामना नहीं कर पाते। दरअसल प्रकृति भी हमारी क्षमता परखती है कि कहीं दुर्बल व्यक्ति संसार में वह सब कुछ न पा लें, जिसे वे संभाल ही न सकें। उचित व्यक्ति को ही उचित वस्तु मिलनी चाहिए, अन्यथा चारों ओर अव्यवस्था फैल जाएगी।

सफलता की राह कठिन है, किंतु असफल होने की राह तो और भी कठिन है। सफल या असफल होने के बीच रवैया ही सबसे बड़ा अंतर पैदा करता है। यदि आप जो हैं, उसी से संतुष्ट हैं तो आप कभी भी कुछ बेहतर पाने का प्रयास नहीं करेंगे। यदि कुछ बेहतर पाने की इच्छा के साथ कार्य आरंभ किया जाए तो किसी भी प्रतिकूल परिस्थिति को अनुकूल बना सकते हैं। जो व्यक्ति असफल नहीं होना चाहता, उसके भीतर सबसे बेहतर होने की चाह पैदा होनी चाहिए। समस्या और बाधा तो हमेशा ही राह रोकना चाहेंगी पर हमें अपने लक्ष्य पर नजर रखते हुए ऐसी परिस्थितियों पर नियंत्रण पाना होगा। यहां हमें असफलता के डर से डरे बिना सीना तानकर खड़ा होना है।

5.1

स्वमूल्यांकन

असफल व्यक्तियों के एक समूह का विश्लेषण करने से पता चला कि उनमें से अधिकतर यही नहीं जानते थे कि वे क्या कर रहे हैं और वे अपने काम में गुणवत्ता

कैसे ला सकते हैं। सफल होने के लिए व्यक्ति को अपने सारे काम की सूक्ष्म जानकारी व गुणवत्ता बिंदुओं का पता होना चाहिए। इन दोनों की जानकारी के बिना आप एक उद्देश्यहीन तथा भीड़ में खड़े आम आदमी की तरह हैं। अपने काम की पूरी जानकारी आपको दूसरों से आगे रखेगी और आप जो भी करेंगे, उससे संतुष्ट होंगे। हम अपने रोजमर्रा के जीवन से भी इसका उदाहरण ले सकते हैं। कोई भाषण सुनते समय हम तत्काल वक्ता की गलतियां जान जाते हैं, जो कि संभवतः उसने अनजाने में की हों। हमारे साथ भी यही होता है, जब हम अपने काम में भूल करते हैं तो हमारा अवचेतन मन उन्हें तत्काल पहचान लेता है और हम उन्हें जान जाते हैं, किंतु ऐसा तभी होगा जब हम काम की उचित विशेषज्ञता रखेंगे ।

सूचना उद्योग के इस युग में स्वयं को अद्यतन रखने की कला जानने वाला व्यक्ति ही कुछ पा सकता है । अनुयायियों के मन में नेता के लिए आदर-मान तभी पैदा होता है, जब उन्हें भरोसा होता है कि उक्त व्यक्ति काम के बारे में पूरी जानकारी रखता है। यह स्वचालित नहीं होता, यदि आप एक नेता के तौर पर सम्मान पाना चाहते हैं तो उन्हें अहसास दिलाना होगा कि आप काम को और भी बेहतर तरीके से करने के लिए समय देते हैं।

इस नेट युग में स्वयं को अद्यतन रखने के लिए नेटवर्किंग की बहुत बड़ी भूमिका है। नेटवर्किंग से जो समय बचता है, उसे आप दूसरे कामों में लगा सकते हैं।

एक शेर सर्दियों की धूप सेंकते हुए खर्राटे भर रहा था। एक चूहा असका आकर नाक पर कूदने लगा।

शेर गुस्से से गरजा–"मैं तुम्हारी जान ले लूंगा।"

चूहे ने विनती की–"मेरी जान मत लो, मैं भी किसी दिन तुम्हारी जान बचाऊंगा।"

"बहुत अच्छा।" शेर दिल खोलकर हंसा। उसने उस दिन भलाई का काम करते हुए चूहे की जान बख्श दी।

जब शेर एक शिकारी के जाल में फंसा तो चूहे ने अपना कर्ज चुका दिया।

कभी न सोचें कि छोटी वस्तु आपके काम की नहीं है। प्रयोग तो इस्तेमाल करने पर निर्भर करता है। हर चीज की अपनी अहमियत होती है। संगठन में चपरासी भी आपके जितनी ही अहमियत रखता है, क्योंकि वह आपके लिए शांत व सहज माहौल बनाए रखने में मदद करता है, ताकि आप काम में एकाग्र हो सकें। यदि शेर चाहता तो जंगल के कानून के हिसाब से चूहे को मारकर अपने अहं की तुष्टि कर सकता था।

चूहे को छोड़ दिया और यह सोचकर नहीं छोड़ा कि चूहा उसके काम आएगा। किसी का भला करें तो बदले में कुछ पाने की उम्मीद न रखें।

किसी का काम करना भी एक नेटवर्किंग है। यह आपको दायरे में जीवित बनाए रखती है और जरूरत पड़ने पर उचित लाभांश भी देती है। एक बार आप काम करना शुरू कर देंगे तो कोई भी आपको भयभीत नहीं कर पाएगा, क्योंकि वे आपकी योग्यताओं व क्षमताओं से अवगत होंगे। केवल एक काम करना और जानने के बाद कोई काम करना, दोनों विभिन्न पहलू हैं। इनकी समझ से न केवल काम में लगने वाला समय घटता है बल्कि गुणवत्ता भी आती है। आप अपने क्षेत्र में नेतृत्व करने की योग्यता पा लेते हैं। शिक्षा अज्ञान से लड़ने का श्रेष्ठ अस्त्र है। अत: आपसे जो भी करने की अपेक्षा की जाए, उसे पूरा मन लगाकर करें, क्योंकि अज्ञान से डर उत्पन्न होता है। गहराई में जाने व संदेह करने में भी अंतर है। यदि किसी व्यक्ति को काम या हालात की पूरी जानकारी न हो तो वह संदेहग्रस्त होता है। वह डर के साए में रहकर काम करता है जिससे गलतियां होने की संभावना बढ़ती है। लक्ष्य प्राप्ति के लिए कारगर सभी रणनीतियों की शिक्षा लेकर स्वयं को अद्यतन करें व आगे की ओर कदम बढ़ा दें। इस दिशा में आपके प्रयासों के बल पर ही सफलता निर्भर करेगी। यदि ये प्रयास एक दिशा में न हुए तो सारा परिश्रम व्यर्थ हो जाएगा।

वाराणसी में छ: पियक्कड़ों का दल शराब की दुकान से निकला। वे रात को शहर देखना चाहते थे। वे गंगा नदी के किनारे पहुंचे और नाव में जा बैठे। वे काफी देर तक नाव खेते रहे। गंगा की ठंडी हवा से उनकी सुध लौटी तो उन्होंने आस-पास देखा कि वे कहां तक पहुंचे। उन्हें यह देखकर बड़ी हैरानी हुई कि वे तो अपनी जगह से जरा-सा भी नहीं हिले थे क्योंकि वे उस नाव की बंधी रस्सी खोलना ही भूल गए थे।

दिशाहीन श्रम कितना भी क्यों न हो, हमें कहीं नहीं ले जा सकता। इससे केवल समय ही नष्ट होता है। सफल होने के लिए अद्यतन होना जरूरी है, किंतु बेकार के संग्रह से कोई लाभ नहीं होगा वह भी एक दिशाहीन कदम ही है। किसी भी क्षेत्र में काम कर रहे हों, उसकी बारीकियां जानें। आजकल जहां माउस के क्लिक से कितनी सूचनाएं सामने आ जाती हैं वहां अनावश्यक सूचना आपकी सामान्य सोच को बाधित भी कर सकती है, आपको पता होना चाहिए कि अपना कीमती समय नष्ट होने से बचाने के लिए कार्य आरंभ कैसे करें?

उद्देश्यहीन भटकने वाले व्यक्ति का सभी मजाक ही उड़ाते हैं। उसे अपमान के सिवा कुछ नहीं मिलता। आपने कई तरह के कामों में हाथ डालने वाले लोग देखे होंगे, वे जरा-सी मुश्किल सामने आते ही काम को बीच में छोड़कर नया काम पकड़ लेते हैं। वे तब तक ऐसा करते हैं, जब तक उनके पास विकल्प मौजूद होते हैं, फिर वे किस्मत को दोषी ठहराते हैं। यहां तक कि वे ठोकरें खाकर भी अपनी भूल नहीं मानते, उन्हें लगता है कि उनकी किस्मत में ही खोट है। जब वे अपनी सामर्थ्य जाने बिना या किसी काम को अच्छी तरह से समझे बिना कार्य आरंभ करते हैं तो ऐसा होता है।

व्यक्ति को याद रखना चाहिए कि हर काम एक विशेष प्रकार की क्षमता या योग्यता चाहता है, जिसके बिना कार्य पूरा नहीं हो सकता। कोई व्यक्ति वे क्षमताएं तथा योग्यताएं सीख सकता है, किंतु यदि व्यक्ति के पास कोई विशेष योग्यता हो तो उसी क्षेत्र में काम करने से ही बेहतर नतीजे पाए जा सकते हैं। इससे समय बचता है तथा असफलता का अनावश्यक डर भी नहीं सताता।

बड़ी मछली पकड़ने का बुनियादी सिद्धांत न भूलें। उसे छोटी मछली की मदद से ही पकड़ सकते हैं। कदम-दर-कदम आगे बढ़ें, इससे स्वाभिमान में भी वृद्धि होगी। याद रखें कि सफलता ही सफलता को खींचती है। यदि आज आप कुछ अच्छा पाते हैं तो निश्चित तौर पर कल कुछ बेहतर पाने का प्रयास करेंगे और अंततः सफलता के शीर्ष तक जा पहुंचेंगे। इसके लिए आपकी आधारभूत क्षमता ही काम आएगी। बड़े काम बड़े प्रयासों से नहीं, बल्कि बड़ी सोच से ही पूरे होते हैं।

5.2
सबसे बेहतर प्रयास करें

इस संसार में बहुत-सी बातें ऐसी हैं जिनके बारे में आप पूरे नियोजन के बाद भी कोई पूर्वानुमान नहीं लगा सकते, किंतु इसके बावजूद नियोजन का अपना ही महत्त्व है। कोई भी काम आरंभ करने से पहले उसकी योजना अवश्य बनाएं। यदि राह में कुछ अवांछित या अनपेक्षित हो भी जाए तो उसे उसके लिए आरक्षित समय व धन द्वारा दूर करने का प्रयास करें। यही सबसे बेहतर प्रयास कहलाता है और एक मनुष्य होने के नाते आप बेहतर से कुछ बेहतर नहीं कर

सकते। अपने प्रयासों में जरा-सी भी कमी न आने दें, वरना असफल मिशन के लिए पछताना होगा। कभी-कभी जब पूरे नियोजन के बावजूद कोई काम नहीं हो पाता तो हमें एक तथ्य पता लगता है कि सब कुछ हमारे नियंत्रण में नहीं है। नियोजन में हुई जरा-सी भूल सारी मेहनत पर पानी फेर सकती है, फिर पछताने के सिवा कोई उपाय नहीं बचता ।

एक निर्धन ग्रामीण ने कई वर्षों तक साधु की सेवा की। मरते समय उस साधु ने कहा कि उसके पास जीवन में किसी को एक बार वरदान देने की शक्ति है। अब वह उसे अपना वरदान देना चाहता था। साधु ने कहा कि उसे एक खास दिन पर बर्तन में पानी भरकर उबालना होगा और एक खास समय पर उसमें गेहूं के दानों की भरी टोकरी डालनी होगी। वे दाने एक खास समय पर कीमती धातु में बदल जाएंगे। उस आदमी ने वह बात अपनी पत्नी को बताई तो पड़ोसी ने भी सुन ली। वह दिन आया तो दोनों ही वरदान लेने को तैयार हो गए। उस आदमी ने दाने डालने के लिए अपनी पत्नी को कह रखा था, पर जब दाने डालने का सही समय आया तो पत्नी ने बात को पक्का करने के लिए दो बार पूछ लिया-''जी, क्या अब दाने डालूं?'' इसी चक्कर में वह खास समय बीत गया और वे मौका चूक गए। उधर पड़ोसी पूरी तरह से तैयार था। उसने वह वरदान पा लिया।

इंसान होने के नाते हमसे भूलें होती ही रहती हैं। कई बार तो हम उन्हें सुधार लेते हैं, पर कई बार सबसे बेहतर प्रयास करने के बाद भी भूल को सुधार नहीं पाते। जो लोग ऊंचाइयों तक जाते हैं, वे उन लोगों में होते हैं जो असफलता के डर से डरे बिना तत्काल भूल सुधार लेते हैं। आरंभ में वे भी हमारी तरह आम आदमी ही होते हैं जिन पर कोई ध्यान नहीं देता। वे अपना लक्ष्य तय करने के बाद नियोजित प्रयासों व पूरी क्षमताओं के साथ आगे बढते हैं। जब वे वास्तव में लक्ष्य पा लेते हैं तो दुनिया का ध्यान उनकी ओर जाता है और फिर लोग उनकी सफलता की यात्रा में आई मुश्किलों को भुलाकर उनकी नकल करने की कोशिश करते हैं। अंधाधुंध नकल करने वालों के हाथ कुछ नहीं आता और वे हमेशा के लिए गुमनामी के अंधेरों में खो जाते हैं।

एक लोमड़ी ने कौए को पेड़ की शाखा पर बैठे देखा। उसके मुंह में रोटी का एक टुकड़ा था। भूखी लोमड़ी वह रोटी पाना चाहती थी, पर कौआ

उसकी पहुंच से बाहर था। उसने एक तरकीब सोची और कौए की तारीफ करने लगी–"तुम कितना मधुर गाते हो। हर कोई तुम्हारा गाना सुनना चाहता है। क्या तुम मेरे लिए गाना गाओगे?"

कौआ अपनी तारीफ सुनकर शांत न रह सका। उसने जैसे ही गाने के लिए मुंह खोला। उसकी रोटी नीचे जा गिरी और लोमड़ी की इच्छा पूरी हो गई।

अगली पीढ़ी के साथ भी यही हालात सामने आए। लोमड़ी पेड़ के नीचे आई तो कौए को रोटी के टुकड़े के साथ देखा। उसने सोचा कि जैसे ही कौआ गलती से मुंह खोलेगा, रोटी नीचे गिर जाएगी और वह उसकी रोटी उठाकर खा लेगी।

लोमड़ी ने कौए से कहा–"प्यारे भाई! तुम तो एक आजाद पंछी हो, तुम्हारी आवाज कितनी मधुर है और सयाने भी कहलाते हो। तुम्हें तो मार्क्सवाद के बारे में भी सब पता है। मैं आज की राजनीति के बारे में तुम्हारे विचार जानना चाहती हूं। तुम काफी ऊंचाई पर बैठे हो, पर इसके बावजूद मैं तुम्हें सुन ही लूंगी। कृपया मुंह खोलो और अपने विचार रखो।"

आपातकाल का समय था और कौए काफी सयाने हो गए थे। कौए ने अपनी रोटी निकालकर पंजे में रखी और बोला–"प्यारी बहना! संसद ने हम विद्वानों को इसी शर्त पर यह रोटी दी है कि हम इसे अपने मुंह में रखकर चुप रहेंगे। मैं तो वादे से बंधा हूं, पर आजाद हूं और उस दिन की प्रतीक्षा में हूं, जब मैं भी बोलूंगा।" यह कहकर कौए ने फिर से अपनी रोटी मुख में दबा ली।

दरअसल केवल बैठने और कुछ न करने के लिए आवश्यक है कि आप काफी ऊंचाई पर बैठे हों। यहां हम प्रकृति का बुनियादी नियम भूल जाते हैं कि उस मुकाम तक जाने में एक-दो दिन नहीं लगे थे, वहां तक जाने के लिए काफी मेहनत करनी पड़ी थी। हम सभी उस मुकाम को पाना तो चाहते हैं, पर नियोजित प्रयास नहीं करते। हम इमारत का सुंदर नमूना बनाने वाली ईंटों को देखते हुए यह भूल जाते हैं कि धरती के नीचे भवन का जो हिस्सा है, उसे बनाने में भी ईंटें लगी होंगी। कुछ बेहतर पाने के दिवास्वप्न देखना बुरा नहीं, किंतु नियोजित प्रयासों के अभाव के साथ ऐसे सपने देखना व्यर्थ है।

असफल लोग अपनी असफलता के लिए अपने सिवा बाकी सबको दोषी ठहराते हैं। वे सफलता और असफलता की इस लड़ाई में भगवान को भी नहीं

छोड़ते। वे कहते हैं कि जिस तरह भगवान ने दूसरे सफल लोगों की मदद की, उस तरह उन्हें मदद नहीं मिली। वे केवल सिक्के का एक ही पहलू देखते हैं, उन्हें सफल लोगों द्वारा किए गए नियोजित प्रयास दिखाई नहीं देते। योजना व प्रयास के अभाव में सफलता की यात्रा लंबी और लंबी होती जाती है। आपको इसे छोटा करने के बजाय यह प्रयास करना चाहिए कि आपकी गति अधिक हो ताकि आप दूसरों से आगे निकल सकें, तभी मनचाहा नतीजा पा सकते हैं। चैंपियन बनने के लिए क्षमता व गति दोनों ही अनिवार्य हैं।

सफल होने की चाह रखने वाले प्रत्येक व्यक्ति पर यह नियम लागू होता है। अथक प्रयास करने वाला ही नतीजे पाता है, जबकि असफलता से घबराकर बीच राह में भाग जाने वाला पराजित होता है। आपकी क्षमता ही आपका भाग्य तय करती है। नियति आपकी क्षमता तय नहीं करती। जो लोग जल्द ही इन दोनों में अंतर करना सीख लेते हैं, वे ही परिणाम पाते हैं। यदि आपने एक बार समझ लिया कि सफलता आपकी क्षमता का फल है तो आप किसी को भी दोषी नहीं ठहराएंगे। यही समझ आने वाले अवसरों में भी सफल होने की राह दिखाएगी। हो सकता है कि आपमें एक अच्छा इंजीनियर बनने की क्षमता न हो, पर आपके भीतर एक अच्छा फैशन डिजाइनर बनने की क्षमता हो सकती है। किसी असफल इंजीनियर से एक सफल डिजाइनर कहीं बेहतर होता है। मेरा तात्पर्य एक ऐसे मुकाम से है, जहां लोग आपके पद के कारण नहीं बल्कि आपकी सफलता की कद्र करते हुए आपको सम्मान दें, आपके कहे अनुसार चलें।

5.3
मूर्खतापूर्ण कार्य न करें

शिक्षा से चिंतन क्षमता का विस्तार होता है और किसी भी शिक्षित व्यक्ति से यह अपेक्षा की जाती है कि वह उत्पादक निर्णय लेगा, जो कि उसके जीवन पर दीर्घकालीन प्रभाव डालेगा। यहां शिक्षा से तात्पर्य उस औपचारिक शिक्षा से नहीं है जो हमारे शिक्षण संस्थानों में दी जाती है। इसमें हर प्रकार की अनौपचारिक शिक्षा शामिल है, जो हमें सकारात्मक तौर पर सशक्त बनाती है।

किसी भी शिक्षित व्यक्ति से यह अपेक्षा की जाती है कि उसके निर्णय से न केवल उसे लाभ होगा, अपितु समाज को भी किसी रूप में हानि नहीं होगी।

मूर्खतापूर्ण कार्य करने में व गलती करने में अंतर होता है। आप सामान्य तौर पर काम करते समय गलती करते हैं और आपको उसे सुधारने का पूरा मौका भी मिलता है, पर मूर्खतापूर्ण कार्य आपकी शिक्षा पर एक धब्बा है। इसे सुधारने का मौका मिलने के बावजूद यह हमेशा आपको चुभता रहेगा। हममें से अधिकतर लोग इन दोनों में अंतर ही नहीं करते और न ही हालात के ब्यौरे में जाना चाहते हैं। हम पिछले काम को भुलाने के लिए झट से नया काम हाथ में ले लेते हैं। जिस व्यक्ति ने असफल न होने का फैसला कर लिया हो, उसे ऐसे काम नहीं करने चाहिए। उसके सभी कामों से उसकी बुद्धिमत्ता प्रकट होनी चाहिए, जो उसे दूसरे लोगों से अलग साबित कर सके।

एक नन्हा पक्षी सर्दी के मौसम में दक्षिण की ओर जा रहा था। सर्दी इतनी थी कि वह जमकर धरती पर गिर गया। तभी एक गाय वहां आई और उसके ऊपर गोबर कर दिया। जमे हुए पक्षी को कुछ ही देर में उस गोबर से गरमाहट मिलने लगी। गोबर ने उसे जैसे नया जीवन दिया। पक्षी मस्ती में आकर गाने लगा। एक बिल्ली ने गाने की आवाज सुनी तो वहां आ गई उसने झट से गोबर के ढेर में दबे पक्षी को निकाला और खा लिया।

आपने हमेशा सफल होने का फैसला लिया है इसलिए आपके हर काम पर लोगों की नजर रहेगी। वे आपके हर काम में गलती खोजने का हर संभव प्रयास करेंगे, ताकि आपके स्वाभिमान को चोट पहुंचा सकें। आप उन्हें इस तरह प्रसन्न होने का कोई मौका न दें। आपकी गलतियों की तलाश में जुटी उनकी गिद्ध दृष्टि, आपके लिए सकारात्मक बल का काम करेगी। ऐसे में आपको बिना किसी गलती के डर के अपनी सफलता की यात्रा जारी रखनी होगी और अपने वांछित लक्ष्य पर जाने के बाद उन्हें झटका देना होगा।

इसी दौरान आपको इतनी निपुणता पा लेनी होगी कि आपके मूर्खतापूर्ण फैसलों को भी उचित माना जाए। यदि आप एक बार सफल होने की राह पर चल निकले तो आस-पास की भीड़ आपको एक ऐसे व्यक्ति के रूप में लेगी, जो सब कुछ जानता है और जिसके पास हर सवाल का जवाब है। उनकी उपेक्षा उचित नहीं है, पर यह उनके द्वारा पैदा की गई है और आप इसका एक

अंग नहीं हैं। इसके बावजूद आपको उसी तरह पेश आना होगा जैसे बौद्ध भिक्षु पेश आए थे।

गलती करना तो मानव स्वभाव का एक अंग है और एक इंसान होने के नाते आप इससे बच नहीं सकते। कई बार आपकी गलतियां पकड़ी भी जा सकती हैं और कई बार अनदेखी भी हो सकती हैं। कई बार उन्हें सुधारने का मौका मिल भी सकता है और कई बार नहीं भी मिल सकता, पर किसी भी दशा में आपने यह ध्यान रखना है कि आपका मनोबल न टूटे।

शेक्सपीयर के नाटक 'जूलियस सीजर' के पहले अंक के दूसरे भाग में ब्रूटस कैसियस से कहता है–''चुपचाप ध्वनि को गिनो।'' गिनने के बाद कैसियस कहता है–''घड़ी में तीन बजे हैं। इस नाटक की पृष्ठभूमि 44 बी.सी. की है और उन दिनों में दूसरी तरह की घड़ियों का प्रयोग होता था। कैसियस जिस घड़ी का जिक्र कर रहा है, उसकी खोज तो हजारों साल बाद हुई।

यह निश्चित तौर पर कोई नहीं बता पाएगा कि शेक्सपीयर को उसके जीवनकाल में अपनी भूल का अहसास हुआ या नहीं, पर एक बात तो तय है कि उस समय के हालात चाहे जो भी थे, उन्होंने अट्ठारह नाटक और लिखे व अपने समय के ट्रेजडी किंग कहलाए। आज भी अंग्रेजी साहित्य में उनका मुकाबला कोई नहीं कर सकता। संभवत: आपको भी इसे पढ़कर प्रेरणा मिले कि भूल होने के बाद अपने आपको हीन नहीं समझना चाहिए। ऐसा भी नहीं कि आप हमेशा गलतियां करते ही रहें, पर अगर ऐसा हो जाए तो उसे दोबारा न दोहराएं, वरना यह मूर्खता की श्रेणी में आ जाएगी।

आपको दूसरों के प्रति किए गए मूर्खतापूर्ण कार्यों की भारी कीमत चुकानी पड़ सकती है। कुछ भी तय करने से पहले मन-ही-मन सोचें कि यदि यह आपके साथ हो तो आपको कैसा लगेगा या आप कैसी प्रतिक्रिया देंगे। ऐसा कोई फैसला न दें, जो आपको अपने लिए पसंद न हो। अधिकतर लोग ऊपर की ओर जाते समय इस तथ्य को भूल जाते हैं। जब सबसे आगे जाकर वे यह बात बिल्कुल भूल जाते हैं, तो वहीं से उनका पतन आरंभ हो जाता है।

याद रखें कि सबसे पहले मछली का दिमाग सड़ता है और फिर बाकी शरीर की बारी आती है। सफल होना चाहते हैं तो दिमाग को तरोताजा बनाए रखें। जब हम यह मानने लगते हैं कि हम कुछ भी कर सकते हैं तो हमारा दिमाग सड़ने लगता है। यहां तक कि हम यह भी भूल जाते हैं कि ईश्वर भी हमें सब कुछ मनचाहा देने में असमर्थ है, तो फिर ऐसे में हमारी क्या बिसात?

प्रकृति के नियमानुसार स्वयं को विनम्र बनाए रखें, फिर आपकी इच्छापूर्ति में कोई बाधा नहीं दे सकता। फलों से लदा वृक्ष नीचे की ओर झुकता है, जबकि फलहीन वृक्ष तनकर खड़ा रहता है। इसी के अनुसार सोचें तथा मनचाहा पाएं। ऐसे में मूर्खतापूर्ण कार्यों से बचें, अन्यथा आप सफलता के पथ से विमुख हो सकते हैं।

5.4
हमेशा प्रसन्न रहें

प्रसन्नता प्रकृति का उपहार है, किंतु हममें से बहुत कम लोग इसका प्रयोग करते हैं। हम अपने चेहरे के भावों से स्वयं को एक परिपक्व व्यक्ति दिखाना चाहते हैं, जबकि इस संसार में अपनी परिपक्वता को परखते तक नहीं। क्या आपने कभी श्री कुमारमंगलम बिरला के मुस्कराते चेहरे को ध्यान से देखा है? उससे एक परिपक्व बिजनेस टाइकून की छवि झलकती है, जो अपने आस-पास की हर वस्तु पर नजर रखता है। प्रसन्नता हमारे भीतर चल रही भावनाओं की अंतिम प्रतिक्रिया होती है। कुछ लोग थोड़ी-सी असफलता के डर से ही पीले पड़ जाते हैं क्योंकि वे एक ऐसे रोग से ग्रस्त हैं जिसका इलाज नहीं हो सकता। जबकि कुछ लोग सारी मुसीबतों के बावजूद ऐसे पेश आते हैं मानो कुछ हुआ ही न हो। हमारे राजनेता दूसरी श्रेणी के सबसे अच्छे उदाहरण हैं। वे चुनाव में हुई हार का एक-दो दिन अफसोस मनाने के बाद दोबारा मैदान में जुट जाते हैं। वे पूरी ऊर्जा के साथ जीते हुए दल की कमियां जनता के सामने लाने लगते हैं और उन पर पलटवार करते हैं। उनके इस स्वभाव की क्या खूबी है? हार-जीत एक ही सिक्के के दो पहलू हैं और वे लगातार अगला चुनाव जीतने के उपाय तलाशते रहेंगे, जो उनके हालात बदल देगा। वे स्वयं को प्रसन्न रखने का एक बेहतर उदाहरण हैं। खुशी के लिए कोई कीमत नहीं चुकानी होती, पर हम इसे समझ नहीं पाते। हमें लगता है कि यह हमारे व्यक्तित्व या छवि को नुकसान कर सकती है। एक अकेले इंसान को अपनी मुस्कान का कुछ ज्यादा ही ध्यान रखना पड़ता है। उसे लगता है कि मुस्कान की गहरी कीमत चुकानी होगी। यदि वह मुस्कान देता भी है तो वह सामने वाले को नीचा दिखाने वाली व्यंग्यात्मक मुस्कान ही होती है। इतिहास हमें भारत के दो महान

राजाओं के बारे में बताता है जिनके चेहरे पर हमेशा मुस्कान होती थी, अशोक व अकबर। उन्होंने जो भी चाहा, सब पाया। कहते हैं कि सिकंदर के सिपाहियों ने प्रतिकूल हालात में भी कभी उसके चेहरे पर मायूसी नहीं देखी थी।

सर्वेक्षणों से पता चला है कि भारतीय दूसरे विकासशील देशों के लोगों के मुकाबले कहीं प्रसन्न होते हैं, किंतु वे अपने पद व सत्ता के कारण इसे सार्वजनिक रूप से मानना नहीं चाहते। आप मीडिया में दिए गए मुकेश अंबानी व बिल गेट्स के चित्रों की तुलना करें, अंतर साफ दिख जाएगा। दुनिया के सबसे बेहतर स्कूलों में प्रशिक्षण पाने के बाद भी हम जीवन का यह बुनियादी तथ्य याद नहीं रख पाते कि प्रसन्नता से तनाव का नाश होता है। यह केवल हमारी खुशी की बात नहीं होती, यदि कोई दूसरा भी हमसे खुशी पाना चाहे तो हमें उसे रोकना नहीं चाहिए, क्योंकि उससे हमें भी लाभ होता है। हमें थोड़ी-सी भी खुशी देने या पाने का अवसर खोना नहीं चाहिए।

पाठशाला में छठी कक्षा के छात्रों को नैतिक विज्ञान की कक्षा में प्रतिदिन एक नेक काम करने का सबक दिया गया। सभी छात्रों ने पाठ को याद कर लिया। घर लौटते समय उनमें से कुछ बच्चों ने एक वृद्ध को देखा, जो सड़क पार करने की कोशिश कर रहा था। उन्होंने उसे सड़क पार करवा दी।

सड़क के दूसरी ओर खड़े बच्चों के समूह ने अपने दोस्तों को तो नहीं देखा, पर एक वृद्ध को देखा तो उसका हाथ पकड़कर उसे सड़क के उस ओर छोड़ आए क्योंकि वे भी एक नेक काम करना चाहते थे। इससे उन्हें बेहद खुशी मिली।

कुछ लोगों ने यह सब देखा तो वृद्ध से पूछा-'' जब दूसरा समूह आपको दोबारा इसी ओर छोड़ गया तो आपने उन्हें रोका क्यों नहीं?''

वृद्ध के जवाब ने सबको उलझन में डाल दिया, वे बोले-''वे छात्र नेक काम करना चाहते थे। उनकी खुशी में ही मेरी खुशी है। मैं उन्हें यह थोड़ी-सी खुशी पाने से क्यों रोकता?''

यह अभ्यास व्यक्ति को संपूर्ण बनाता है। हमें भी अपने जीवन में इसे शामिल करना चाहिए। खुशी को जितना बांटो, यह उतना ही बढ़ती है। जिस तरह रोज एक सेब डॉक्टर को आपसे दूर रखता है, उसी तरह प्रसन्नता भी डर

को दूर रखेगी। नकारात्मक या उदास भावनाओं से भरे चेहरे वाले इंसान से कोई भी बात नहीं करता। सफल होना चाहें तो प्रसन्नता को अपना हथियार बनाएं और पूरे विवेक से इस्तेमाल करें। खुशी आपके चारों ओर सकारात्मक माहौल बनाने में मदद करती है। आपके व्यक्तित्व का यह बदलाव लक्ष्य प्राप्त करने में सहायक होगा।

फिर समय हो न हो, इसलिए अभी से आरंभ कर दें। यह भी आपकी सफलता का एक मंत्र बन जाएगा और लोग इसे भी अपनाना चाहेंगे। वैसे भी एक नेता को अनुयायी चाहिए, उनके बिना कोई नेता नहीं बन सकता। एक प्रसन्न व्यक्ति अच्छे व योग्य नेता के रूप में जाना जाता है। अत: सदा प्रसन्न रहना सीखें।

5.5
संयोग पर निर्भर न रहें

आपकी सफलता व असफलता के लिए अनेक कारक अहम भूमिका निभाते हैं। आपको अपने सफल होने की राह में संयोग या मौके की संभावना को घटाना होगा, तभी यह आपके असफल होने की राह में अपनी भूमिका को घटा पाएगा। यदि आप किसी संयोग से सफल होते हैं तो उसी संयोग से असफल भी हो सकते हैं। सही तरीके से चलने वाले लोग इसे अपनी सफलता या असफलता किसी में भी अपनी भूमिका नहीं निभाने देते। नियोजित प्रयास की तुलना में अनियोजित प्रयास में असफलता के सामने आने की संभावना अधिक होती है। यह कहावत याद रखें–'कुछ लोग भविष्य गढ़ते हैं और अधिकतर इसी इंतजार में रह जाते हैं कि भविष्य उन्हें गढ़ेगा।' आपको कभी प्रतीक्षा नहीं करनी चाहिए कि भविष्य आपको गढ़ेगा। सफल होने का आकांक्षी इस प्रतीक्षा में नहीं रहता कि अवसर उसका द्वार खटखटाएगा। यह तो कमजोरों की निशानी है। संभावना तो यही होती है कि ऐसे लोगों के पास अवसर कभी आते ही नहीं।

बहुत समय पहले चीन में एक बौद्ध भिक्षु था, जो एक ज्योतिषी के रूप में जाना जाता था। लोग उसकी बातों पर विश्वास करते थे। कई लोग उसके

पास अपना भविष्य जानने के लिए जाते। एक बार तीन विद्वानों को शहर में कोई परीक्षा देनी थी, उन्होंने भिक्षु से मिलने की योजना बनाई। उन्होंने उसे प्रणाम कर पूछा-''इस परीक्षा में कौन सफल होगा?''

भिक्षु ने कुछ भी कहने के बजाय एक उंगली उठाकर दिखा दी।

विद्वान कुछ नहीं समझे, उनके पूछने पर भिक्षु ने कहा-''ईश्वर के न्याय की व्याख्या नहीं हो सकती।''

वे सभी निराश होकर लौट गए, फिर एक शिष्य ने पूछा-''इनमें से कौन सफल होगा?''

भिक्षु ने कहा-''सफल विद्वान की संख्या को आरंभ से जाना जा सकता है।''

''एक उंगली उठाने का अर्थ है कि उनमें से एक ही सफल होगा?'' शिष्य ने पूछा।

''हां।''

''यदि दो सफल रहे तो?''

''तो एक असफल होगा।'' भिक्षु ने कहा।

''यदि तीनों सफल रहे तब?'' शिष्य ने पूछा।

''तो एक उंगली का अर्थ है कि तीनों समान रूप से सफल होंगे।'' भिक्षु ने कहा।

''यदि तीनों असफल रहे तो?'' शिष्य ने पूछा।

''तो एक उंगली का अर्थ है कि तीनों समान रूप से असफल होंगे।'' भिक्षु ने कहा।

शिष्य ने कहा-''अब मैं ईश्वर के न्याय को समझ गया।''

केवल अपने कर्म पर भरोसा रखें। केवल यही एक चीज आपकी असफलता को सफलता में बदल सकती है। जब हम हालात से घबरा जाते हैं तो ज्योतिषी के पास जाकर उसे अपनी मेहनत की कमाई खाने का मौका दे देते हैं। राशि के नग हमारा भाग्य नहीं बदलते, वे हमें दूसरों पर निर्भर बनाकर हमारी सोच बदल देते हैं। यहां मैं आपको अपने अनुसार चलने पर बाध्य नहीं कर रहा, मैं तो यही कहना चाहता हूं कि दूसरों पर भरोसा करके अपने भाग्य को नीचा क्यों दिखाया जाए। इसके पक्ष तथा विपक्ष में अनेक उदाहरण हो सकते हैं, किंतु आपको हमेशा अपने कर्म पर विश्वास होना चाहिए। यहां तक कि

प्रसिद्ध प्रबंधन विशेषज्ञ भगवान श्रीकृष्ण ने भी गीता में यही कहा है। किसी भी आधुनिक प्रबंधन विशेषज्ञ से उनकी तुलना नहीं हो सकती। उन्होंने अपने शब्दों के बल पर एक दुर्बल पक्ष को विजेता बना दिया था। क्या यह कोई चमत्कार था? क्या यह भाग्य था या कर्म? कहीं ऐसा न हो कि आप मौके की तलाश ही करते रह जाएं और दूसरे आपसे पहले सफलता के बिंदु तक पहुंच जाएं।

लक्ष्य के प्रति एक ही दिशा में किए गए आपके कर्म ईश्वर की ओर से आपके लिए उपहार हैं, उनके प्रति क्रियाशीलता आपकी ओर से ईश्वर के लिए उपहार होगा। स्वयं को इन हालात से दूर न रखें, वरना पछताने का भी समय नहीं होगा। अवसर हों या न हों, यदि जीतने का फैसला कर ही लिया है तो झटपट सफलता की यात्रा आरंभ कर दें।

डर से आगे बढ़ो, डर के बाद ही जीत है

6

निर्भीक भाव से श्रेष्ठ होने की इच्छा

निर्भीक होकर ही श्रेष्ठता प्राप्त की जा सकती है और निर्भीक होने के लिए समझना होगा कि कोई भी आपको डराकर श्रेष्ठता के मार्ग से विचलित नहीं कर सकता।

डर सफलता का गुप्त शत्रु है और श्रेष्ठता सफलता की मित्र है। एक सफल व्यक्ति अपने किसी भी कार्यक्षेत्र में श्रेष्ठता प्रमाणित कर सकता है। असफलता के डर को दूर किए बिना श्रेष्ठता पाना असंभव है। डर श्रेष्ठ होने की इच्छा को दबा देता है। मेरा मानना है कि एक निर्भीक इंसान ही सबसे बेहतर परिणाम पा सकता है।

अकबर तानसेन के गुरुजी का संगीत सुनना चाहता था, किंतु न तो वे कभी अकबर के दरबार में गाने आए और न कभी ऐसा मौका बन सकता था कि अकबर वृंदावन जाकर उनका संगीत सुन लेता। यदि वह चला भी जाता तो भी वे उसके लिए न गाते। तानसेन ने अकबर की इस इच्छा को पूरा करने के लिए एक उपाय सोचा। वह अकबर को एक आम आदमी बनाकर वृंदावन ले गया, फिर तानसेन अपने गुरुजी की कुटिया के बाहर बैठकर गलत तरीके से राग गाने लगा। श्री हरिदास जी ने राग का त्रुटिपूर्ण उच्चारण सुना तो भूल सुधार के लिए स्वयं गाने लगे। इस तरह अकबर ने उनका दिव्य गायन सुना।

एक दिन जब तानसेन दरबार में गा रहा था तो अकबर ने कहा-''तानसेन, तुम अपने गुरुजी की तरह क्यों नहीं गा सकते? उनकी शैली व स्वर कितना मधुर है।''

तानसेन ने विनम्रता से कहा-''प्रिय राजा, इसका कारण यह है कि मैं हिंदुस्तान के बादशाह के लिए गाता हूं और वे पूरी दुनिया के बादशाह के लिए गाते हैं, बस हम दोनों में यही अंतर है।''

डर से आगे बढ़ो, डर के बाद ही जीत है

तानसेन पूरी क्षमता से नहीं गा सका क्योंकि डर के अनेक कारक मौजूद थे। यदि प्रदर्शन अच्छा न होता तो अकबर के दरबार से पद छिन जाता, दूसरे मंत्रियों का भी डर था। इसी तरह कई डर मौजूद थे। उसके गुरुजी को ऐसा कोई डर नहीं था इसलिए वे अपने क्षेत्र में सिद्धहस्त थे। हालांकि अकबर को तानसेन का संगीत पसंद था, पर मन-ही-मन उसे यह अहसास भी था कि हिंदुस्तान का बादशाह होने के बावजूद वह जब जी चाहे तानसेन के गुरुजी का संगीत नहीं सुन सकता था। उसने सबके सामने इस तथ्य को स्वीकारा कि तानसेन के गुरुजी बेजोड़ थे।

धन, सत्ता व सहायक सामग्री से आप नाम और यश तो पा सकते हैं, किंतु जब तक आप अपने क्षेत्र में निपुण नहीं हो जाते, तब तक लोग आपको दिल से नहीं सराहेंगे। एक पल के लिए सोचें– एक बार मान्यता पा लेने के बाद क्या ये सब सामग्रियां आपसे दूर हो जाएंगी? हमेशा स्वयं को इस बारे में याद दिलाते रहे कि अपने क्षेत्र की निपुणता ही आपको एक संपूर्ण विजेता बना सकती है। निर्भीक होकर ही श्रेष्ठता पा सकते हैं और निर्भीक होने के लिए आपको यह समझना होगा कि कोई भी आपकी इच्छा के बिना आपको डरा नहीं कर सकता। कोई भी हालात नहीं, हमारा व्यवहार ही असफलता या सफलता के लिए जिम्मेदार होता है, जबकि हम हालात को ही दोषी ठहरा देते हैं। यदि हमने छोटे लाभों के लिए समझौता न किया होता तो सब कुछ बेहतर पाने के हकदार होते और सब कुछ पा भी लेते। अपने पर पूरा भरोसा रखते हुए निर्भीक भाव से काम करें।

आपको ईमानदारी से अपना विश्लेषण करना होगा। इसके बाद ही आप जान पाएंगे कि आपने जो समझौते किए, उनके कारण ही आप सबसे बेहतर नहीं पा सके। ऐसा केवल आपके साथ नहीं, अनेक लोगों के साथ होता है, क्योंकि वे सोचते हैं कि सफलता की बुनियाद पा लेना ही उनकी मंजिल था। अगर आप थोड़े में ही संतुष्ट रहेंगे तो अधिक पाने के हकदार कैसे बनेंगे? अब सवाल यह पैदा होता है कि कोई थोड़े में ही संतुष्ट क्यों होता है? इसका जवाब साधारण है कि ऐसे लोग अपना होमवर्क किए बिना सफलता की यात्रा आरंभ कर देते हैं और यह मूल्यांकन ही नहीं कर पाते कि उन्हें जो भी मिला, वे उससे कहीं अधिक के हकदार थे।

यहां तक कि रामायण में भी कहा गया है कि इस संसार में सब कुछ है, पर केवल सबसे बेहतर पाने के हकदार ही सब कुछ पाते हैं और दूसरे लोगों

को जो मिलता है, उसी से समझौता करना पड़ता है। वैसे इन लोगों को भी अहसास होता है कि उन्होंने इस मंजिल के लिए यात्रा का आरंभ नहीं किया था, पर तब तक बहुत देर हो जाती है। इस यात्रा में समय बहुत मायने रखता है और मिशन को समय पर पूरा करने के लिए आपको गति बनाए रखनी होती है। कई बार हम थोड़े का स्वाद चखने के चक्कर में ही इस तथ्य को भुला देते हैं। ऐसी यात्राएं खुद ही समाप्त हो जाती हैं। श्रेष्ठता की केवल एक ही परिभाषा होती है: सबसे बेहतर! कई बार हम इस डर से भी श्रेष्ठता से समझौता कर लेते हैं कि कहीं जो मिल रहा है, उसकी संभावना भी समाप्त न हो जाए। यदि हम इस मोड़ पर अपनी लालसा और असफलता के डर पर काबू पा सकें तो हमें कोई भी सबसे बेहतर परिणाम पाने से रोक नहीं सकता, पर अधिकतर मामलों में ऐसा हो नहीं पाता। हम लगातार समझौते करते चले जाते हैं और आखिरी सफलता किसी दूसरे की झोली में चली जाती है। यात्रा में हमारा वह प्रतिद्वंद्वी हमसे ज्यादा खतरा मोल लेने की प्रवृत्ति के कारण ही हमसे आगे निकल जाता है और सबसे बेहतर परिणाम पा लेता है।

6.1
स्वयं को अनिवार्य प्रमाणित करें

विशेषज्ञता के इस युग में कोई भी व्यक्ति आम आदमी नहीं कहलाना चाहता। एक समय था जब एम.बी.बी.एस. डॉक्टर को मुहल्ले का सबसे बेहतर डॉक्टर माना जाता था, पर अब विशेषज्ञों का जमाना है। समय बदलाव का सबसे अहम कारक है और इस पर हमारा कोई वश नहीं है। जो इंसान बदलते समय के साथ खुद को नहीं बदलता, वह भीड़ में कहीं खो जाता है और उसे कोई याद नहीं रखता। आपने असफल न होने का फैसला ले लिया है और इस बार आपको स्वयं को अनिवार्य प्रमाणित करना होगा। यदि कोई बिना किसी कठिनाई के आपका काम कर सकता है और उसी गति से कर सकता है तो इसमें आपका क्या योगदान हुआ? इस तरह तो एक आम आदमी की तरह भीड़ में खोने की संभावना बढ़ सकती है।

अनिवार्य बनने के लिए अपने भीतर कुछ ऐसी खूबियां और क्षमताएं पैदा करनी होंगी, जो दूसरों में न हों। आपको ऐसा काम करने के लायक बनना होगा

डर से आगे बढ़ो, डर के बाद ही जीत है

जो दूसरों को मुश्किल जान पड़े। हालात के बस में होने के बजाय उन्हें अपने बस में करना सीखना होगा। एक ऐसे मुकाम पर जाना होगा, जहां दूसरे आसानी से न जा सकें। जिस काम को कोई अकेला न संभाल सके, आपमें उसे संभालने की क्षमता होनी चाहिए। आपके व्यक्तित्व से एक जुड़ाव और अपनेपन की खूबी झलकनी चाहिए।

सिकंदर महान ने भारत तक आने के लिए एक लंबी दूरी तय की। राह की बाधाओं के बीच उसके गुरु अरस्तू भी साथ थे। उस काल के शक्तिशाली शासकों को हराने वाले सिकंदर का मानना था कि प्रत्येक व्यक्ति के पास उसके पद, आयु या वैभव के बावजूद एक गुरु अवश्य होना चाहिए। राह में वे उस स्थान पर पहुंचे, जहां एक दरिया पार करना था। अरस्तू उसे पहले पार करके किसी भी संकट की जानकारी करना चाहते थे, पर सिकंदर ने उन्हें रोक दिया और बोला–"एक सिकंदर चाहकर भी पूरे जीवनकाल में एक अरस्तू नहीं बना सकता, पर आप सिकंदर की मौत होने की दशा में किसी को भी सिकंदर जितना महान बनाने की क्षमता रखते हैं इसलिए आपकी जान मुझसे कहीं कीमती है।"

कितना महत्त्वपूर्ण उदाहरण है। यह अनिवार्य होने की वह दशा है, जहां पूरी दुनिया पर राज करने वाला भी कोई खतरा मोल नहीं लेना चाहता, उसे गुरु के प्राण अपने प्राणों से भी प्यारे हैं । यह केवल एक गुरु का नहीं, उससे भी थोड़ा अधिक होने का सम्मान है । 'दूसरों से थोड़ा अधिक होना' ही तो आपको अनिवार्य बनाता है। यदि आप दूसरों से अलग दिखना चाहते हैं तो इस दिशा में हमेशा प्रयास करते रहें। तब भीड़ आपको नजरंदाज नहीं कर पाएगी और आप किसी–न–किसी कारणवश लोगों की नजरों में छाए रहेंगे।

श्री टी.एन. शेषन से पहले कितने भारतीय जानते थे कि नई दिल्ली में चीफ इलेक्शन कमिश्नर ऑफ इंडिया का ऑफिस है । वे भी अपने पिछले बॉस की तरह राजनीतिक बॉसों के आदेश मानने वाले नौकरशाह थे, पर वे केवल वही नहीं थे। उन्होंने सिद्ध कर दिया कि वे अनिवार्य थे और उनके बिना विश्व का सबसे बड़ा प्रजातंत्र काम नहीं कर सकता था। राजनीतिक बॉसों की आलोचना के बावजूद उन्होंने पूरी निष्ठा और सर्मपण से काम किया और सुदूर भारतीय ग्रामीणों का भी स्नेह व मान पाया। ग्रामीणों ने भी वोट डालने का अधिकार पाया, यह उनका चिरवांछित सपना था क्योंकि इससे पहले उनके द्वारा

इस बारे में की गई शिकायतें कचरापेटी में डाल दी जाती थीं। शेषन जी को भी अपने पूर्वाधिकारियों की तरह सभी सुविधाएं दी गई थीं, पर उन्होंने उनका इस्तेमाल लोगों की भलाई के लिए किया और भारतीय प्रजातंत्र में प्रसिद्धि पाई। उन्होंने ऐसा कोई काम नहीं किया जो उन्हें नहीं दिया गया था। बस वही किया, जो उन्हें दिया गया था।

केवल यही एक उदाहरण नहीं है। आप अनेक ऐसे उदाहरण देख सकते हैं, जहां लोग केवल वही कार्य करके स्वयं को अनिवार्य बनाने में कामयाब रहे, जो उन्हें दिए गए थे। मान्यता और अनिवार्यता पाने के लिए आपको सुपरमैन की तरह कुछ भी असाधारण करने की आवश्यकता नहीं है, बस अपने काम को पूरी निष्ठा और समर्पण से करें। ये दोनों आपके काम में गुणवत्ता लाएंगे, जो स्वयं आपकी सफलता की कहानी सुनाएगा। आपको इस बारे में दूसरों से कुछ नहीं कहना होगा। लोग स्वयं आपको एक ऐसी स्थायी पहचान देंगे जिसके बारे में आपने सोचा तक नहीं होगा। गुणवत्ता से समझौता करने वाले हर चीज से समझौता करने लगते हैं और कुछ समय बाद आम लोगों की भीड़ में खो जाते हैं।

आप अनिवार्य होने के गर्व की किसी भी पुरस्कार से तुलना नहीं कर सकते। क्योंकि आपकी आत्मा इसका स्वाद पाएगी और आपको श्रेष्ठता की ओर जाने की प्रेरणा देगी। इसके लिए आपको किसी संगठन के सर्वोच्च पद पर होना जरूरी नहीं, आप किसी निचले पद से भी अपनी क्षमता प्रमाणित कर सकते हैं। यहां भी आप अपनी श्रेष्ठता के लिए जाने जाएंगे। अनेक जड़ी-बूटियों के बीच लगा होने पर भी गुलाब का पौधा अपने आप ही पहचाना जाता है। यह किसी से नहीं कहता–'मैं यह रहा, मुझे देखो।' पर इसकी सुगंध ही इसे सबसे अलग दिखाती है। आपके मामले में आपके काम की गुणवत्ता की सुगंध ही आपको सबसे अलग दिखाएगी। गुणवत्ता की परिभाषा भी समय व स्थान के हिसाब से बदलती रहती है। समाज में अपना स्तर बनाए रखना है तो आपको भी समय-समय पर अपनी गुणवत्ता की परिभाषा को बदलना होगा।

एक कमजोर और डरपोक व्यक्ति ऐसी गुणवत्ता नहीं पा सकता क्योंकि उसके समर्पण और वचनबद्धता में उस स्तर तक जाने की क्षमता नहीं होती। वह हमेशा अपनी पहचान बनाए रखने के लिए डरा रहेगा और गुणवत्ता की कोई कद्र नहीं करेगा। आपको इन पंक्तियों में दिए अर्थ को जानना चाहिए, जो साफ शब्दों में कहती हैं कि यदि आपको अनिवार्य बनना है तो सारे डरों और

कमजोरियों से परे जाना होगा, जो अधिकतर मामलों में वास्तविक नहीं होते और उनसे आसानी से छुटकारा पाया जा सकता है। दृढ़ किंतु विनम्र रहें और आपके अधिकतर डर और कमजोरियां ओझल हो जाएंगे।

6.2
'न' कहना सीखें

केवल एक निर्भीक तथा मानसिक व शारीरिक रूप से सशक्त व्यक्ति ही किसी ऐसी बात के लिए न कह सकता है, जो उसके सिद्धांतों से मेल न खाती हो। एक सिद्धांतहीन व्यक्ति कभी सफल नहीं हो सकता क्योंकि वह सफलता की परिभाषा ही तय नहीं कर पाएगा। किसी व्यक्ति के लिए सिद्धांतहीन सफलता का अर्थ होगा कि अपनी वर्तमान स्थिति से जरा-सा बेहतर पा लेना। वह किसी भी चीज से समझौता कर लेता है और अपनी सीमाएं परिभाषित करने की स्थिति में नहीं होता। ऐसा व्यक्ति कभी किसी चीज को न नहीं कह पाता। वह यह भी नहीं तय कर पाएगा कि कोई काम करे या न करे। किसी भी काम को टालना और घटनाओं के घटने की प्रतीक्षा करना उसकी आदत बन जाती है। सब कुछ स्वीकार कर लेने वाला ऐसा व्यक्ति रीढ़विहीन प्राणी होता है। वैज्ञानिक रूप से ऐसे जीव अकशेरुकी कहलाते हैं। वे किसी भी दशा में अपने शरीर को मरोड़ सकते हैं। ऐसी खूबियों वाले व्यक्ति किसी काम के नहीं होते और भरोसेमंद न होने के कारण वे इस धरती पर भार के समान हैं।

एक समुचित 'न' भी आपके व्यक्तित्व की प्रमुख विशेषता होनी चाहिए। इस धरती पर ऐसा कोई व्यक्ति नहीं जो अपनी पूरी क्षमता के बावजूद सारे कार्य कर सकता हो। किसी व्यक्ति की सामर्थ्य ही कोई कार्य करने व उसे पूरा निभाने की वचनबद्धता व क्षमताएं निश्चित करती है। यहां तक कि ईश्वर में भी हमारी सभी इच्छाएं पूरी करने की क्षमता नहीं है, तो आप ऐसे में उसके रचे जीवों से ये अपेक्षा कैसे रख सकते हैं? यदि कोई अपेक्षा रखता है कि आप प्रत्येक के लिए सभी कार्य करेंगे तो वह एक मूर्ख है और आपको भी दूसरों से ऐसी अपेक्षाएं रखकर स्वयं को मूर्ख नहीं प्रमाणित करना चाहिए। सबसे बेहतर का चुनाव ही निर्भीक व सफल

व्यक्तियों की आधारभूत विशेषता होती है। एक निर्भीक व्यक्ति हमेशा किसी ऐसी बात को न कहने की स्थिति में होगा, जो उसकी सीमाओं में नहीं आती। प्रत्येक सफल व्यक्ति को अपने कार्य में गुणवत्ता लाने के लिए कार्यगत सीमाएं निश्चित करनी ही चाहिए।

जैसे-जैसे आपका पद बढ़ता है, आपके पास हां के बजाय न कहने का अवसर बढ़ना चाहिए, क्योंकि यही आपके व्यक्तित्व को आकार देगा। एक बात याद रखें, आसानी से मिलने वाली चीज की कोई कीमत नहीं होती। सोना दुर्लभ होने के कारण ही कीमती है। यदि यह इतनी आसानी से मिलता तो इसकी इतनी कीमत न होती। यदि आप दिए गए हर काम को हां कहते रहे तो इसका अर्थ है कि आप काम की गुणवत्ता नहीं दे पाएंगे और गुणवत्ताहीन काम करने वाले व्यक्ति को आम लोगों की भीड़ में खोते देर नहीं लगती। आप सबसे बेहतर के हकदार हैं इसलिए आपको सबसे बेहतर परिणाम देना भी आना चाहिए। यह तभी संभव है, जब आपको न कहने की कला भी आती हो। इससे न केवल अधूरे छोड़े गए काम की ग्लानि से बचेंगे, बल्कि आपका कीमती समय भी बचेगा।

एक बात अपने दिमाग से निकाल दें कि न कहने से आपका मान घटता है, किंतु परिणाम इसके ठीक विपरीत होगा। आपके आस-पास के लोगों में आपका मान बढ़ेगा, क्योंकि उन्हें लगेगा कि अगर आप हां कहते हैं तो सही मायनों में उस काम को करके भी दिखाते हैं। कई बार हम यह सोचकर भी 'न' नहीं कह पाते कि सामने वाला आपके बारे में क्या सोचेगा, किंतु आपके सामने खड़ा व्यक्ति मूर्ख नहीं। वह आपकी हां और न का विश्लेषण करना जानता है।

ज्यों ही उसे आपके न कहने का जायज कारण पता चलेगा तो आपकी छवि उसकी नजरों में पहले से कई गुना बेहतर हो जाएगी और वह आपका मार्किटिंग गुरु बनकर, सार्वजनिक रूप से आपकी छवि को इतना निखार देगा कि लोग आपको पूजने लगेंगे।

यह कहानी उस रात की है जब नार्वे की प्रसिद्ध लेखिका श्रीमती सिग्रिड को नोबल पुरस्कार मिलने की सूचना प्राप्त हुई। मीडिया के व्यक्ति उनके विचार जानने के लिए उनके घर पहुंचे। उन्होंने विनम्रतापूर्वक मीडिया अधिकारियों से कहा-"आप सबका यहां आने के लिए बहुत-बहुत धन्यवाद, किंतु मैं कल सुबह ही बात कर पाऊंगी।"

मीडिया के एक व्यक्ति ने पूछा–'ऐसा क्यों ? क्या आप इतना ऊंचा पुरस्कार पाने के बाद प्रसन्न नहीं हैं?''

''मैं यह पुरस्कार पाने के बाद इस धरती की सबसे प्रसन्न व्यक्ति हूं, किंतु एक मां होने के नाते मैं अपनी तीन वर्षीय पुत्री के पास रहना चाहूंगी, जो अभी-अभी सोई है। वह किसी भी समय जागकर मेरी तलाश में रोने लग सकती है। कृपया इसे अन्यथा न लें और एक मां के कर्तव्य को समझने की चेष्टा करें। आप सबको जो कष्ट हुआ, उसके लिए क्षमा चाहती हूं।'' और फिर वे अपनी पुत्री के कमरे में चली गईं।

उस दिन मां की उस 'न' ने भी मीडिया अधिकारियों की नजर में उनकी छवि को और भी बढ़ा दिया होगा, अन्यथा यह घटना उनके लेखन में स्थान न पाती। उम्मीद करता हूं कि अब तक आप भी 'न' करने के महत्त्व को समझ गए होंगे। यह न भूलें कि 'हां' कहने वाले व्यक्ति को तभी तक याद रखा जाता है, जब तक उसे दिया गया काम समाप्त नहीं हो जाता। यहां तक कि दुर्बल व्यक्ति भी इस प्रकार के लोगों पर भरोसा नहीं रखते, क्योंकि वे जानते हैं कि इस प्रकार के लोग काम की हामी तो भर देते हैं, किंतु बाद में गिरगिट की तरह रंग बदलते हुए काम को छोड़कर पीछे हट जाते हैं। आपकी एक पहचान है और एक पहचान की कुछ खूबियां होती हैं। एक सफल पहचान वाले व्यक्ति के रूप में आपको अपनी खूबियां तय करनी चाहिए, जिन्हें हम सीमाएं भी कह सकते हैं।

सशक्त व निर्भीक, किंतु विनम्र रहें। जिस व्यक्ति को 'न' कहनी हो, उसे पूरा समय देते हुए आश्वस्त करें कि आप ऐसा क्यों कह रहे हैं। जब वह इस विषय में आश्वस्त हो जाए, तभी उसे जाने दें। यह भी महत्त्वपूर्ण है कि आप किसे 'हां' कह रहे हैं। शोधकर्ताओं ने प्रमाणित किया है कि जो व्यक्ति आपकी 'हां' न पाने के बावजूद आपसे पूरी तरह आश्वस्त होते हैं, वे आपकी 'हां' पाने वालों की तुलना में सच्चे छवि निर्माता होते हैं। आपकी 'हां' और 'न' परिस्थितिजन्य नहीं होनी चाहिए अन्यथा यह अपना अर्थ और गहनता खो देगी। गहराई से हीन शब्द कुछ ऐसे ही हैं मानो कोई फ्यूज़ कार्टिलेज़ जो किसी काम नहीं आती। अपनी 'हां' या 'न' को भी उसी गहराई से पेश करें जिस प्रकार आप अन्य शब्दों को प्रयोग में लाते हैं।

6.3
अपना सुरक्षा जाल स्वयं बनाएं

हम शून्य में काम नहीं करते और चाहें भी तो नहीं कर सकते। हो सकता है कि हमने ध्यान न दिया हो, पर आस-पास की दुनिया हमारी क्रियाओं और प्रतिक्रियाओं का मूल्यांकन करती है। हमें भूलना नहीं चाहिए कि हमारी पसंद और नापसंद के बावजूद हमें अपनी क्षमता प्रमाणित करनी ही पड़ती है, वही हमारी असली संपति है। कमजोर व डरपोक इंसान इन बातों की परवाह नहीं करते क्योंकि वे अपने-आपको बचाने में ही लगे रहते हैं। अपने संगठन की क्रमपरंपरा के बावजूद आपको आपातकाल में अपने व परिवार की रक्षा के लिए अपना सुरक्षा जाल स्वयं बनाना चाहिए। यदि आप कभी भी संगठन को छोड़ सकते हैं तो खुद को इस बात के लिए तैयार रखें कि संगठन आपको कभी भी छोड़ सकता है। ऐसे ही क्षणों के लिए सुरक्षा जाल की आवश्यकता होगी। यह जाल जितना मजबूत होगा, आप उतनी ही मजबूती से वर्तमान संगठन के लिए काम कर पाएंगे। किसी मजबूत व निर्भीक व्यक्ति के नतीजे किसी कमजोर व डरपोक व्यक्ति की तुलना में कहीं बेहतर होते हैं। आपके कामों से आपकी विशेषताएं झलकनी चाहिए, ताकि आप दूसरों से आगे निकल सकें। इसी से आप प्रत्यक्ष व अप्रत्यक्ष सम्मान पाएंगे।

सही-गलत सोचने में अपनी ऊर्जा नष्ट न करें। जो कोई विशेषता आपके व्यक्तित्व को निखारती है, वह सही है और जो नहीं निखारती, वह गलत है। चूंकि इसका सीधा संबंध आपसे है, इसलिए आपने ही तय करना है कि क्या सही है और क्या गलत। एक परिभाषा जो दूसरों को संतोष देती, हो सकता है कि आपको सही न लगे और तनाव का कारण बने, किंतु एक बार जिस बात को मान लें, उस पर जी-जान से डटे रहें। लोगों को आपकी हदों के बारे में पता होना चाहिए।

सौरभ एक स्थानीय कंपनी में इंजीनियर था। वह काफी समय से एक राष्ट्रीयकृत बैंक से छोटा-सा घर खरीदने के लिए ऋण लेने का प्रयास कर रहा था। वह हर रोज पास के मंदिर में प्रसाद चढ़ाने जाता, ताकि काम जल्दी से हो जाए। उसका सहकर्मी शशांक भी यही प्रयास कर रहा

था। दोनों एक ही कैडर से थे। एक दिन सौरभ सुबह-सुबह मंदिर गया और भगवान से कहा-''हे भगवान! मेरा कर्जा पास करवा दो । रोज प्रसाद चढ़ाने आऊंगा।'' पूजा खत्म करके वह घर लौट गया।

मंदिर से लौटते समय वह शशांक से मिला और प्रसाद देते हुए उसके कर्जे के बारे में पूछा।

शशांक ने कहा-''मेरा कर्जा तो एक महीना पहले ही पास हो गया था क्योंकि मैंने बैंक के मैनेजर को प्रसाद चढ़ा दिया था। अब तो मैं निर्माण कार्य आरंभ करने के लिए भगवान को प्रसाद देने जा रहा हूं।''

सौरभ यह जानने में असफल रहा कि उससे कहां गलती हो गई।

कोई नहीं कह सकता कि कौन सही था। सौरभ या उसका मित्र, किंतु एक बिंदु पर सौरभ गलत था। उसने अपनी सही-गलत की परिभाषा तय नहीं की थी। यहां आपका सुरक्षा तंत्र सही तरह से काम करता है। रिश्वत केवल पैसे की नहीं होती, यह किसी दूसरी तरह से भी हो सकती है। आप इस युग में भी पूरी ईमानदारी से अपने काम निकलवा सकते हैं। समय थोड़ा अधिक लग सकता है, किंतु अस्वीकृति का डर नहीं रहता। यदि आप स्वयं से किसी के आगे सिर न झुकाने का वादा करते हैं तो आपको कोई भी इसके लिए बाध्य नहीं कर सकता। यदि आप शोषित होने को तैयार नहीं तो कोई आपका शोषण नहीं कर सकता।

मुश्किल हालात में एक अच्छे सुरक्षा तंत्र के साथ डटे रहें। अपने प्रति ईमानदारी से काम करने को वरीयता दें। संगठन में लोग आते-जाते रहेंगे, पर वह तो वहीं रहेगा। व्यावसायिक कैरियर के पहले ही दिन से अपना सुरक्षा जाल बनाना आरंभ कर दें। किसी भी संपर्क को अनदेखा न करें, चाहे वह कितना भी छोटा क्यों न हो। इससे आप काफी मजबूत और निर्भीक महसूस करेंगे, किसी को अपने बचाव के लिए राजी रखने की भी आवश्यकता नहीं रहेगी।

कमजोर व डरपोक लोग ही सुरक्षा जाल के अभाव में परेशान होते हैं। उन्हें लगता है कि शायद उन्हें इसकी आवश्यकता ही नहीं होगी। जब कैरियर के किसी मोड़ पर इसकी आवश्यकता होती है तो वे खुद को भीड़ में अकेला पाते हैं। चाहे आपको इसकी आवश्यकता न भी हो, पर यह किसी नेशनलाइज बैंक में जमाराशि से कम नहीं, जो कि बिना किसी डर के पूरे संतोष के साथ आगे बढ़ने का साहस देगी। सुरक्षा जाल कहीं बेहतर तरीके से योग्यताओं व क्षमताओं के प्रयोग में सहायक होता है।

6.4
असफलताओं से न डरें

असफलताओं से कौन डरता है? जिस इंसान में परिणामों को सहने की ताकत नहीं होती। यदि आपको अपनी क्षमता और योग्यता पर पूरा भरोसा है तो मेरे हिसाब से आपको किसी से भी डरने की आवश्यकता नहीं है। दुर्बल मानसिकता के व्यक्ति असफलताओं से डरते हैं। असफलताएं ही तो सफलता की सीढ़ियां बनती हैं। जब तक आप असफल नहीं होते, तब तक आप सुरक्षित रूप से भागना नहीं सीख सकते। आपने आठ-नौ माह के बच्चे को देखा ही होगा। वह सीधा खड़ा होने की कोशिश करता है, असफल होता है और फिर से कोशिश करता है। वह ऐसा तब तक करता रहता है, जब तक बिना किसी सहारे के चलना नहीं सीख जाता। प्रकृति एक नवजात को सबसे पहले जिंदगी का यह सबक सिखाती है। यह उसके लिए अनिवार्य है, ताकि वह प्रकृति के नियमानुसार खुद को समायोजित कर सके।

हम मनुष्य प्राय: असफलताओं का सामना करते हैं। जैसे ही कुछ हमारी गणना के खिलाफ होने लगता है तो हम अपने आस-पास के हर व्यक्ति को दोषी ठहराने लगते हैं, साथ ही अपने भाग्य को कोसने के साथ-साथ इतने कुंठित हो जाते हैं कि कई बार कोशिश तक करना ही छोड़ देते हैं। हम भूल जाते हैं कि लगातार कोशिश करने से ही सफलता मिलती है और प्रकृति भी हमें जीत से पहले हार का ही सबक देती है। हम असफलता को जाने बिना सफलता का स्वाद नहीं चख सकते। खट्टा स्वाद जाने बिना कोई मीठा स्वाद कैसे ले सकता है? स्वयं को सिखाएं कि असफलता भी जीवन का एक अनिवार्य अंग है तथा जीवन में चुनौतियों और असफलताओं का सामना करना सीखें। आप इस धरती पर ऐसा एक भी प्राणी नहीं पाएंगे जिसने सफलता की यात्रा में असफलताओं का सामना न किया हो। एक संतुलित जीवन जीने के लिए इन दोनों का ही होना अनिवार्य है।

जो व्यक्ति जीवन में कुछ बड़ा पाना चाहता है, उसे बिना किसी डर के बड़े सपने देखने चाहिए। हो सकता है कि वह आरंभ में न जानता हो कि वह क्या सपना देख रहा है और उसका सपना कितना बड़ा है, किंतु उसकी

अवचेतन सोच एक उत्पादक अर्थ निकाल लेगी और वह बड़ी सोच रखने और पाने का हकदार हो जाएगा। हमें अपने बच्चों को आरंभ से ही यह शिक्षा देनी चाहिए, ताकि उनके क्षितिज का विस्तार हो और वे अपने बड़े सपनों को साकार करने से न डरें।

एक अमेरिकी स्कूल के दसवीं कक्षा के छात्रों का एक दल, अमेरिका के राष्ट्रपति के औपचारिक निवास को देखने गया। व्हाइट हाउस की विजीटर बुक में लोग अपने विचार लिख रहे थे। उन छात्रों में से एक ने लिखा–'मुझे अपना भावी आवास देखकर प्रसन्नता हुई।' वह छात्र कोई और नहीं रूजवेल्ट थे, जो सालों बाद अमेरिकी राष्ट्रपति बने।

हम निश्चित रूप से पता लगा सकते हैं कि ये घटना कैसे घटी? रूजवेल्ट वास्तव में नहीं जानते थे कि वे क्या सोच रहे थे और अमेरिका का राष्ट्रपति क्या होता है। उनकी अवचेतन सोच ने उनके प्रयासों को उसी दिशा में डाल दिया और असली सफलता में बदल दिया। यदि किसी ने रूजवेल्ट के सामने अमेरिका के राष्ट्रपति के दायित्व रखे होते तो मुझे पूरा यकीन है कि उन्होंने यह सपना देखना ही छोड़ दिया होता। असफलता का भय ही हमारी रचनाशीलता और बुद्धिमत्ता को मार देता है। बड़े ही बच्चों के मन में असफलता का डर उत्पन्न करते हैं। वे अपने अनुभव के बल पर बच्चों को व्यावहारिक बनाना चाहते हैं, पर वास्तव में उन्हें कायर बना देते हैं, जो छोटे-से लाभ के लिए भी समझौता कर सकते हैं। बहुत कम लोग ऐसे होते हैं, जो सही मायनों में अपने बच्चों को सपने देखने और उन्हें पूरा करने का साहस दे पाते हैं ।

लोग प्राय: यही सोचते हैं कि उन्हें व्यावहारिक होना चाहिए, पर इसका अर्थ यह नहीं होता कि व्यक्ति को कुछ बड़ा सोचना ही नहीं चाहिए। मेरे हिसाब से व्यावहारिक का मतलब यही है कि हम बिना किसी डर के अपनी सोच की दिशा में काम करें। यदि लक्ष्य न भी मिले तो हमें कुंठित नहीं होना चाहिए और नए सिरे से काम करने की योजना बनानी चाहिए–'आकाश को लक्ष्य बनाओ और तुम सितारे पा लोगे।' हम प्राय: इस बात का अर्थ जाने बिना इसका प्रयोग करते हैं। यह हमें बताता है कि हमें अपनी क्षमताओं के बावजूद दिवास्वपन देखने छोड़ने नहीं चाहिए, संभावना है कि आप आकाश (तय किया गया लक्ष्य) की राह में सितारे (सफलता) पा लेंगे।

6.5

अपना ब्रांड बनाएं

मेडिकल व्यवसाय में रहते हुए अमिताभ बच्चन की नकल आपके कुछ खास काम नहीं आने वाली। यदि हम अपवादों को छोड़ दें तो बेहतर होगा। शिक्षा के क्षेत्र में आमिर खान का गजनी लुक आपका मजाक ही उड़वा सकता है। हो सकता है कि एक क्लर्क से बिग बी तक अमिताभ की सफलता आपको भी ऐसा अवसर लेने के लिए प्रेरित करे, किंतु आपको उनके माहौल को नजरंदाज नहीं करना चाहिए। जब उन्होंने यह कदम उठाया तो उनके पिता एक महान हस्ती थे तथा भारत के सबसे प्रभावशाली नेहरू परिवार से उनके संबंध थे। हो सकता है कि उन्होंने इन संपर्कों के बजाय अपने ही अथक प्रयासों से यह स्थान पाया हो, किंतु एक पल के लिए उनकी असफलता के बारे में सोचें, सचमुच वह काफी पीड़ादायी रही होगी, किंतु उन्होंने हार नहीं मानी और आज यहां तक पहुंचे।

जब आप अपना लक्ष्य तय कर लें तो सारी ऊर्जा को इसी ओर लगा दें तथा अपने क्षेत्र के सफल व्यक्तियों से ही प्रेरणा लें। किसी भी व्यक्ति की सफलता उसकी अपनी व पारिवारिक पृष्ठभूमि, उक्त स्थान द्वारा स्वीकृत कायदे कानूनों व उसकी वचनबद्धता पर निर्भर करती है। वचनबद्धता यानी अपने वचनों को मान देना। आपने केवल दूसरों के लिए नहीं, खुद को दिए गए वचन का भी मान निभाना है। जो व्यक्ति अपने लिए ईमानदार नहीं होगा, वह दूसरों के लिए ईमानदारी कैसे निभाएगा? चाहे वे व्यक्ति मानें या न मानें, वे समाज के लिए भार के समान होते हैं।

स्वयं से वचनबद्धता का मतलब है, उन क्षेत्रों को जानना जहां आप अपनी क्षमताओं के प्रयोग से सफल हो पाएंगे। यदि आरंभ से ही इस ओर ध्यान न दिया तो आप अपने लिए ही भार हो जाएंगे तथा समय बीतने के साथ-साथ खुद को असहाय पाएंगे। जितनी जल्दी इस सवाल का जवाब जान लेंगे, उतनी जल्दी अपनी सफलता की कहानी लिख सकेंगे। अभी तय करें कि आप वास्तव में क्या बनना चाहते हैं, आपके पास इसे पाने की ताकत है या नहीं, पूरी वचनबद्धता के साथ इस पर काम आरंभ कर दें। आपको कोई नहीं रोक सकता।

इस पुस्तक में मैंने आपको टैरो कार्ड भविष्यवाणी व टीवी चैनलों के बारे में बताया था। बुनियादी बात यह है कि जो खरीदा जाता है, बिकता है, सभी चैनल यही कर रहे हैं। हमें इसे देखना चाहिए, लेकिन भविष्य जानने के लिए नहीं, सकारात्मक ऊर्जा के साथ दिन का आरंभ करने के लिए। यह ऊर्जा आपकी लक्ष्यपूर्ति में सहायक होगी। स्वयं को उसी रूप में प्रकट करें, जो आप दिखना चाहते हैं, ताकि सब जान सकें कि आप क्या हैं।

6.6
वर्तमान के बारे में सोचें

प्राय: समय तीन भागों में विभाजित होता है। वर्तमान, भूत और भविष्य। यदि गंभीरता से सोचें तो हम जिस वर्तमान में जी रहे हैं, उसके सिवा सब कुछ निरर्थक है। कारण यह है कि अतीत बीत गया है जो कभी लौटकर नहीं आएगा, भविष्य अज्ञात है और बस वर्तमान ही हमारे हाथ में है। हमें इसी का भरपूर आनंद लेना चाहिए। अतीत इतिहास है, भविष्य एक रहस्य है और वर्तमान एक उपहार है।

मैं अपने नेताओं को बहुत पसंद करता हूं इसलिए नहीं कि वे हमारे देश के लिए एक संपत्ति हैं या हम उन्हीं के मार्गदर्शन में आगे जा रहे हैं, बल्कि उनकी वर्तमान को प्रयोग करने की शैली कहीं मायने रखती है। वे वर्तमान में ही जीते हैं। उन्हें चुनावी नतीजों की घोषणा के दिन किसी टीवी चर्चा में देखें और आप उनमें किसी जुआरी की सभी खूबियां पाएंगे। एक सधा हुआ जुआरी किसी को भी हाथ के पत्तों की भनक नहीं लगने देता। वह विपक्षी दल के हथियार फेंकने तक अंधाधुंध खेलता है।

हमारे महान नेता चुनावों में अपनी हार की घोषणा के अंतिम क्षण तक गाल बजाते रहते हैं। बस जरा-सी चुप्पी के बाद वे नए सिरे से दूसरे दल पर कटाक्ष करने लगते हैं, ताकि आगामी चुनावों में जीत के आसार बन सकें, फिर चाहे वे पांच साल बाद ही क्यों न हों। क्या व्यक्तित्व है?

उनके जीवनवृत्त पर नजर डालें। उनमें से कई तो आप जितने भी शिक्षित नहीं हैं, किंतु आपकी शिक्षा तो नौकरी के बाजार में दाखिल होने के लिए

कागज का टुकड़ा-भर है और आप भविष्य और असफलता के भय से ग्रस्त हैं। वे जानते हैं कि उनका वर्तमान ही उनके आने वाले कल को आकार देगा और वे वर्तमान का भरपूर प्रयोग करते हैं। वे जानते हैं कि चुनाव की हार-जीत तो खेल का एक हिस्सा है, उन्हें यह भी पूरा विश्वास है कि वे चुनावी खेल के सधे हुए खिलाड़ी हैं।

हमारे भूतपूर्व चुनाव कमिश्नर, उच्च भारतीय प्रशासनिक सेवाओं के जाने-माने ब्यूरोक्रेट श्री टी.एन. शेषन का ही उदाहरण लें। दूसरा उदाहरण, 2000 की बेस्टसेलर किताब के लेखक व प्रसिद्ध प्रेरणा प्रशिक्षक शिव खेड़ा का ले सकते हैं। एक ने संसार के सबसे बड़े प्रजातंत्र के चुनावों का तरीका बदल दिया और दूसरा सबसे बेहतर नतीजे पाने के लिए प्रशासकों के रवैए में बदलाव के लिए प्रयत्नशील है। दोनों ने ही चुनावों में हमारे उन नेताओं से मात खाई, जो शैक्षणिक व प्रशासनिक तौर पर उनके सामने कुछ भी नहीं थे।

हमारे नेता इतने आत्मविश्वास से हमारे ब्यूरोक्रेट्स पर काबू कैसे कर पाते हैं? बेशक हमारे ब्यूरोक्रेट्स काफी सयाने हैं, इससे इंकार नहीं। हम यह दावा भी नहीं कर सकते कि वे सभी हथियार डाल देते हैं, पर उनसे ईमानदारी से पूछा जाए तो वे कहेंगे कि प्रायः उन्हें नेताओं के विचारों को ही मूर्त रूप देना पड़ता है। नेता वर्तमान में जीने की शैली के बल पर ही इतने ऊंचे दिमागों को काबू कर पाते हैं।

मैं यह नहीं कह रहा कि आप सब काम छोड़कर राजनीति में दखल दें पर उनसे वर्तमान में जीना तो सीख ही सकते हैं। नेताओं का अध्ययन कर उनकी सफलता दर पर नजर डालें तो आप नतीजे देखकर हैरान होंगे। वे स्वयं को भीड़ के हिसाब से बदलने की कला जानते हैं, तभी तो वे मनचाहा पा लेते हैं। सीखने के लिए सबक अच्छा है, न?

6.7
प्रशंसा करना सीखें

प्रशंसा के कारण ही आपके भीतर सकारात्मक ऊर्जा का प्रवाह होता है, जो अंततः आपको प्रसन्नता देती है। जब आप किसी चीज की प्रशंसा करते

114 *डर से आगे बढ़ो, डर के बाद ही जीत है*

हैं तो आपके भीतर किसी चीज का उजला पक्ष देखने की इच्छा पैदा होती है और इसी से आप भी प्रसन्नता पाते हैं। घटना चाहे छोटी हो या बड़ी, उसकी तारीफ करना न भूलें। जो भी सही लगे, निर्भीक भाव से उसकी प्रशंसा करें। इस तरह आप एक ऐसे व्यक्ति बन जाएंगे जिसे हर कोई चाहता है। यह न भूलें कि किसी की तारीफ करने के लिए आपको हालात का उजला पक्ष देखना होगा। सिक्के की तरह हालात के दो पहलू होते हैं, आपने केवल सकारात्मक पक्ष पर अपना ध्यान लगाना है। प्रत्येक को यह आदत विकसित करनी चाहिए तथा परिवार यह आदत बनाने में अहम भूमिका निभाता है।

अपने परिवार के सदस्यों से घिरा नवजात उनके व्यवहार से ही सीखता व सोचता है कि यही सही तरीका है, क्योंकि बाकी सभी वैसा ही कर रहे हैं। परिवार ही किसी बालक की प्रथम पाठशाला होता है। वर्तमान युग वैज्ञानिक विकास का युग है तथा हमारे जीवन के प्रत्येक पहलू को प्रभावित कर रहा है। दरअसल हम चाहे या न चाहें, हमारा जीवन इन्हीं वैज्ञानिक उपकरणों से ही नियंत्रित है। हमें इन विकासों को सराहना तो है, किंतु साथ ही यह ध्यान भी देना है कि ये हम पर व हमारे बच्चों पर गलत असर न डालें।

हमें लगता है कि अगर हम किसी की प्रशंसा करते हैं तो वह स्वयं को हमसे श्रेष्ठ मानने लगता है। हम किसी को अपने से श्रेष्ठ कैसे मान सकते हैं? श्रेष्ठता की भावना का संबंध उस स्थिति में है, जहां व्यक्ति स्वयं को दूसरों की तुलना में छोटा या बड़ा मानता है। इसका हमारी प्रशंसा से कोई लेना-देना नहीं है। प्रकृति का नियम भी यही कहता है कि हम जो देते हैं, बदले में वही पाते हैं। मनचाही चीज की तारीफ करने में कंजूसी न करें, किंतु किसी भी ऐसी चीज की तारीफ न करें जो आपको पसंद न हो और न ही किसी के दबाव में आकर ऐसा काम करें।

हमेशा प्रशंसा के अवसर की तलाश में रहें, तब लोगों को आपका साथ बहुत भाएगा। इससे वातावरण में एक सकारात्मक ऊर्जा पैदा होगी व प्रत्येक व्यक्ति सकारात्मक रूप से ही सोचेगा। याद रखें कि इस दुनिया में कुछ भी संपूर्ण नहीं है, पर फिर भी यह दुनिया चल रही है। अपने काम की गुणवत्ता से समझौता न करे, किंतु ईश्वर द्वारा बनाई गई वस्तुओं में संपूर्णता की तलाश न करें। वे जैसी हैं, उन्हें वैसे ही स्वीकारें और अपनी सोच के हिसाब से बदलने की कोशिश न करें।

प्रशंसा का व्यवहार अभ्यास से ही पैदा होता है, साथ ही यह आपके नजरिए पर भी निर्भर करता है। इस अभ्यास को जीवन में उतारना इतना कठिन नहीं है। तारीफ करने की आदत डालें।

आपको अपने रवैए और बर्ताव में भी फर्क नजर आएगा। आप स्वयं को एक ऐसे इंसान के रूप में पाएंगे, जो प्रत्येक व्यक्ति व वस्तु से प्यार करता है और बदले में वही सब पाता है। इस तरह आप अपना कीमती समय भी बचा पाएंगे।

यह आदत न केवल आपको बल्कि आस-पास के सभी लोगों को फायदा देगी तथा इसके अद्भुत परिणाम प्राप्त होंगे।

आप छोटी घटनाओं की तारीफ करें, उनके नतीजे ही आने वाले समय में बड़े हो जाएंगे। खोजने पर पता चलेगा कि इस दुनिया में ऐसा कुछ भी नहीं जिसकी तारीफ न की जा सके। यह भावना ही आपके व्यक्तित्व को पूरी तरह से बदल देगी।

6.8
दूसरों की आलोचना करने से बचें

इस संसार में केवल ईश्वर ही एक संपूर्ण व्यक्तित्व हो सकता है। यदि आपने एक बार इस स्वयंसिद्ध कथन को मान लिया तो मुझे पूरा यकीन है कि आप किसी भी व्यक्ति या परिस्थिति की आलोचना नहीं करेंगे। चाहे वे आपकी अपेक्षाओं से कितने भी कम क्यों न हों। प्रत्येक व्यक्ति को बुनियादी तौर पर आलोचना के पीछे छिपी मानसिकता को समझना चाहिए। नापसंदगी ही आलोचना के पीछे छिपा प्रमुख कारक है। पसंद और नापसंद मन की एक अवस्था है। जो हमें पसंद हो, वह दूसरे को भी पसंद आए, यह जरूरी नहीं होता।

यदि हम हालात या व्यक्ति को अपनी सोच के हिसाब से नहीं पाते तो उनकी आलोचना करने लगते हैं। ऐसे हालात में यह पता लगाना बेहतर होगा कि आप स्वयं को किन कारणों से असहज पा रहे हैं।

परिस्थिति का विश्लेषण करने से आपको इसे संभालने की अंतर्दृष्टि प्राप्त होगी व साथ ही आपको यह भी अनुभव होगा कि दुनिया में सब कुछ आपकी सोच के हिसाब से नहीं चलेगा। दूसरी बात यह है कि केवल आप ही हालात में नहीं घिरते, दूसरे भी उनसे प्रभावित होते हैं। वे तो शांत बने रहते हैं, पर आप अपने विरुद्ध जरा-सा कुछ होते देख खीझ जाते हैं।

जब आप किसी की निंदा करते हैं तो उस वातावरण को नकारात्मक ऊर्जा से भर देते हैं, जो आप पर भी असर डालती है। आलोचना तो कायर करते हैं जिनमें कोई बदलाव लाने की क्षमता नहीं होती, वे स्वयं को तसल्ली देने के लिए दूसरों की निंदा करते हैं।

अगर आपमें कोई परिवर्तन लाने की पर्याप्त इच्छा या क्षमता होगी तो मैं पूरे विश्वास से कह सकता हूं कि आप स्वयं को जलाने के बजाय व्यस्त रखेंगे। दूसरों की गलतियां निकालने का आदी व्यक्ति तो एक नवजात शिशु में भी गलती खोज निकालेगा। केवल यही नहीं ऐसे व्यक्ति टीवी के सामने बैठकर कार्यक्रम में मीन-मेख निकालते रहेंगे।

अगर कोई उनसे पूछे कि नापसंद चैनल को बदल क्यों नहीं देते या टीवी बंद करके कोई दूसरा काम क्यों नहीं कर लेते तो मुझे पूरा यकीन है कि उनके पास कोई जवाब नहीं होगा। कैसे भी हालात को अनदेखा करने का सबसे बेहतर उपाय यही है कि उस पर ध्यान ही न दिया जाए, किंतु विडंबना यह है कि ऐसे व्यक्ति उन हालात के बारे में पूरी तरह से जानना चाहेंगे व साथ ही उनकी गलतियां भी निकालेंगे।

हम जानते हैं कि हमारी सोच से वे हालात नहीं बदलने वाले, पर फिर भी हम वैसा ही करते हैं और उससे संतुष्टि पाते हैं। हम किसी की निंदा करते हैं और उसी का साथ भी पाना चाहते हैं। यह तो कुछ ऐसा ही है कि कोई केक को हाथ में भी रखना चाहे और खाना भी चाहे। दोनों काम एक-दूसरे के विपरीत हैं, पर फिर भी हम इन्हें करते हैं।

हमारे पास किसी व्यक्ति को यह बताने की संकल्पशक्ति नहीं होती कि उसका कार्य प्रकृति के नियमों के विरुद्ध है, किंतु हम किसी दूसरे व्यक्ति के सामने उसकी निंदा करने का साहस रखते हैं, जो शायद पहले को जानता तक नहीं। हमें किसी दूसरे के लिए नहीं बल्कि अपने लिए इस अनुत्पादक सोच को दूर रखना होगा।

6.9

कम-से-कम बोलें

ईश्वर ने हमें संप्रेषण कौशल का वरदान दिया है, किंतु हमें सोच-समझकर ही इसका इस्तेमाल करना चाहिए। यदि हम विवेक से इसका प्रयोग करें तो यह सफलता का अनिवार्य अंग बन सकता है। हमें समझना चाहिए कि कोई संदेश देने के लिए शब्दों का प्रयोग होता है। शब्द जितने कम होंगे संदेश उतना ही प्रभावी होगा। एक संदेश देने के लिए कई पंक्तियों का प्रयोग करने से उसकी गहनता कम होती है व कई बार संदेश अपना अर्थ भी खो देता है। आपने ध्यान दिया होगा कि जो इंसान कम बोलता है, समाज में सभी उसे चाहते हैं। उसके आस-पास के लोग जानना चाहते हैं कि वह क्या कह रहा है, क्योंकि उन्हें पता है कि वह कभी बकवास बातों से अपना व दूसरों का समय नष्ट नहीं करेगा। संप्रेषण चाहे सार्वजनिक हो या निजी, शब्दों के प्रयोग में सावधानी बरतें। शब्दों का चुनाव श्रोता की मानसिक व शैक्षिक पृष्ठभूमि पर निर्भर होना चाहिए। श्रोता के समाजशास्त्रीय व मनोवैज्ञानिक कारकों पर भी ध्यान दें। एक योग्य तथा प्रभावी संप्रेषण के लिए इनका होना अनिवार्य है। कम बोलने से हम प्राय: विवादों से भी बचे रहते हैं। किसी ने सच ही कहा है कि कम बोलने वाला व्यक्ति युद्ध लड़े बिना ही शत्रुओं को हरा देता है। जब आप कम बोलते हैं, आस-पास के लोग आपकी सोच का अंदाजा लगाते रह जाते हैं और यह नहीं जान पाते कि आपका अगला कदम क्या होगा। इस तरह आपकी यह क्रिया-प्रतिक्रिया विवेचन शक्ति के मामले में आपको सबसे अलग बनाती है।

कम बोलने वाला व्यक्ति अपनी संचित ऊर्जा को दूसरे रचनात्मक कामों में भी लगा सकता है। ज्यादा बोलने से हमारी संचित ऊर्जा नष्ट होती है। जैसे लंबी बहस के बाद प्राय: थक जाते हैं। हमें हमेशा याद रखना चाहिए कि हम बहस करके किसी की विचारधारा नहीं बदल सकते, क्योंकि किसी भी विश्वास की जड़ें काफी गहरी होती हैं।

हम निरंतर अभ्यास से, सफल होने के इस सुनहरे नियम का पालन कर सकते हैं। यह रवैए से ज्यादा आदत से संबंध रखता है। एक नियमित आदत ही रवैए में बदलती है, हमें इस बारे में सावधान रहना चाहिए। नियमित अभ्यास

से आप स्वयं को एक ऐसे इंसान के रूप में बदल पाएंगे, जो अपने एक-एक शब्द को तोलकर बोलता है।

आप स्वयं अपना खोल तोड़ने की कोशिश कर रहे हैं और यह एक आदत आपको ऐसे व्यक्ति के रूप में सामने लाएगी, जो अपने शब्दों से क्रिया व प्रतिक्रिया को प्रकट करता है। आपको स्वयं को एक ऐसे व्यक्ति के रूप में बदलना होगा जिसकी पसंद- नापसंद उसके शब्दों से नहीं, कामों से प्रकट हो।

6.10
अधिक-से-अधिक सुनें

एक अच्छा श्रोता होना, एक अच्छे व्यक्तित्व का गुण है। बहुत कम लोगों के पास यह हुनर होता है। हम प्राय: यही सोचते हैं कि कम बोलेंगे तो सामने वाले को लगेगा कि हमें कुछ नहीं आता, किंतु हम यह भूल जाते हैं कि अंधाधुंध बोलने से भी हम मूर्ख जान पड़ेंगे और हर कोई हमें नापसंद करने लगेगा। एक बार बोलने के लिए उकसाए जाने पर बोलने का लालच छोड़ना काफी कठिन हो जाता है। कई बार तो हम दूसरे की बात काटकर भी अपनी बात कहने में संकोच नहीं करते। हमें लगता है कि झट से न बोले तो शायद हम अपनी बात भूल जाएंगे। आप केवल बोलने की आदत को संतुष्ट करने के लिए ही ऐसा करते हैं। आपने कभी एक अच्छा श्रोता बनने की कोशिश नहीं की।

एक अच्छा श्रोता केवल इसी आदत के पालन द्वारा अपनी अधिकतर समस्याओं को आरंभ में ही हल कर लेता है। यह भी पाया गया है कि यदि आप किसी समस्याग्रस्त व्यक्ति की बात पूरा मन व ध्यान लगाकर सुन लें तो उसे लगता है कि उसकी बात पूरे धीरज से सुनी गई है और अब उसे अपनी समस्या का हल मिल जाएगा। एक अच्छा श्रोता होना, एक प्रभावी प्रशासक और सुसंस्कृत व्यक्ति की खूबियों में से एक है। यह आदत व्यवहार से भी सीख सकते हैं जिसके लिए नियमित अभ्यास की आवश्यकता होगी। चाहे कोई बात आपकी समझ से परे ही क्यों न हो, उसे पूरे ध्यान से सुनें। इस दौरान कोई और काम न करें, ताकि वक्ता को लगे कि आप उस पर ही ध्यान दे रहे हैं। इस तरह आप एक ऐसे

व्यक्ति के तौर पर जाने जाएंगे जिसे दूसरे के नजरिए का भी ध्यान रखना आता है। नि:संदेह यह काम करना इतना आसान नहीं होगा। इसके लिए नियमित अभ्यास चाहिए। हम किसी चर्चा के बीच में बोलने का लालच रोक सकें, यह करना काफी कठिन होगा। ऐसा साहस बहुत कम लोगों के पास होता है। यह आदत आपको दूसरों से अलग एक असाधारण व्यक्ति बनने में मदद करेगी।

एक अच्छा श्रोता बनकर आप कई गुना लाभ पाने वाले हैं। आपकी कीमती ऊर्जा बचेगी, दूसरे व्यक्ति को अहसास होगा कि आपको सचमुच उसकी परवाह है और वह इसे कई लोगों को बताएगा। आप सार्वजनिक तौर पर ऐसे इंसान के रूप में लोकप्रियता पाएंगे, जो किसी दूसरे की तकलीफ समझता है और दूसरों पर अपना भार नहीं डालता। केवल इसी आदत के बल पर आप कुछ भी खोए बिना सब कुछ पा लेंगे।

एक अच्छा श्रोता दूसरों की बातें सुनकर ही स्वयं को अद्यतन कर लेता है। इस तरह वह अपने कीमती समय को दूसरे उद्देश्यों के लिए लगा पाता है। ऐसे व्यक्ति दुर्लभ होते हैं और आपको पता होना चाहिए कि इस उपभोक्ता केंद्रित समाज में किसी भी दुर्लभ वस्तु का अपना ही मान होता है।

7

निर्भीक बनने के लिए स्वयं को बदलें

संसार में सफल व्यक्ति वे नहीं जिन्हें बाहरी शक्ति से मदद मिली, बल्कि वे हैं, जो अपनी इच्छाशक्ति से निर्भीक होकर आगे बढ़े। अतः असफलता का डर त्यागकर निर्भीक बनें।

हममें से अधिकतर लोग यही सोचते हैं कि ईश्वर ने अपने कारखाने में केवल हमारी ही रचना की है इसलिए प्रत्येक को हमारे निर्देशों का पालन करना चाहिए और हमारे अनुसार स्वयं को बदलना चाहिए। एक अच्छा स्वाभिमानी होने में कुछ बुरा नहीं, पर समस्या तब पैदा होती है, जब हम दूसरों की हस्ती को नकारने लगते हैं। परिवर्तन ही प्रकृति का नियम है और हम रोजमर्रा के कामों के बीच धीरे-धीरे बदलते हैं।

सलाह देना हमारा हक है और हम जाने-अनजाने दूसरों को सलाहें देते ही रहते हैं। हम यह तक नहीं सोचते कि दूसरा उन पर अमल कर भी रहा है या नहीं। हमारे देश में सलाह ही एक ऐसी चीज है जो हर जगह और हर समय नि:शुल्क मिलती है।

हमारे लिए आस-पास के माहौल और लोगों को बदलना कठिन है क्योंकि हर आदमी की एक पहचान होती है और वह अपनी सोच के हिसाब से ही चलेगा, किंतु फिर भी हम हिम्मत नहीं हारते और सामने वाले को बदलने के प्रयास में जुटे रहते हैं मानो इस धरती पर हमें ही यह काम सौंपा गया हो। हम कभी नहीं सोचते कि दूसरे से जिस बदलाव की मांग कर रहे हैं, वह हमसे भी कुछ चाहता है।

प्रत्येक व्यक्ति अपनी पृष्ठभूमि के हिसाब से ही व्यवहार करता है। उसे बदलने में समय नष्ट न करें। यदि इस दुनिया को एक बेहतर जगह बनाना चाहते हैं तो दूसरों को परामर्श देने के बजाय मिल-जुलकर रहें और उन्हें अपने हिसाब से बदलने की आदत छोड़ दें। क्या आपने कभी यह सोचा कि किसी को आपके हिसाब से क्यों बदलना चाहिए? आप कैसे कह सकते हैं कि आपका

डर से आगे बढ़ो, डर के बाद ही जीत है

परामर्श ही सबसे बेहतर है। ये परामर्श आपको इतने प्रामाणिक और उचित क्यों लगते हैं? इन प्रश्नों पर विचार करें, ताकि आपको अहसास हो सके कि आप ठीक नहीं कर रहे हैं।

एक दूध वाला दूध के डिब्बे लेकर शहर में दूध बेचने जाता था। एक दिन स्कूल जा रहे शरारती लड़कों ने दूध के डिब्बे का ढक्कन खोला और उसमें एक मेंढक डाल दिया, फिर उन्होंने ढक्कन भी बंद कर दिया। अब मेंढक को पता चला कि वह कितनी बड़ी मुश्किल में फंस गया था। उसने अपने पिछले अनुभवों के आधार पर सोचा कि ऐसे हालात में या तो हालात को कोस सकते हैं या इससे पार पाने का उपाय खोज सकते हैं। उसने उपाय खोजने का ही फैसला किया। उसे अपनी तैरने की शक्ति का अहसास हुआ और वह तैरने लगा। उसे पूरा यकीन था कि जैसे ही दूधवाला दूध के डिब्बे का ढक्कन खोलगा, वह उसमें से कूदकर निकल जाएगा और यही हुआ भी। मेंढक आजाद हो गया। एक दूसरे लड़के ने भी दूसरे डिब्बे में मेंढक डाला था। उस मेंढक ने ऐसे हालात देखते ही हथियार डाल दिए। उसे लगा कि हालात का सामना करना बेकार था और उसे डूबने में देर नहीं लगी।

आपको बेहतर समाधान के साथ काम करना चाहिए, ताकि दूसरे भी वैसा ही करके बेहतर नतीजे पा सकें। बिना कुछ किए केवल सलाहें ही देते रहें तो हर कोई आपका मजाक ही उड़ाएगा। इस दुनिया व समाज को अपने व दूसरों के लिए बेहतर बनाना हमारा नैतिक कर्तव्य होना चाहिए, किंतु साथ ही यह भी याद रहे कि हमें दूसरों के विचारों की परवाह करते हुए, उन्हें भी साथ लेकर चलना है और पूरा मान देना है।

7.1

डरते क्यों हो

अब तो आपको अनुभव हो ही गया होगा कि आप कुछ भी नया नहीं पढ़ रहे, यह सब तो आप पहले से जानते हैं। मैंने इस पुस्तक में कहीं भी दावा नहीं किया कि मैं आपको न्यूटन की तरह कोई नया सिद्धांत देने जा रहा हूं, किंतु एक बात साफ है कि मैं डरता नहीं हूं। आपने इसी डर से अपने अनुभव

नहीं लिखे कि उन्हें कौन प्रकाशित करेगा और यदि प्रकाशित हो भी गए तो कौन पढ़ेगा? मैंने यह सोचकर सभी अनुभव लिखे कि प्रकाशित न भी हुए तो मेरे लैपटाप में रहेंगे और मैं अपने जीवन के अंतिम दिनों में इन्हें पढ़ने का आनंद लूंगा। यही नहीं, मेरे बच्चे अच्छे व्यवसायी हैं और उनके पास मेरी किताबें पढ़ने का समय नहीं जबकि वे इसी विषय पर दूसरों की लिखी किताबें पढ़ने का समय निकाल लेते हैं। यह जानने के बावजूद भी मैं लिखता ही रहा और आपके जैसा पाठक पा ही लिया।

क्या आपको नहीं लगता कि हम जिन कामों को करने की क्षमता रखते हैं, उन्हें केवल इसी डर से नहीं करते कि वे सही तरह से होंगे या नहीं। असफलता का डर ही आपको प्रयत्न नहीं करने देता। असफलताओं के बारे में सोचते ही आप अपनी क्षमताओं के विषय में नकारात्मक हो जाते हैं। इस दशा में कोई भी आपको सफल नहीं बना सकता । ईश्वर भी उनकी सहायता करता है जो अपनी सहायता आप करते हैं। अब वह समय आ गया है कि हमारी गर्वित युवा पीढ़ी अपने आपको सकारात्मक ऊर्जा से परिपूरित करे। प्रयत्न करना और असफल होना, इसके मुकाबले केवल सोच से उत्पन्न असफलता कहीं बुरी है। प्रयत्न के बाद मिली असफलता में कम-से-कम इतना संतोष तो होता ही है कि आपने कोशिश तो की। इससे आपको एक नया कार्य आरंभ करने में देर नहीं लगती।

असफलता उतनी बुरी भी नहीं होती जितनी हम सोचते हैं। वे तो सफलता की ओर ले जाने वाली सीढ़ियां हैं। हमें प्रत्येक असफलता के बाद उसका विश्लेषण करना चाहिए और पिछली भूलों को न दोहराते हुए अगला कदम उठाने के लिए तत्पर हो जाना चाहिए। प्रत्येक असफलता के बाद ऐसी मानसिक अवस्था बहुत मायने रखती है। आपको आरंभ में ही हार मान लेने की घातक प्रवृत्ति से छुटकारा पाना होगा। जब वापस लौटने की कोई राह नहीं बचती तो जीत की संभावना और भी अधिक हो जाती है। बिना किसी डर के पूरे जुनून के साथ आगे बढ़ने से ही सफलता हाथ आती है।

एक प्रसिद्ध रोमन सम्राट क्लाडियस अपने शत्रु पर हमला करने निकला तो उसके पास केवल पंद्रह सैनिक थे। उसने नदी पार करने के बााद सारी नावें एक साथ बंधवाई और उनमें आग लगवा दी, फिर उसने कहा-"सैनिको, अब वापस जाने का कोई साधन नहीं रहा । जीवित रहना है तो युद्ध जीतना ही होगा।"

वे युद्ध में विजयी रहे तथा आगे बढ़े।

डर एक धीमे जहर का काम करता है। यह आपका भीतरी शत्रु है। यही आपको सफल नहीं होने देता और कदम-कदम पर कहता है कि काम मुश्किल है। इस पर समय व श्रम न लगाएं, कुछ हाथ नहीं आने वाला।

सफल होना चाहते हैं तो किसी भी आंतरिक शत्रु से डरने की आवश्यकता नहीं है। एक बार आपने इस छिपे शत्रु को पराजित कर दिया तो यह फिर कभी सामने नहीं आएगा और आप वह सब भी पा लेंगे, जो असंभव जान पड़ता है। इससे लड़ें व हमेशा के लिए शत्रु पर विजय पा लें।

7.2

बच्चों को निर्भीक बनाएं

हममें से अधिकतर का यह मानना है कि कोई भी हमारी पसंद से किसी भी रूप में ढल सकता है। हो सकता है कि आप विज्ञान की आधुनिक तकनीकों के माध्यम से बिहार के किसी सुदूर स्थान पर सेब का पेड़ उगा लें। यह वहां उग जाएगा और संभावना है कि फल भी देगा, फिर आप इसका एक सेब लें और एक सेब कश्मीर से लाएं। दोनों के स्वाद का अंतर महसूस करें। यह भी ध्यान दें कि आप अपने द्वारा उगाए गए सेब का रंग, आकार व स्वाद भी बदल सकते हैं, पर आम के फल से सेब का बीज नहीं पा सकते। इसी तरह हर इंसान के चरित्र की कुछ विशेषताएं होती हैं जिन्हें बदला नहीं जा सकता।

हम अपने बच्चों के लिए भी ऐसा ही सोचते हैं। हम मानते हैं कि उन्हें अपने मनचाहे सांचे में ढाल सकते हैं। आप ऐसा कर भी सकते हैं, क्योंकि कई निजी व सरकारी, तकनीकी व गैर-तकनीकी विश्वविद्यालय आपकी सेवा में तत्पर हैं, वे आपका सपना साकार कर देंगे किंतु किस हद तक व किस कीमत पर? चाहे सुनने में अच्छा लगे या न लगे, पर आपने अपने बच्चों का कैरियर तबाह कर दिया है। वे किसी भी काम में मन नहीं लगाएंगे क्योंकि आपकी पसंद के काम में उनकी रुचि ही नहीं थी। विचारों का यह मतभेद परिवार के लिए घातक हो सकता है।

एक वृद्ध महिला कबूतर पालने की शौकीन थी। एक बार उसने एक बाज पकड़ा। उसने उसे एक कबूतर समझकर कहा-‘‘तुम तो कितने गंदे हुए पड़े हो। कितने दिन से अपने नाखून और चोंच भी नहीं संवारे। ये

लंबे पंख भी बिल्कुल नहीं जंच रहे। मैं तुम्हें एक खूबसूरत कबूतर बना दूंगी।

उसने एक कबूतर की तरह उसके पंख, चोंच और पंजे कतर दिए। इस तरह बाज अपना स्वाभाविक रूप खो बैठा। अब वह न तो कबूतर था और न ही बाज।

हम भूल गए हैं कि हम केवल अपने बच्चों के संरक्षक हैं। संरक्षक केवल सहारा देता है, वह अपना हुक्म नहीं चलाता। आपको सलाह दी जाती है कि इस बारे में खलील जिब्रान के विचार पढ़ें कि आपके बच्चे आपसे क्या चाहते हैं।

माता-पिता की भूमिका में आपने केवल सहारा देना है। हमें उन्हें एक ऐसा नागरिक बनने में सहायता देनी चाहिए, जो समाज को अपना योगदान देने में सहायक हो सके। हमें याद रखना चाहिए कि समाज में सभी तरह के लोगों की आवश्यकता है व प्रत्येक अपनी क्षमता के अनुसार समाज से अपना हिस्सा पाता है। बच्चे को अपने हिसाब से चलने दें और दूसरों की बातों में न आएं।

एक धनी किंतु अज्ञानी व्यक्ति ने शिष्टाचार सीखने का फैसला किया। वह समाज में अपना रौब जमाना चाहता था। उसने इस काम के लिए एक शिक्षक रख लिया।

कुछ दिन बाद उसे एक मित्र के जन्मदिवस समारोह में बुलाया गया। शिक्षक ने कहा-''आप वहां कहना, आपके जीवन में ऐसा दिन सौ बार आए।''

रास्ते में धनी व्यक्ति को एक अर्थी जाती दिखाई दी। उसने वहां भी कह दिया-''आपके जीवन में ऐसा दिन सौ बार आए।''

मृतक के संबंधियों ने उसे पीटा और फिर सिखा दिया कि उसे क्या बोलना चाहिए।

थोड़ा आगे जाने पर एक बारात दिखी। धनी व्यक्ति ने हाल ही में सीखा गया वाक्य बोल दिया-''मेरी हार्दिक संवेदनाएं।''

बारात वाले अपना आपा खो बैठे, फिर उन्होंने उसे पीटा और सिखा दिया कि क्या बोलना चाहिए था।

वह धनी व्यक्ति साधुओं के दल के पास पहुंचा। उसने उन्हें शुभकामनाएं दीं-''आपको गृहस्थी का पूरा सुख मिले।''

डर से आगे बढ़ो, डर के बाद ही जीत है

साधु तो स्वभाव से क्षमाशील होते हैं । उन्होंने उसे माफ कर दिया।

फिर उसने एक किसान से अपनी बेतुकी बात के लिए मार खाई और एक नया शब्द सीखा। तुम्हारी आंखों के नीचे दिखने वाले हर दाने को अनार के पेड़ जितना बड़ा होना चाहिए।

बेचारा धनी बदकिस्मत निकला, वह यह बात उस राजकुमारी को कह बैठा, जिसका चेहरा दागों से भरा था। उसे बंदी बना लिया गया और लोग कहते हैं कि वह आज भी जेल में है।

क्या आपको नहीं लगता कि बच्चे को उसके हिसाब से चलने की आजादी मिलनी चाहिए, वह खुद अपने भविष्य के बारे में सोचे, आप उसे लक्ष्य की दिशा में बढ़ने में सहायता दें, न कि उसे सिखाएं कि यह तुम्हारा लक्ष्य है, तुमने इसे पाना है। उसे स्वयं अपना मूल्यांकन करने की प्रेरणा दें व अपनी क्षमता तोलने दें ।

बच्चा आजीवन आपकी ओर से मिले इस अमूल्य उपहार के लिए आभारी रहेगा, फिर वह जीवन में आपके योगदान को कभी भी नहीं भूल सकता।

उसे केवल अपने आपसे ही तुलना करना सिखाएं क्योंकि किसी दूसरे से अपनी तुलना करने से उसे कोई सकारात्मक नतीजा नहीं मिलने वाला। जब वह मासिक या वार्षिक आधार पर अपनी उपलब्धियों की तुलना करने लगेगा तो उसे अपनी ताकत और कमजोरियां पहचानने में मदद मिलेगी और वह वांछित दिशा से जुड़ी योजनाएं बना पाएगा।

7.3

निर्भीक बनने के लिए क्या चाहिए?

आप सोच सकते हैं कि मैं ऐसा मूर्खतापूर्ण प्रश्न क्यों पूछ रहा हूं, जिसका उत्तर अलग-अलग लोगों के लिए अलग हो सकता है। मैं इससे इंकार नहीं करता, किंतु सबके भीतर एक न्यूनतम मात्रा तो होनी ही चाहिए क्योंकि अधिकतम की तो कोई सीमा ही नहीं होती। व्यक्ति में इतनी योग्यता होनी चाहिए कि वह बिल गेट्स से अधिक कमाकर उसका स्थान ले सके, किंतु यह किसी कीमत पर नहीं होना चाहिए।

आप चाहें या न चाहें भाग्य आपके साथ है, पर अपना हिस्सा पाने की मेहनत तो आपको ही करनी होगी। पैसे के पीछे न भागें, पर अपने जीवन को एक सार्थक रूप अवश्य दें।

एक इंसान ने बहुत पैसा कमाया और इतनी वस्तुएं एकत्र कर लीं जिन पर कोई भी अमीर आदमी गर्व कर सकता था। उसका पुत्र कभी अपने पिता के धन की प्रशंसा नहीं करता था जिससे पिता को अप्रसन्नता होती।

पिता ने काफी सोच-विचार के बाद तय किया कि पुत्र ने कभी दुःख व कमी नहीं देखी, इसलिए वह उसकी कद्र नहीं करता। यही सोचकर वह पुत्र को एक गरीब गांव में ले गया। वहां पूरा दिन बिताने के बाद पिता ने पुत्र से पूछा-''वहां तुमने क्या देखा?''

पुत्र ने कहा-''हम तो उन ग्रामीणों से भी गरीब हैं। हमारे पास दो कुत्ते हैं, पर उनके पास कई वफादार कुत्ते हैं। हम तो रात को थोड़ी-सी बत्तियां जलाते हैं, पर उनके घर तो तारों की रोशनी से जगमगाते हैं।'' यह सुनकर पिता और कुछ न पूछ सका।

पैसे के पीछे भागने से कभी मनचाहे परिणाम नहीं मिलते। हो सकता है कि वे आपको हजम भी न हों, पर कई बार वापस लौटना भी काफी मुश्किल हो जाता है। आप चाहकर भी उस दुष्चक्र से निकल नहीं पाते।

प्रत्येक इंसान को पता होना चाहिए कि उसके जीवन को खुशनुमा बनाने की न्यूनतम मात्रा क्या होगी और फिर उससे अधिक पाने का प्रयास करना चाहिए। पैसा जरूरी है, पर इतना भी नहीं कि इसके लिए भारी कीमत चुकाई जाए। एक हद के बाद यह समाचार पत्र के सर्वेक्षण में नाम पाने का दिखावा-भर रह जाता है। हमें हमेशा याद रखना चाहिए कि किसी भी चीज की अति बुरी होती है। धन के मामले में यह बात हमेशा सच ही होती है। धन की अति किसी काम नहीं आती। यह अपने साथ अनेक बुराइयां लाती है। ये आपको उस अंधेरे कोने में ले जाती है, जहां पैसे के सिवा कुछ नहीं दिखता और आप गहरे अंधेरे में खोते चले जाते हैं।

यह रोग आप तक ही सीमित नहीं रहता, किसी संक्रामक बीमारी की तरह आपके परिवार तक भी पहुंच जाता है और परिवार की खुशियां छीन लेता है। यदि परिवार ही प्रसन्न नहीं तो ऐसे धन से क्या लाभ और इसके संग्रह की कैसी आतुरता?

डर से आगे बढ़ो, डर के बाद ही जीत है

7.4

कभी क्रोधित न हों

एक बार फिर आपको लगेगा कि मैं आपको यथार्थ से परे ले जा रहा हूं, क्योंकि मैं आपको इस क्रोध रूपी शैतान से दूर रहने को कह रहा हूं। इस पुस्तक में मुझे एक भी ऐसा उदाहरण नहीं दिखा सकते, जहां मैंने आपके मत को निराधार ठहराया हो। यहां भी मैं थोड़े-से सुधार के साथ आपसे सहमत हूं, क्योंकि आप एक आम आदमी नहीं हैं। आपने स्वयं को प्रमाणित करने के लिए कवच को तोड़ दिया है। आप व आपका व्यवहार भी दूसरों से अलग है। मैं न तो आपको क्रोध से जुड़ी कोई कहानी सुनाने जा रहा हूं और न ही यह व्याख्या करने वाला हूं कि यह एक भयंकर आग है, एक खतरनाक राक्षस है। यह पहले क्रोध करने वाले पर असर दिखाता है और फिर उसकी बारी आती है जिस पर क्रोध किया गया है।

अधिकतर किताबों में आपको गुस्से पर काबू पाने का एक ही मंत्र मिलेगा। वे कहते हैं कि गुस्सा आते ही आपको सौ तक गिनती गिननी चाहिए। उनमें से किसी एक को पकड़कर पूछें-'क्या यह व्यावहारिक तौर पर संभव है?'

मुझे पूरा यकीन है कि वे आपको जवाब देने के बजाय इधर-उधर के किस्सों में उलझा देंगे।

यह प्रसंग पढ़ें:

दो मित्र एक ही कक्षा में पढ़ते थे। उनके पिता नामी प्रेरणा प्रशिक्षक और क्रोध नियंत्रण विशेषज्ञ थे। एक दिन एक बच्चा मुख पर खरोंचें लिए लौटा और पूछने पर पता चला कि दोनों दोस्तों में जमकर लड़ाई हुई थी। वह रो रहा था कि पापा की गलत सीख की वजह से ही उसे मार खानी पड़ी। मम्मा के पूछने पर उसने बताया कि पापा ने कहा था कि गुस्सा आने पर लड़ने से पहले सौ तक गिनती गिनना ताकि गुस्सा शांत हो जाए, पर दोस्त के पापा ने उसे पचास तक ही गिनने को कहा था इसलिए उसे मार खानी पड़ी।

जब आपको लगता है कि किसी ने आपका अपमान किया है तो आपके गुस्से की सीमा नहीं रहती। यदि कोई वरिष्ठ किसी काम को खास तरीके से करने को कहे या कोई काम आपके मनपसंद तरीके से न हो तो भी आपको

गुस्सा आ सकता है । आपको नहीं लगता कि दोनों मामलों में आप ही गलत हैं। पहले मामले में आप अपने वरिष्ठ के अधीन हैं और उसके सभी निर्देशों का पालन करना आपका कर्तव्य बनता है। दूसरे मामले में, मेरी यह समझ में नहीं आता कि आप दुनिया को अपनी सोच कि हिसाब से क्यों बदलना चाहते हैं? मुझे यकीन है कि एक बार इन दोनों स्थितियों को जानने व समझने के बाद आपको किसी क्रोध नियंत्रण विशेषज्ञ के पास जाने की आवश्यकता नहीं रहेगी और आप किसी ऐसे हालात का साामना भी नहीं करेंगे, जो आपको क्रोधित करे।

क्रोधित होना या न होना आपका चुनाव है। आप इसके लिए किसी को दोषी नहीं ठहरा सकते। फैसला आपके हाथ में है, जरा सोचें कि क्रोधित होकर आप क्या पाने वाले हैं? मैं तो बार-बार यही सलाह दूंगा कि आपको निजी तौर पर कुछ पाने के लिए काम नहीं करना चाहिए। इन हालात में तो यहां आपकी ही हानि है, क्योंकि आप एक ऐसे व्यक्ति के रूप में जाने जाएंगे, जिसके पास मनचाहे तरीके से परिस्थिति को नियंत्रित करने की क्षमता नहीं है।

7.5

कभी किसी समस्या में न उलझें

हमारे देश में लोगों के पास नष्ट करने के लिए तो काफी समय है, पर रचनात्मक कार्य करने का समय नहीं है । कुछ अच्छा करने को कहो तो एक ही बहाना होता है कि समय ही नहीं है। वे दस-दस घंटे सोते रहेंगे, ईडियट बॉक्स पर रद्दी धारावाहिक देखेंगे या ऐसे ही कई गैरजरूरी कामों में उलझे रहेंगे, पर फिर भी उनके पास किसी ऐसे काम का समय नहीं है, जो उनके लिए या समाज के लिए फायदेमंद हो सके। उन्हें लगता है कि ये काम तो सरकार को करने चाहिए । वे चुनाव के दिन भी अपने घर से बाहर नहीं निकलेंगे, पर जनता को कोसेंगे कि उसने इलाके के गुंडे को क्यों चुना? वे समाज का एक हिस्सा होने के बावजूद उसे कभी नहीं स्वीकारते।

आपको स्वयं समाधान का एक हिस्सा बनना चाहिए। दूसरों की तरह यह न सोचें कि आप अकेले क्या कर सकते हैं? बस खास बात यही है कि आपने सकारात्मक रवैए के साथ सही दिशा में कार्य आरंभ करना है। किसी भी समस्या का हल मिलने में समय तो लगता ही है, किंतु यह कभी न भूलें कि

हर समस्या का हल होता है। उस दिन की कल्पना करें, जब आप अपनी समस्या का चिरवांछित हल पा लेंगे। आप स्वयं को सकारात्मक तौर पर ऊर्जान्वित पाएंगे और यही रवैया आपके रोजमर्रा के कामों से भी झलकेगा। इससे आपके स्वाभिमान में भी वृद्धि होगी। बहाव के साथ बहने में ऊर्जा तो नहीं लगती, पर इस तरह आप मंजिल तक भी नहीं पहुंचते। भीड़ में चलते हुए अपनी पहचान खो देने का खतरा हमेशा बना रहता है।

यह हर जगह होता है कि हम जाने-अनजाने समस्या का अंग बनकर भूल जाते हैं कि विपक्षी दल से जुड़कर समाज को पीछे की ओर ले जा रहे हैं, जहां से अंतत: हमारी प्रगति भी रुक जाएगी।

वे लोग रोजमर्रा की समस्याओं की चिंता नहीं करेंगे। समाधान का हिस्सा होने के नाते आप समाज को वही लौटा रहे हैं, जो कभी-कभी आप भी पाते हैं।

इस धरती पर समस्या पैदा करने वालों की कमी नहीं है और आपको इस भीड़ का हिस्सा नहीं बनना चाहिए। जब भी ऐसी स्थिति से सामना हो तो आपकी प्रतिक्रिया यही होनी चाहिए कि हालात को शांत कर दें, ताकि उसका असर आने वाले कल पर न पड़े। इससे न केवल आपके व्यक्तित्व को मजबूती मिलेगी, बल्कि आप बड़ी-से-बड़ी चुनौतियों का सामना करने का सकारात्मक साहस जुटा भी पाएंगे।

7.6

प्रत्येक पल का आनंद लें

हममें से अधिकतर लोग जीवन का आनंद पाने के लिए कुछ अच्छा घटने की प्रतीक्षा करते हैं, जबकि हमें हर पल का पूरा आनंद लेना चाहिए। हर पल को भरपूर जीने का मतलब है, उसे ईश्वर का वरदान मानकर आनंद लेना। आपको याद रखना चाहिए कि जो पल अभी-अभी बीता है, वह दोबारा नहीं आने वाला और अगर ये यूं ही बीता है तो हमें आत्मविश्लेषण की आवश्यकता होगी। जीवन के हर पल को जीना मुश्किल काम है और बहुत कम लोग यह कला जानते हैं। हर पल हमारे पास ताजी हवा की तरह आता है और यह हम पर निर्भर करता है कि हम खुशी से उसका उपयोग करें या उसके बीतने के बाद उसे कोसें।

इस पल की उपादेयता इसी में है कि हम ऐसा काम करें, जो हमारी

प्रसन्नता के साथ-साथ समाज के प्रति भी कोई योगदान देता हो। आशावादी अपने एक-एक पल को भरपूर प्रसन्नता से जीता है। कभी-कभी यह रचनात्मक कार्य किसी अच्छी सोच के रूप में भी हो सकता है, जो आगे चलकर ठोस रूप ले। यह भी अनिवार्य है।

नदी में पानी पर तैरते लट्ठे पर चार मेंढक बैठे थे। लट्ठे ने बहाव के साथ गति पकड़ ली। मेंढकों ने इस तरह तैरने का कभी मजा नहीं लिया था, इसलिए वे बेहद खुश हुए। एक बोला-''यह तो खास लट्ठा है। देखो, कैसे जिंदा इंसान की तरह तैर रहा है। मैंने तो इससे पहले इतना खूबसूरत दृश्य कभी नहीं देखा।''

दूसरे ने कहा-''दोस्त! यह तो एक आम लट्ठा है। नदी बह रही है, जो हमें बहते लट्ठे के साथ सागर की ओर ले जा रही है।''

तीसरे ने कहा-''न तो लट्ठा बह रहा है और न ही नदी बह रही है। हमारी सोच बह रही है क्योंकि सोच के बिना कोई गति नहीं कर सकता।''

तीनों सही-गलत के लिए लड़ने लगे। एक बड़ी बहस के बाद भी वे किसी नतीजे पर नहीं पहुंच सके तो उन्होंने शांत बैठे चौथे मेंढक से न्याय करने को कहा।

चौथे मेंढक ने कहा-''तुम सभी ठीक कह रहे हो। कोई भी गलत नहीं है। लट्ठा, पानी और हमारी सोच तीनों ही गतिमान है।''

तीनों यह सुनकर खीझ गए कि सभी एक साथ कैसे ठीक हो सकते हैं। तीनों ने मिलकर चौथे मेंढक को पानी में धकेल दिया।

जीवन के हर पल का आनंद पाने के लिए उसकी योजना बनाने की कोई आवश्यकता नहीं है। जो भी सामने आए, उसका स्वागत करें। यह खुशी पाने का कोई प्रयास या फिर अप्रत्यक्ष पल हो सकता है। हो सकता है कि कुछ क्षण की उदासी आने वाले खुशनुमा पलों की सूचक हो। आपको इन पलों के प्रति पूरी ईमानदारी बरतनी होगी। प्रत्येक पल को अपने हिसाब से चलने दें। आपको हर काम का भरपूर आनंद लेना है। यह प्रतीक्षा नहीं करनी कि कुछ अच्छा होगा तो आप आनंद पाएंगे। भावी सुख की चाह में वर्तमान न बिगाड़ें क्योंकि आप नहीं जानते कि कल को कभी न भर सकने वाली हानि के लिए पछताना भी पड़ सकता है।

स्वयं को गैर उत्पादक सोच और साथ से बचाएं ताकि जीवन के हर पल का आनंद पा सकें। दोनों ही अवस्थाएं आपको पलों का आनंद लेने से रोकती

हैं। गैर उत्पादक सोच उस बुरी घटना की सोच से जुड़ी है, जो पहले घट चुकी है और गैर उत्पादक साथ वह है, जो दूसरों की आलोचना करता है और उनकी गलतियां तलाशता है। यदि एक प्रभावी व्यक्ति के रूप में अपने जीवन के हर पल का आनंद पाना चाहते हैं, अपने लक्ष्यों तक जाना चाहते हैं तो आपको स्वयं को सकारात्मक बनाए रखना होगा, ताकि धरती पर बीता हर पल अनुकूल हो सके।

7.7

भयरहित गुणवत्ता

केजन एक जापानी शब्द है, जिसका अर्थ है नियमित ब्रेनस्त टोर्मिंग के माध्यम से सामग्री में निरंतर सुधार। इस शब्द ने गुणवत्ता के क्षेत्र में काम करने वाले प्रत्येक व्यक्ति या अपनी क्षमताओं या योग्यताओं में निरंतर सुधार के बल पर गुणवत्ता पाने वाले व्यक्ति को नया विचार मंच दिया है। गुणवत्ता के अभ्यास या फिर गुणवत्ता की अपेक्षा के लिए इतनी मेहनत की आवश्यकता होती है कि वह आपकी गणना से भी परे हो जाती है। गुणवत्ता ही किसी व्यक्ति या सामग्री को मूल्य प्रदान करती है।

गुणवत्ता कार्य के लिए आपको स्वयं को ऐसे हुनर या कौशल से लैस करना पड़ सकता है। जिसकी शायद दूसरे लोगों को आवश्यकता न होती हो। इस कौशल को पाने के लिए आपको कल्पना से कहीं अधिक समय व धन भी लगाना पड़ सकता है। हो सकता है कि गुणवत्ता प्राप्ति के संसाधनों से तत्काल फल न मिले, किंतु इसके लिए निरंतर प्रयास करने होंगे ।

निरंतर परिश्रम के बिना गुणवत्ता की इच्छा रखना व्यर्थ है। यदि इस अंतहीन प्रक्रिया को वश में कर लिया जाए तो व्यक्तित्व निखर जाता है । गुणवत्ता के प्रति सजग रहने वाला इंसान तयशुदा मापदंडों से समझौता नहीं करता। क्वालिटी वाले लोग ही ऐसा कर पाते हैं और वही समाज की चिंतन प्रक्रिया में बदलाव लाते हैं। ऐसे व्यक्तियों के अभाव में समाज आगे नहीं बढ़ सकता।

एक बार नेपोलियन अपने ऑफिस में बैठा रोज का काम निबटा रहा था। यह वह समय था जब एक-एक कर सभी मोर्चों पर उसकी हार हो रही थी, पर उसके चेहरे पर शिकन तक नहीं थी। इसी बीच जनरल ने प्रवेश किया। वह अनुमति लेने आया था कि क्या हार रही फौजों को

मोर्चों से वापस बुला लेना चाहिए । उसे सीधा पूछने का साहस नहीं हुआ, किंतु बॉस की सोच परखने के लिए उसने दो सिगार पेश किए। एक महंगा तथा दूसरा हल्के वाला था। नेपोलियन ने महंगे वाला सिगार लिया तो जनरल को अपना जवाब मिल गया कि जो इंसान इन हालात में भी समझौता नहीं कर रहा, वह उसे युद्ध से पीठ दिखाकर लौटने की सलाह कैसे दे सकता था?

गुणवत्ता किसी व्यक्ति का स्थायी गुण होता है और वह परिस्थितिजन्य कारकों के सिवा कभी समझौता नहीं करता। नेपोलियन ने अपने इसी गुण के बल पर जनरल को उसका जवाब दिया। यदि आप भी गुणवत्ता के प्रति सजग रहते हैं तो हालात से समझौता न करें। निसंदेह यह काफी कठिन होगा, पर आप आने वाले समय में एक खिली मुस्कान पाने में सफल होंगे।

7.8

लक्ष्य का मानसिक चित्रण करें

आपने महाभारत की प्रसिद्ध कथा अवश्य सुनी होगी।
द्रोणाचार्य पांडवों व कौरवों के गुरु थे। एक दिन उन्होंने तय किया कि वे सबकी धनुर्विद्या की परीक्षा लेंगे। उन्होंने सभी छात्रों को बुलवाया। सौ कौरव और पांच पांडव बरगद के वृक्ष के पास आ गए। गुरु द्रोणाचार्य ने बरगद की शाखाओं के बीच कपड़े का पक्षी टांग दिया व छात्रों से कहा कि उस पर निशाना साधें। प्रत्येक के निशाना लगाने से पहले वे उससे पूछते कि उसे अपने निशाने (पक्षी की आंख) के सिवा क्या दिख रहा था। अर्जुन के सिवा सभी ने यही कहा कि वे निशाने के सिवा आस-पास की दूसरी चीजें भी देख सकते थे। ऐसे उत्तर सुनकर गुरु द्रोणाचार्य ने उन्हें निशाना लगाने की आज्ञा ही नहीं दी, क्योंकि दिखाई देने वाली वस्तुएं उनका निशाना ही नहीं थीं। अर्जुन ने पूरे आत्मविश्वास से कहा कि उसे निशाने के सिवा कुछ नहीं दिख रहा था। उन्होंने अर्जुन को निशाना लगाने की अनुमति दे दी और वह पक्षी की आंख भेदकर परीक्षा में सफल रहा।

आपको प्रतिदिन अपने लक्ष्य का मानसिक चित्रण करना चाहिए, ताकि आपके मन में उसकी याद बनी रहे। रात को बिस्तर पर जाने से पहले भी

डर से आगे बढ़ो, डर के बाद ही जीत है

लक्ष्य के मानसिक चित्रण की आदत डालें। यह आपके अवचेतन में बस जाएगा और आपके प्रत्येक कार्य से प्रतिबिंबित होगा। एक प्रसिद्ध कहावत के अनुसार, आप जो सोचते हैं, वही होते हैं। आपकी महाचेतना और सजग चेतना लक्ष्य के प्रति प्रेरित करती हैं, फिर कल्पना सुखद परिणाम लाती है। अर्जुन की तरह अगर आपने भी लक्ष्य पर नजर रखी तो उस तक जाने में देर नहीं लगेगी।

हममें से अधिकतर लोग अपने लक्ष्य प्राप्ति के लिए आश्वस्त ही नहीं होते, किंतु तथ्य तो यही है कि जब आप एक बार अपनी योग्यता व क्षमता आंककर लक्ष्य तय कर रहे हैं तो असफल होने का प्रश्न ही नहीं उठता। आपका लक्ष्य न तो बहुत पास होना चाहिए और न ही इतना दूर कि वहां तक पहुंचा ही न जा सके। एक मामले में आप अहंग्रस्त होंगे तो दूसरे में तनावग्रस्त हो जाएंगे। दोनों ही अवस्थाएं घातक हैं। तयशुदा लक्ष्य पाने से आपका मनोबल बढ़ेगा और आप उससे भी ऊंचा लक्ष्य पाने को विवश होंगे। हमेशा याद रखें कि कुछ भी पाना असंभव नहीं होता, बस उसे पाने की इच्छा होनी चाहिए।

इस धरती पर सफल व्यक्ति वे नहीं जिन्हें किसी बाहरी शक्ति से मदद मिली, बल्कि वे अपनी इच्छा के बल पर ही आगे बढ़े। आपकी आंतरिक शक्ति ही कुछ भी मनचाहा पा लेने का बल देती है। यह तभी विकसित होती है, जब आप कोई आवश्यकता महसूस करते हैं। यह मांग के हिसाब से ही जरूरत बनती है। यह मांग आपकी अपनी या कहीं और से प्रेरित हो सकती है, किंतु एक बार इसे तय कर लें तो पाने के लिए ऊर्जा को निर्देशित अवश्य करें। इससे आपको भरपूर संतुष्टि मिलेगी। किसी काम का बीड़ा उठाएं तो कठिन-से-कठिन हालात आने पर भी उसे बीच में न छोड़ें। चाहे जो भी हो, आगे बढ़ें, पीछे मुड़कर न देखें।

7.9

बीच राह में हार न मानें

प्रत्येक यात्रा में एक आरंभिक और अंतिम बिंदु होता है। किसी भी उपलब्धिकर्ता के लिए अन्य बिंदु निरर्थक होते हैं। वह आरंभ पर नजर टिकाने के बाद फिर अंतिम बिंदु पर ही नजर टिकाता है। जब तक आप आखिरी बिंदु छू नहीं लेते, कोई भी दौड़ अधूरी ही रहेगी। आप नहीं कह सकते कि

आपने 90 प्रतिशत दौड़ तो जीत ही ली थी। इस वाक्य का कोई मतलब नहीं निकलता। एक बार अंतिम बिंदु दिख जाए तो बस वहां जाने के लिए जी-जान लगा दें। उस समय यह न सोचें कि दूसरे क्या कर रहे हैं। वे आपको उस बिंदु तक नहीं ले जाने वाले, आपने अपनी क्षमता से वहां जाना है। एक बार दौड़ आरंभ कर दें तो उसे जीतने से पहले कभी बीच में न छोड़ें। याद रखें कि बीच में हार मानने वाले विजेता नहीं होते।

बीच राह में हार मानने वाले का मनोबल इतनी बुरी तरह से टूटता है कि उसे संभालते-संभालते समय लग जाता है। असफल होने और हार मानने में अंतर है। असफल होने का अर्थ है कि आपने अस्थायी हार पाई है और आप जल्दी ही उससे उबर जाएंगे। सशक्त मानसिक अवस्था वाले व्यक्ति ऐसी स्थिति से शीघ्र ही संभल जाते हैं, किंतु कुछ लोगों को संभलने में वक्त लगता है। इस बात से कोई अंतर नहीं पड़ता कि आपकी मानसिक अवस्था कैसी है। आपको निरंतर अपनी सफलता के लिए प्रयत्नशील रहना चाहिए।

एक विजेता के तौर पर बस आपसे यही अपेक्षा की जाती है कि मंजिल आने से पहले कहीं बीच में न रुकें। ईश्वर की ओर से जितनी भी ताकत या क्षमता हो, उसका पूरा इस्तेमाल करें। अपने स्वाभिमान को ठेस न लगने दें। स्वयं को दूसरों से कमतर न मानें। सफलता मिले या असफलता, आपको अपना स्वाभिमान ऊंचा ही रखना है, क्योंकि यही भावी सफलता या असफलता का निर्णायक तत्व होगा। बाकी सभी कारक अस्थायी प्रभाव डालने वाले हैं। एक बार आपने स्वाभिमान ऊंचा कर लिया तो सारा अस्थायी प्रभाव स्वयं ही समाप्त हो जाएगा। यदि इस सोच के कारण आप बेहतर महसूस करने लगे तो स्वयं ही सफलता की ओर उन्मुख होते जाएंगे।

7.10

अपने विकल्पों को समृद्ध करें

कभी-कभी आपको लग सकता है कि आप अपनी मेहनत का पूरा फल नहीं पा रहे हैं। मुझे कहना चाहिए कि आप ठीक कह रहे हैं। यह केवल आपके फैसले के कारण ही है, क्योंकि आप केवल एक ही काम कर रहे हैं। जीवन बड़ा विचित्र है। इस धरती पर आपको ऐसे व्यक्ति भी मिलेंगे, जो सारी जिंदगी एक ही तरह के काम में बिता देते हैं, जबकि दूसरी तरह के लोग भी

डर से आगे बढ़ो, डर के बाद ही जीत है

हैं, जो एक ही जीवन में कई तरह के काम करते हैं और सचमुच इन सभी कामों का भरपूर आनंद भी पाते हैं। क्या आपने कभी सोचा है कि वे इतने विविध कार्य कैसे कर पाते हैं? यह विविध कार्यक्षेत्रों के विकल्प विकसित करने के कारण ही हो पाता है।

एक बीस साल का लड़का दुकान में गया और फोन करने की अनुमति मांगी। उसने एक महिला को फोन लगाकर पूछा-''क्या आपको कोई माली चाहिए?"

महिला ने कहा-''नहीं, मेरा माली बहुत अच्छा काम कर रहा है।"

लड़के ने फिर से पूछा-"क्या आपको कार धोने वाला चाहिए?"

महिला ने वही जवाब दिया।

लड़के ने हिम्मत नहीं हारी और महिला से दोबारा पूछा-''अगर मैं एक के वेतन में ही दोनों का काम कर दूं तो?"

महिला ने कहा कि उसका माली और कार साफ करने वाला दोनों ही बहुत अच्छा काम कर रहे हैं। वह उन्हें काम से हटाना नहीं चाहती।

लड़का फोन रखकर बाहर निकलने लगा तो दुकानदार को लगा कि उसे काम चाहिए। उसने कहा कि वह भी उतना ही वेतन देने को तैयार है, जितना वह महिला से मांग रहा था।

लड़के ने मुस्कराकर धन्यवाद दिया और बोला-''मैं उसी महिला के घर में माली हूं। मैं तो बस अपने काम की फीडबैक ले रहा था।"

एक बार आप अपने वर्तमान और प्रमुख कार्य को करने में प्रभावी तरीके से सक्षम हो जाएं, तो आपको अपनी रुचि के दूसरे क्षेत्रों में भी स्वयं को परखना चाहिए। आपको दूसरों के मुकाबले कुछ अलग काम अवश्य करना चाहिए। यह थोड़ा-सा अतिरिक्त कार्य ही आपको दूसरों से अलग ले जाएगा और आप आगे चलकर समझ पाएंगे कि आपने सही समय पर फैसला लिया था। अपनी क्षमता जांचें व पता करें कि आपके पास प्रबंधन की कितनी क्षमता है।

एक व्यक्ति अपनी मानसिक क्षमता का 5 से 7 प्रतिशत तक प्रयोग करता है और बाकी क्षमता उसके साथ ही (बिना इस्तेमाल हुए) इस दुनिया से चली जाती है। आप निश्चित तौर पर नहीं कह सकते कि कल अगर सांसें खत्म हो गई तो इस क्षमता के प्रयोग का अवसर मिलेगा भी या नहीं। यदि आप सही समय पर उसका प्रयोग नहीं कर सकते तो आप उसे अनिश्चितता के लिए बचा रहे हैं, जो कि व्यर्थ है। याद रखें कि दुर्बल को सशक्त नहीं, बल्कि धीमे को

तेज मार देता है। तेज का मतलब यह नहीं कि व्यक्ति को धावक होना चाहिए। इसका अर्थ है कि आप नियत समय में अपना लक्ष्य पूरा कर बाकी समय में कोई दूसरा काम करके अधिक कमा सकें, ताकि आराम से जी सकें। बस शर्त इतनी है कि सामान्य कार्य प्रक्रिया में बाधा न आए। ऐसा नहीं कि केवल धन के लिए ही दूसरे विकल्पों पर कार्य करना चाहिए। आप अपनी क्षमता प्रमाणित करने के लिए भी ऐसा कर सकते हैं। अगर आपके पास कोई क्षमता होगी तो आस-पास वालों की नजर अवश्य पड़ेगी। अंग्रेजी साहित्य के महान कवि टेनीसन लिखते हैं कि अनेक शेक्सपीयर और मिल्टन ऐसे ही इस दुनिया से विदा हो गए, कोई उनके बारे में जान नहीं पाया। वे सही हो सकते हैं, किंतु यदि आप अपनी क्षमता के प्रदर्शन में असफल रहे, तो यह आपकी गलती होगी या किसी दूसरे की?

लोग उसी की कद्र करते हैं, जो उन्हें अपने से बेहतर लगता है। किसी के पास इतना समय नहीं कि आपको कौशल दर्शाने का तरीका सिखाए। आपको स्वयं ही अपनी उपस्थिति का अहसास दिलाना है ताकि हर आदमी आपकी योग्यता और क्षमता को जान सके। यह दुनिया नायक को पूजती है, किसी योद्धा को नहीं, जो विजेता से बेहतर लड़ने के बावजूद हार गया। आपको क्षमता रूपी अपने अस्त्र के साथ युद्ध जीतना है। अपने पास उपलब्ध विकल्पों का मूल्यांकन करें, सबसे बेहतर चुनें और केवल सोचने और सिर्फ सोचने के बजाय नियत दिशा में कार्य आरंभ कर दें।

8

डर को दूर करने के उपाय

बिना सोचे-समझे कोई फैसला न लें और जो फैसला लें, उससे पीछे न हटें। ऐसा करने से सफलता-असफलता का डर धीरे-धीरे दूर हो जाएगा और फिर आपका कोई भी फैसला असफल नहीं होगा।

जीवन में आपका सामना ऐसे व्यक्तियों से अवश्य हुआ होगा, जो सदा निराश ही रहते हैं। कुछ सही या गलत होने के बावजूद उनके पास निराश होने के सैकड़ों कारण होते हैं। अपने पर विश्वास न होने के कारण उन्हें यही लगता रहता है कि उनका कुछ नहीं हो सकता। ऐसा नहीं कि उनके जीवन में केवल दुःख ही होते हैं। यदि उनके साथ कुछ अच्छा भी हुआ हो तो वे यह तलाशने लगते हैं कि उनके साथ अच्छा क्यों हुआ, यही कारण तलाशने के चक्कर में वे अपनी खुशी का जश्न तक मनाना भूल जाते हैं और तब तक संतुष्ट नहीं होते, जब तक उनकी प्रसन्नता दुःख और विषाद में नहीं बदल जाती। ऐसे लोगों का कोई इलाज नहीं होता। मेरे विचार से इनका सामाजिक जीवन से बहिष्कार ही कर देना चाहिए। दरअसल केवल प्यार के सहारे ही इनका कुछ हद तक इलाज हो सकता है।

सूर्य हमारे लिए अजस्र ऊर्जा का भंडार है। इसे कभी-कभी ग्रहण भी लगता है, पर क्या वह कभी अपनी चमक खोता है? अस्थायी निराशा और हानियां तो सभी जगह होती हैं, किंतु इसका अर्थ यह नहीं कि आप यही भूल जाएं कि आपके साथ क्या-क्या अच्छा हुआ था। अपने दुःख को याद करने से कोई सकारात्मक लाभ नहीं मिलने वाला।

एक बार किसी गांव में दो भाई रहते थे। एक विवाहित था और उसकी दो संतानें थीं तथा दूसरा अविवाहित था। वे अलग-अलग रहते थे, पर खेतों में मिलकर काम करते और फसल आधी-आधी बांट लेते। एक रात छोटा भाई अकेला बैठे-बैठे सोचने लगा-'मेरे सिर कोई जिम्मेदारी

नहीं है, पर भाई का तो परिवार भी है। उसके सिर ज्यादा जिम्मेदारी है।'

उसने दो बोरी गेहूं अपने हिस्से से निकाले और भाई के हिस्से में डाल आया।

उधर बड़े भाई ने सोचा कि उसकी देख-रेख के लिए तो पत्नी और बच्चे हैं, पर अगर छोटे भाई को कुछ हुआ तो उसका ध्यान रखने वाला कोई नहीं है। यह सोचकर उसने दो बोरी गेहूं अपने हिस्से से निकाले और भाई के हिस्से में डाल आया।

ऐसा कुछ दिन तक चलता रहा। अचानक एक रात वे दोनों एक दूसरे के सामने थे। उन्होंने गेहूं से भरी बोरियां फेंकीं और एक-दूसरे के गले लग गए।

निराशा हमारे जीवन का अस्थायी भाव है। आपको समझना चाहिए कि यह भी जीवन रूपी खेल का ही एक अंग है। यह इससे अधिक कुछ नहीं है। यदि इसे सकारात्मक तौर पर लें तो विपरीत परिस्थिति से लड़ने का साहस देगी, किंतु नकारात्मक तौर पर लेंगे तो आपकी सारी ऊर्जा सोख लेगी। यह आप पर निर्भर करता है कि आप इसे किस रूप में लेते हैं। याद रखें कि सफल व्यक्ति भी निराशा का सामना करते हैं, पर वे इसका सामना होते ही इसे छिपा देते हैं।

इस संसार में कोई भी विशेष नहीं है, प्रत्येक को अपनी क्षमता, योग्यता और सामर्थ्य के बावजूद प्राकृतिक नियमों का सामना करना ही होगा। यह प्रकृति का न्याय है और इसकी उपज होने के नाते आपको इसका सम्मान करना चाहिए। सारी विपरीत परिस्थितियां भुलाकर स्वयं को एक बेहतर जीवन जीने के लिए तैयार करें, क्योंकि जो बीत गई, सो बात गई। सिर धुनने से हाथ तो कुछ नहीं आएगा, बस आपकी राह में बाधा आ जाएगी। आपको जीवन में सामने आने वाली हर निराशा को एक मजाक के तौर पर लेना है और फिर उसे भुलाकर तत्काल आगे बढ़ना है।

8.1

नियमित रूप से अपडेट रहें

हमेशा के लिए निर्भीक होना चाहें तो लगातार कुछ-न-कुछ सीखते हुए खुद को अपडेट करते रहें। इस तरह आप हमेशा तरोताजा व अद्यतन बने रहेंगे।

कुछ सीखने का मतलब केवल औपचारिक शिक्षा से नहीं होता। अनौपचारिक माहौल में भी कुछ सीखा जा सकता है। यह औपचारिक शिक्षा की तुलना में कहीं उत्पादक और उपयोगी होता है। एक प्रसिद्ध हिंदी लेखक कभी औपचारिक शिक्षा पाने नहीं गए, पर उनका लेखन मास्टरपीस माना जाता है। जो कुछ भी अच्छा लगे, उसे सीखने का अभ्यास बनाए रखें।

ऐसी कोई पुस्तक नहीं जो हमें कोई ज्ञान न देती हो। यह हमेशा आपको दूसरों से आगे रखेगी और आप खुद को कभी दूसरों से कमतर नहीं पाएंगे। जहां भी जाएं, अपने साथ एक किताब रखें।

यह न केवल आपको प्रेरणा देगी बल्कि दूसरों को भी यही संदेश देगी। आप दूसरों के सामने एक सकारात्मक रवैया प्रस्तुत कर पाएंगे। पुस्तक पढ़ने से आपकी चिंतनधारा को विपरीत रूप से प्रभावित होने का अवसर ही नहीं मिलेगा।

संता सिंह बाइक पर पाकिस्तान की सीमा पर आया। उसके कंधों पर दो बैग थे। रक्षक इकबाल ने उसे रोककर कहा-''इन थैलों में क्या है?''

''रेत।''

इकबाल ने कहा –''हमें उतारकर दिखाओ।''

थैलों में से रेत के सिवा कुछ न मिला। सरदार जी को सारी रात रोककर रखा गया और फिर अगले दिन नए थैले में रेत भरकर उसे सीमा पार करने की अनुमति दे दी गई।

एक सप्ताह बाद फिर से वही हुआ। इकबाल ने पूछा-''क्या लाए हो?''

संता ने कहा-''रेत।''

सारी छानबीन के बाद रेत ही मिली। संता को रेत लौटा दी गई और सीमा पार करने की अनुमति दे दी गई। यह घटना लगातार तीन साल तक दोहराई जाती रही।

संता कभी पकड़ा नहीं गया, एक बार इकबाल उसे इस्लामाबाद के ढाबे में मिला। उसने कहा-''दोस्त, इतना तो तय है कि तुम कोई तस्करी करते हो, पर मैं जान नहीं पा रहा कि वह क्या थी? यार, मुझे सोच-सोचकर रातों को नींद नहीं आती। यह बात हम दोनों के बीच रहेगी, बस इतना बता दो कि तुम क्या चुराकर लाते थे?''

संता सिंह ने लस्सी पीते हुए कहा-''बाइक।''

डर से आगे बढ़ो, डर के बाद ही जीत है

रोज पढ़ने की आदत से आपके जीवन में प्रसन्नता व आनंद आएगा। आप अपनी जानकारी के बल पर हमेशा दूसरों से आगे रहेंगे। ज्ञान एक शक्ति है और इसे पाने का कोई भी मौका छोड़ना नहीं चाहिए।

कुछ सीखने की इच्छा आपको एक छात्र बनाती है और छात्र का सफलता व कठोर परिश्रम से गहरा नाता होता है। वह अधिक समय तक किताबों के बिना नहीं रह सकता। यह हमारे लिए भी आवश्यक है, क्योंकि हम कोई लाभ न होने पर भी दूसरों को बदलने के प्रयास में लगे रहते हैं। सीखने का इच्छुक व्यक्ति अपने लाभ के लिए कुछ सीखता है और फिर उसमें प्रवीण होने के बाद उसे दूसरों को सिखाता है। यह पहल आपके भीतर परिपक्वता लाती है। आप पर्याप्त ऊर्जा के साथ स्वयं को आत्मविश्वास से भरपूर पाते हैं।

8.2

दीर्घकालीन सोच अपनाएं

पराजित व्यक्ति सदा तत्काल लाभ के लिए काम करते हैं, जबकि विजेता कुछ ऐसा करते हैं जिससे वे स्थायी लाभ पा सकें। तत्काल परिणाम प्रसन्नता तो देते हैं, किंतु वे आपको अहंकारी बना देते हैं और भावी कार्यों में बाधा देते हैं। हमेशा दीर्घकालीन लाभों में विश्वास रखें व इन्हें स्थायी बनाए रखने का प्रयास करें। आप इस धरती पर तीन प्रकार के लोग पाएंगे, पहले जो पराजित हैं, दूसरे जो आंशिक रूप से सफल हैं, तीसरे जो हमेशा के लिए सफल हैं। दुनिया केवल तीसरी तरह के लोगों को याद करती है। ये व्यक्ति तत्काल लाभ नहीं पाते, किंतु सफलता को बनाए रखने के लिए कड़ी मेहनत करते हैं। सफलता कोई मंजिल नहीं, अपितु एक यात्रा है और यात्रा कभी समाप्त नहीं होती। कभी भी पहली दो श्रेणियों में अपना नाम न आने दें, क्योंकि ऐसे लोग पूरे समर्पण से काम को आरंभ तो करते हैं, किंतु उसे पूरा नहीं कर पाते। हो सकता है कि वे अपनी उपलब्धि से संतुष्ट होकर और कुछ करना ही न चाहें। आपको सदा अपनी प्रगति से असंतुष्ट रहना चाहिए क्योंकि यही भाव आगे चलते रहने की प्रेरणा देगा। इस मामले में आपकी संतुष्टि काम करने की गति को घटाती है व आप उससे विमुख भी हो सकते हैं।

एक वृद्ध किसान पहाड़ों पर बने खेत में अपने पोते के साथ रहता था। वह प्रतिदिन सुबह उठकर रसोई में बनी कुर्सी पर बैठकर भगवद गीता

पढ़ता। उसका पोता भी उसके जैसा बनना चाहता था, इसलिए वह हर चीज में उसकी नकल करता।

एक दिन पोते ने पूछा-''दादाजी, मैं यह पुस्तक पढ़ने की कोशिश तो करता हूं, पर समझ नहीं पाता। जो समझ में आता है, वह किताब बंद करते ही भूल जाता हूं। आखिर इससे फायदा क्या है?''

दादाजी ने सारी बात सुनी व बोले-''कोयले की टोकरी नीचे नदी पर ले जाओ और मेरे लिए एक टोकरी पानी ले आओ।''

बच्चे ने वैसा ही किया, पर घर आते-आते सारा पानी बह गया। दादाजी हंसकर बोले-''जरा फुर्ती से काम करना होगा।''

इस बार वह भाग-भागकर पानी लाया, पर घर आते ही टोकरी खाली हो गई। उसने हांफते हुए दादा से कहा कि टोकरी में पानी लाना आसान नहीं है। इसके लिए तो बाल्टी ले जानी होगी।

दादा ने कहा-''मुझे बाल्टी में पानी नहीं चाहिए। मेरे लिए टोकरी में ही पानी लाओ। लगता है कि तुम सही तरीके से कोशिश नहीं कर रहे।''

बच्चा फिर से पानी लेने भागा।

अब वह अच्छी तरह जानता था कि टोकरी में पानी लाना असंभव है, पर दादाजी को दिखाना था कि तेजी से दौड़ने पर भी पानी टोकरी में टिकने वाला नहीं था।

उसने टोकरी में पानी भरा और पूरा जोर लगाकर घर की तरफ भागा, पर वहां पहुंचने तक टोकरी फिर से खाली थी। उसने कहा-''देखा दादाजी! यह बेकार का काम है।''

दादाजी बोले-''तुम्हें यह बेकार लगता है? जरा टोकरी पर नजर मारो।''

लड़के ने टोकरी को ध्यान से देखा तो उसे अहसास हुआ कि अब वह पहले जैसी नहीं रही थी। कोयले की गंदी काली टोकरी अंदर व बाहर से साफ हो गई थी।

दादाजी ने कहा-'' बेटा! जब तुम भगवदगीता पढ़ते हो तो यही होता है। हो सकता है कि तुम सब समझ न पाओ या सब याद न रहे, पर जब तुम इसे पढ़ोगे तो अंदर और बाहर से बदल जाओगे। भगवान कृष्ण हमारे जीवन में यही परिवर्तन लाते हैं।''

दीर्घकालीन लक्ष्य चुनने पर ही आप दीर्घकालीन सोच को अपनाने के योग्य हो सकते हैं। नि:संदेह कभी-कभी कुंठा उत्पन्न होगी, लेकिन एक बार

डर से आगे बढ़ो, डर के बाद ही जीत है

हिम्मत कर ली तो बस जीत आपकी ही है। पहाड़ की चोटी पर जाना कठिन होता है, पर वहां बने रहना और भी कठिन होता है। इस दुनिया में वही लोग नाम कमा सके, जो कहीं पहुंचने के बाद वहां तमाम कठिनाइयों के बाद भी बने रहे। भारत में मुगल साम्राज्य का संस्थापक बाबर यहां से कुछ संपदा लेने आया था, पर उसने भारत की अतुल संपदा देखने के बाद यहीं रहने का फैसला लिया। उसके एक ही फैसले ने उसके वंशजों को भारत में तकरीबन दो सौ पचास साल तक बनाए रखा। यहां तक कि अंग्रेजों ने भी मुगलों जितना राज नहीं किया।

सच ही है कि सोच ही आपके भाग्य को आकार देती है। जैसी सोच वैसा भाग्य। अपनी सोच को दीर्घकालीन व स्थायी बनाएं। बिना सोचे-समझे कोई फैसला न लें और फैसला कर लें तो कदम उससे पीछे न हटाएं, तब कोई भी इच्छा असंभव नहीं रहेगी। आप उस खास समय का अनुमान नहीं लगा सकते, जब कोई एक सोच आपके भविष्य को सदा के लिए बदल देगी।

छोटे लाभों से संतुष्ट न हो, क्योंकि आपने तो अधिक-से-अधिक पाने के लिए जन्म लिया है। आपका निर्णय ही मार्गदर्शक बल है और इसी ने आपके भाग्य को नया रूप देना है। किसी भी वचनबद्धता को अधूरा न छोड़ें। दीर्घकालीन नियति के लिए वचनबद्ध हों और अपना भाग्य बदलने के लिए तैयार रहें।

8.3

समस्या का उचित समाधान करें

आप इस संसार में समस्याओं के अस्तित्व के बिना रह ही नहीं सकते, क्योंकि ये जीवन का अनिवार्य अंग हैं। यदि आप जीवन में समस्याओं का सामना ही नहीं कर रहे तो इसका एक अर्थ यह भी हो सकता है कि आप अपनी पूरी क्षमता से काम नहीं कर रहे और कहीं-न-कहीं कुछ गलत हो रहा है। किसी भी जीवित प्राणी के लिए समस्याओं से बचना संभव ही नहीं है। यदि कोई समस्या सामने है तो उसका हल भी अवश्य होगा। उनके उचित समाधान में ही हमारी क्षमता छिपी है।

कैरियर में ऊपर की ओर जाएंगे तो समस्याओं की गिनती भी बढ़ेगी, पर उसके साथ ही आपके भीतर समस्या-समाधान की क्षमता में भी वृद्धि होगी।

यदि आप समस्याओं से घबरा गए तो इसका मतलब होगा कि आप अपनी प्रगति से भी डर गए। यही तो हमें सिखाती हैं कि तमाम कठिनाइयों के बावजूद आगे कैसे जाना है। पहले स्वयं को सफलता की राह में आने वाली कठिनाइयों से पेश आने के लिए तैयार करें और फिर यात्रा आरंभ करें। इससे न केवल आत्मविश्वास अपितु लक्ष्य तक जाने के लिए मनोबल में भी वृद्धि होगी।

किसी भी समस्या को स्वयं खत्म होने तक स्थगित न करें, क्योंकि इसका आपके व्यक्तित्व से गहरा नाता है। आपको स्वयं को यह अहसास देना है कि आप किसी भी समस्या का बेहतर तरीके से समाधान कर सकते हैं और कोई भी मजबूत फैसला ले सकते हैं । जीवन की चुनौतियां आपको मजबूत और संपूर्ण बनाने में सहायक होती है। कभी भी चुनौतियों से न घबराएं। आप किसी भी समस्या को सुलझाए बिना उसे जीवन से स्थायी तौर पर नहीं निकाल सकते। किसी भी समस्या का प्रभावी हल आपकी नियति में ही छिपा है और आप अपनी समय सीमाओं के बावजूद उसे नकार नहीं सकते। समस्याओं को नकारने वाला इंसान अपनी संभावनाओं को भी नकार देता है। प्रकृति किसी ऐसे इंसान के हाथ में सफलता नहीं देती जिसमें चुनौतियों का सामना करने की ताकत ही न हो। यह एक अग्नि परीक्षा है और आपको इसे पार करना ही होगा।

एक बार की बात है कि बंदर और मगरमच्छ में गहरी दोस्ती थी। बंदर अपने मित्र को मीठे फल खिलाता और मित्र उन्हें अपनी पत्नी के लिए भी ले जाता। इसके बदले में मगरमच्छ बंदर को पीठ पर बिठाकर नदी की सैर कराता। एक दिन बंदर के भेजे हुए फल खाते हुए मगरमच्छ की पत्नी ने सोचा-'उस जानवर का दिल कितना मीठा होगा, जो रोज इतने मीठे फल खाता है।' यह सोचते ही उसके मन में पाप आ गया। उसने अपने पति से कहा कि वह उसे किसी दिन दोपहर के भोजन में बंदर का कलेजा लाकर दे।

मगरमच्छ ने अपनी पत्नी को बहुत समझाया, पर वह नहीं मानी। हारकर मगरमच्छ को भी हामी भरनी पड़ी।

एक दिन वह नदी किनारे गया और बंदर को पुकारा। बंदर फलों के साथ तैयार था। मगरमच्छ उसे पीठ पर बिठाकर नदी के बीचोबीच ले गया और अपनी पत्नी की इच्छा बताई।

बंदर बोला-''इतनी-सी बात के लिए परेशान हो। यदि पहले बता देते तो मैं अपना कलेजा साथ ले आता। उसे तो मैं पेड़ पर ही छोड़ आया।

डर से आगे बढ़ो, डर के बाद ही जीत है

चलो उसे ले आते हैं।" मगरमच्छ बंदर को किनारे पर ले गया। बंदर ने छलांग लगाई और पेड़ पर जाकर बोला-''मूर्ख! क्या कोई कलेजे को भी शरीर से निकाल सकता है?"

मगरमच्छ हताश होकर वापस लौटा तो उसे खाली हाथ आता देख उसकी पत्नी भी उसे छोड़कर चली गई।

मगरमच्छ ने दोस्त और पत्नी दोनों को खो दिया।

8.4

निरंतर ऊर्जा उत्पन्न करें

किसी भी कार्य को करने की क्षमता ही ऊर्जा कहलाती है। ऐसा कोई व्यक्ति नहीं, जो ऊर्जाहीन हो। खास बात यही है कि ऊर्जा को अच्छे कामों के लिए इस्तेमाल किया जाए। ऊर्जा उत्पन्न करने का अर्थ एक के बाद एक मिली सफलता से लगाना चाहिए। यदि एक बार लक्ष्य की दिशा में उन्मुख होंगे तो यह आपको अगले लक्ष्य तक जाने की ऊर्जा प्रदान करेगा। आपने ही अपने उत्साह के उचित प्रयोग द्वारा उपलब्धि का वांछित स्तर पाना है।

एक बार महाराजा रणजीत सिंह बाग में टहल रहे थे। अचानक उन्होंने एक लड़के को आम के पेड़ पर पत्थर मारते देखा। उन्होंने गुस्से में आकर दरबानों से कहा कि वे उस लड़के को पकड़ लाएं। उस लड़के को पेश किया गया।

महाराज ने उससे पूछा-''तुम आम के पेड़ पर पत्थर क्यों मार रहे थे?"

लड़के ने कहा-''मैं सुबह से भूखा था। इसलिए आम का फल खाना चाहता था।"

महाराज ने दरबान से कहा-''इसका क्या करना चाहिए?"

दरबान झट से बोला-''इसे तो फांसी की सजा देनी चाहिए। वह पत्थर महाराज को भी तो लग सकता था।"

महाराज ने लड़के के लिए स्वादिष्ट भोजन मंगवाया। जब उसने खाना खा लिया तो उसे सोने के पचास सिक्के देकर विदा दी।

भला दरबान क्या बोलते, किंतु एक वृद्ध रक्षक ने पूछ ही लिया -''महाराज! हम न्याय को समझ नहीं सके।"

महाराज ने कहा-''अगर एक पेड़ चोट खाकर भी फल दे सकता है, तो उससे बेहतर काम करना क्या मेरा कर्तव्य नहीं बनता?''

निरंतर ऊर्जा का स्रोत ही आपकी सफलता के चरण हैं। यदि आप एक बार अपनी छोटी सफलता का स्वाद लेने के लिए तत्पर हो जाते हैं व अपने पर तोलकर अगली उड़ान भरते हैं तो कोई भी आपकी राह रोक नहीं सकता। आपकी क्षमता ही आपकी शक्ति है और वचनबद्धता प्रतिकूल हालात से लड़ने का हथियार है। इन हालात से कभी भी विचलित न हों, ये मक्खियां तो इसलिए पास आ रही हैं क्योंकि आप कुछ मीठा पाने जा रहे हैं। जरा-सी मेहनत से इन्हें दूर कर दें और मीठे का पूरा आनंद लें। जीवन में सफलता का स्वाद पाने के लिए भी यही कदम उठाना होगा।

आपको बॉलीवुड सितारों की सफलता की कहानियां जाननी चाहिए। आज जो भी सुपर स्टार कहलाते हैं, उन्होंने भी कैरियर के आरंभ में असफलता का स्वाद चखा है, किंतु उन्होंने कभी कदम पीछे नहीं हटाया और अपनी ऊर्जा का स्तर बनाए रखा। अंततः वे बॉलीवुड पर छाने में सफल रहे। असफलताएं इंसान का मनोबल नहीं तोड़तीं, ऊर्जा का घटता स्तर ही इसका कारण बनता है। यदि तेजी से आगे बढ़ना है तो ऊर्जा का लगातार प्रवाह बनाए रखना होगा। तेजी जितनी अधिक होगी, उतनी ही जल्दी लक्ष्य तक जा पाएंगे। आपको यह बात भूलनी नहीं चाहिए कि केवल तेजी से भागने वाले ही नहीं गिरते, अपितु चलने वाले भी गिरते हैं तो बेहतर होगा कि हम तेजी से ही भागें। हमें केवल गिरने के डर से ही भागना नहीं छोड़ना चाहिए।

मानसिक तौर पर जीत के लिए तैयार लोग ही दौड़ में जीत पाते हैं। जीवन की किसी भी दौड़ में जीतने के लिए अपनी ऊर्जा का स्तर बनाए रखें। यही सफलता की दौड़ में सबसे आगे निकलने की ताकत देगी। हो सकता है कि इस दौड़ में दूसरों से आगे निकलने में आपके कंधे छिल जाएं। किसी को पीछे न धकेलें, पर साथ ही यह भी ध्यान दें कि कोई आपको धकेलकर आगे न बढ़ जाए। हममें से अधिकतर लोग कभी-कभी यह देखकर कुंठित हो जाते हैं कि हमारे साथ सफलता की दौड़ में निकले लोग नियमों का पालन नहीं कर रह हैं। आप भी किसी कीमत पर रेस जीतने के सिवा कुछ न सोचें। यदि खेल भावना से खेल पा रहे हैं तो ठीक है, पर यह आपके लिए मानसिक रूप से बाधक नहीं होनी चाहिए। यह दौड़ केवल जीतने के लिए है और इसके लिए आपको ऊर्जा के निरंतर प्रवाह की आवश्यकता होगी।

8.5

सावधानीपूर्वक समय को नियोजित करें

आपको रोजमर्रा के जीवन में भी ऐसे व्यक्ति मिलेंगे, जो अच्छे समय प्रबंधक होने के साथ-साथ सफल भी होते हैं, जबकि कुछ लोग भरपूर समय होने पर भी कुछ नहीं कर पाते। किसी भी काम को करने के लिए समय कम या अधिक नहीं होता। आपका काम करने का तरीका ही समय को कम या अधिक कर देता है। जार्ज बुश, बिल गेट्स, अनिल अंबानी और आप सबके पास दिन में 24 घंटे का ही समय होता है। कुछ लोग इन्हीं घंटों में धरती के सबसे ताकतवर इंसान बन जाते हैं, कुछ धरती के सबसे अमीर इंसान बन जाते हैं और कुछ 5-6 घंटों तक दोस्तों के साथ ताश ही खेलते रह जाते हैं। हर कोई अपने फैसले खुद ही लेता है, उसे दूसरों के मामले में दखल नहीं देना चाहिए। समय की उपलब्धता आपके जीवन के लक्ष्य के अनुपात में होती है। यदि आपने ऊपर दिए गए इंसान जैसा लक्ष्य चुना है तो आराम से खेलिए, किंतु अगर कुछ बनना है तो उसी के अनुसार सब कुछ तय होगा। चाहे आप सफल हों या न हों, किंतु फैसला तो आपको ही करना है। दूसरों को अपने फैसले लेने का हक न दें। यदि एक बार कुछ पाने की ठान ली और तैयारी कर ली तो आपको लक्ष्य पाने से कोई नहीं रोक सकता, किंतु कोई भी फैसला लेने से पहले अपनी सामग्री अवश्य जांच लें जैसे चावल पकाने के लिए चावल, पानी, बर्तन और आग चाहिए। यदि इनमें से एक भी चीज कम हुई तो शायद चावल नहीं पकेंगे। वैसे दूसरी सामग्रियां भी हैं जिन पर ज्यादा मेहनत नहीं लगती। किसी भी काम की योजना बनाने से पहले अपना मूल्यांकन कर लें। मान लें कि आप भी दसवीं कक्षा के बाद आई.आई.टी. प्रवेश परीक्षा की तैयारी के लिए मित्र के साथ कोटा जाने की तैयारी कर रहे हैं। उसने कक्षा में 92 प्रतिशत अंक पाए हैं और आपने 62 प्रतिशत। यहां मित्र की तुलना में आपके असफल होने की संभावना अधिक है। आपको सोचना चाहिए कि हर आई. आई.टी. छात्र सफल नहीं होता और आपके आस-पास हर सफल इंसान आई.आई.टी. छात्र नहीं है।

आप जानते हैं कि आप मेहनती हैं, किंतु लक्ष्य पाने के लिए आवश्यक सामग्री के अभाव में आपका अमूल्य समय बेकार चला जाएगा। इसके बदले आप एक सफल उद्यमी बनने की सोचिए, ताकि अपने आई.आई.टी. मित्र को

काम पर रख सकें। आपको अहसास होना चाहिए कि इस दुनिया में सबको सब कुछ नहीं मिलता। जीवन में सफलता का मंत्र यही है कि हम कितनी जल्दी अपनी सामर्थ्य को पहचानकर उस पर काम करना आरंभ करते हैं। हमें काम तो करना ही होगा और इसका कोई शॉर्टकट नहीं होता।

हमें हमेशा लगता है कि हम यदि दूसरे इंसान की जगह होते तो उससे बेहतर कर पाते, पर हम यह भूल जाते हैं कि हमेशा दूसरी ओर घास ज्यादा हरी दिखती है। केवल अपने बच्चों को छोड़कर हम हमेशा दूसरों की चीजों पर नजरें गड़ाए रहते हैं और अपना तनाव बढ़ा लेते हैं। कुछ लोग कहते हैं कि यही प्रगति का आरंभ है क्योंकि उन्हें लगता है कि असंतोष से ही सफलता पा सकते हैं, जबकि वे इस बुनियादी नियम को भूल जाते हैं कि सफलता ही सफलता को खींचती है, जैसे एक कुतिया हमेशा पिल्ले को ही जन्म देगी। सफलता एक यात्रा है जो कभी मंजिल नहीं बन सकती। यात्रा तो आपको करनी ही होगी। किसी एक जगह बैठकर यात्रा के बारे में सोचना तो हवाई किले बनाने जैसा ही होगा। हालांकि आप किसी स्थान पर मानसिक तौर से तो हो सकते हैं, किंतु वास्तव में वहां नहीं पहुंच सकते। आपको भौतिक तौर पर सफलता का स्वाद चखने के लिए गतिमान होना ही होगा, अन्यथा ये सारे प्रयास व्यर्थ हो जाएंगे।

कल्पनाशीलता व दिवास्वप्न देखना बुरा नहीं। किसी भी चीज का दिमागी खाका तैयार होने के बाद उसे पाने में आसानी हो जाती है, किंतु असली संतोष तो तभी मिलेगा, जब उसे हकीकत में पा लेंगे। उसी उपलब्धि का संतोष आपको अगला कदम उठाने की प्रेरणा देगा और यह यात्रा चलती रहेगी। ऐसा भी होता है कि कोई अनुभवी व ताकतवर दल असफल हो जाता है। दरअसल हमेशा कौशल या हुनर से ही बात नहीं बनती– एकाग्रता, प्रयोग व उमंग आदि दूसरे कारक भी मायने रखते हैं। दिमाग की इन क्रियाओं से उत्पन्न ताकत ही कौशल को प्रदर्शन में बदलने की ऊर्जा प्रदान करती है।

हम जाने कब से सुनते आ रहे हैं कि असफलता ही सफलता का स्तंभ होता है। ये दोनों ही हमारे मन की अवस्थाएं हैं, जो हमारे बोध पर निर्भर करती हैं। हम यहां आइंस्टीन व अब्राहम लिंकन की मिसाल पाते हैं, किंतु यह बुनियादी तथ्य भूल जाते हैं कि वे असफल नहीं हुए। वे हर असफल प्रयास के बाद अपने प्रदर्शन में सुधार का प्रयास करते रहे, जब तक कि उन्होंने सफलता का वांछित स्तर नहीं पा लिया।

हम इस संसार में शासन करने के लिए ही जन्मे हैं, किंतु कई बार हम अपने न्यूनतम प्रयासों व न्यूनतम सफलता से ही संतोष पा लेते हैं और मान लेते

डर से आगे बढ़ो, डर के बाद ही जीत है

हैं कि हमें हमारी मंजिल मिल गई। हमें याद ही नहीं रहता कि सफलता कोई मंजिल नहीं होती। जिस तरह धरती व आकाश की कोई माप नहीं, उसी तरह सफलता को भी मापा नहीं जा सकता। इसे केवल अनुभव किया जा सकता है।

8.6

अवसर को सफलता में बदलने के लिए तैयार रहें

एक बार यदि आपने अपने दरवाजे पर आए अवसर को पहचान लिया तो आप अपने भाग्यनियंता बन सकते हैं। अवसर आपको अपने लक्ष्य से जुड़ी सोच पर तत्परता से काम करने की प्रेरणा देते हैं। मानव मस्तिष्क बहुत उर्वर होता है। इसमें लगातार नए-नए विचार आते ही रहते हैं। आप उनके लाभ-हानि पर विचार कर उन्हें परखते ही रहते हैं। ज्यों ही आप मानसिक तौर पर कोई लक्ष्य चुनते हैं और अपनी क्षमता तोल लेते हैं तो वह आपके लिए एक अवसर बन जाता है।

आपको यह अवसर स्वीकारने और उसकी दिशा में कार्य करने के लिए तैयार रहना चाहिए। यह याद रखें कि और बहुत से लोग इसी दिशा में सोच रहे होंगे, किंतु आप उनसे अलग हैं, क्योंकि आपने तो अपनी सोच पर काम भी आरंभ कर दिया है। अच्छी-से-अच्छी सोच भी काम के बिना बेकार है। विजेता वही बनते हैं, जो अवसर पाते ही कार्यवाही आरंभ कर देते हैं।

फिलीपींस के राष्ट्रपति रैमन मैगसेसे को पता चला कि एक इंजीनियर दूसरे देश से आवश्यक सामग्री न आने पर भी सही समय पर बांध का काम पूरा करने के लिए कड़ी मेहनत कर रहा था। वे उस स्थान के निरीक्षण के लिए गए। वहां प्रत्येक व्यक्ति काम में लगा था, यहां तक कि प्रमुख इंजीनियर भी अपने पद को भुलाकर आम मजदूरों के साथ सुरंग में था। सही समय पर पंप न आने के कारण एक व्यक्ति पुराने अमेरिकी ट्रकों का इस्तेमाल कर रहा था। वे यह देखकर प्रसन्न हुए और इंजीनियर को बुलाकर पूछा-''क्या तुम ही पंप की जगह डीजल ट्रकों के इस्तेमाल के लिए जिम्मेदार हो?''

इंजीनियर ने बेहिचक कहा-''जी! श्रीमान!''

राष्ट्रपति उसका आत्मविश्वास तथा काम के लिए वचनबद्धता देखकर बेहद प्रसन्न हुए और उसे उसी समय प्रमुख इंजीनियर बना दिया।

चाहे आप मानें या न मानें, जब आप सफलता की दिशा में काम करते हैं तो अपनी सफलता का अंश अवश्य पाते हैं। कभी यह साल के आरंभ में होता है तो कभी अंत में, बाद में सफलता पाने पर आपको यही लगता है कि काश यह कार्य पहले आरंभ कर लेते। दरअसल आप पहले आरंभ इसलिए नहीं कर पाए, क्योंकि तब तक आपने अपना लक्ष्य ही नहीं चुना था। जब तक आप जानते ही नहीं कि आप क्या चाहते हैं तो उसे पाने का अवसर कैसे पाएंगे?

अवसर की ओर बढ़ने से आपकी जरूरत पूरी होती है और यह संतुष्टि पाने पर आप लक्ष्य की ओर अधिक तेजी से कदम बढ़ा पाते हैं। ये कदम आपके लक्ष्य प्राप्ति की उत्पादक सोच से जुड़ा है। जब आपको लक्ष्य की ओर चलने की हिम्मत मिलने लगती है तो लगता है मानो ईश्वर भी आपका साथ दे रहे हैं। मन में यह बात आते ही काम करने की गति दुगनी हो जाती है। इससे कोई अंतर नहीं पड़ता कि आपने लक्ष्य कैसे पाया, किंतु आपको यह सोचकर अपनी सफलता का जश्न मनाना चाहिए कि आपको अपनी क्षमताओं का अहसास है और आप उनके इस्तेमाल का तरीका भी जानते हैं।

अवसर तो हमेशा ही रहेंगे। खास बात है, उन पर कदम उठाना। हो सकता है कि आप उस विषय पर सोच रहे हों, किंतु जब तक कदम नहीं उठाते, वह सोच किसी काम नहीं आएगी। आपको अपनी सोच को समर्थन देते हुए कदम उठा ही लेना चाहिए। यह गति ही आपको गतिमान रखते हुए सोच को मूर्त रूप देगी और आपको अगला कदम उठाने की ऊर्जा प्रदान करेगी।

8.7

अवसर को न छोड़ें

अवसर हैं और हमेशा रहेंगे, पर सफलता की दौड़ में विजेता वही होगा, जो सबसे पहले अवसर को हथिया लेगा। हैंडबॉल के खेल में गेंद नहीं बल्कि

डर से आगे बढ़ो, डर के बाद ही जीत है

उसे सबके बीच में से निकाल ले जाने वाला खिलाड़ी मायने रखता है। हर खिलाड़ी गेंद को छीनने की कोशिश करता है, पर वह उसे अपने पास रखने के बजाय दूसरों से कहीं तेजी से आगे निकलने की कोशिश करता है। इस दौरान वह इसे अपने दल के खिलाड़ी को दे सकता है, पर उद्देश्य यही होता है कि गेंद को गोल पोस्ट तक ले जाया जाए और नेट में डाला जाए। इस दौरान हर खिलाड़ी के पास गेंद आती है पर वही दल विजेता होता है, जो समय का सही उपयोग करता है।

आप कई ऐसे व्यक्तियों के संपर्क में आ सकते हैं, जो यह शिकायत करेंगे कि वे सफल होने की लाख कोशिशें करने के बावजूद सफल नहीं हो सके। उनमें से एक या दो के मामले का इतिहास बनाएं तो आप पाएंगे कि वे जरूरत पड़ने पर कार्यवाही नहीं कर सके या हो सकता है कि उन्होंने समय के साथ चलने में कोताही बरती हो। आपको यह समझ लेना चाहिए कि सफलता की इस दौड़ में आप अकेले ही नहीं हैं और भी कई लोग शायद आपसे कहीं बेहतर कोशिश कर रहे हैं, लेकिन विजेता तो केवल एक ही हो सकता है। विजेता वही होगा, जो सफलता की कहानी से जुड़े हर नियम को बखूबी निभाएगा। यदि आप इस दौड़ में अकेले ही हैं तो जीतने से भी कोई संतुष्टि नहीं मिलने वाली। यदि सफलता की किसी से तुलना न हो सके तो उससे संतोष नहीं मिलता। हो सकता है कि आसान उपलब्धियां आपकी क्षमता को सही तरीके से न आंक सकें।

एक स्थानीय बार को इस बात का पूरा भरोसा था कि उनका बार टेंडर सबसे ताकतवर था। उन्होंने दस हजार रुपये की शर्त लगाई थी कि बार टेंडर गिलास में एक नीबू का रस निचोड़ेगा और यदि कोई प्रतियोगी उसी नीबू से एक बूंद रस भी निकाल सका तो वह शर्त जीत जाएगा। कई पहलवानों, कुश्तीबाजों और भार उठाने वालों ने काफी कोशिश की, किंतु कोई भी शर्त नहीं जीत सका।

एक दिन मोटे शीशे वाला चश्मा और सफारी सूट पहने दुबले-पतले से व्यक्ति ने कमजोर-सी आवाज में कहा-"मैं शर्त जीतने की कोशिश करना चाहूंगा।"

जब चारों ओर से उठते ठहाके बंद हो गए तो बार टेंडर ने कहा कि ठीक है, फिर उसने नीबू निचोड़कर उसका छिलका उस आदमी के हाथ में थमा दिया।

ज्यों ही उस आदमी ने नीबू को मुट्ठी में भींचकर पांच-छः बार रस निकाला तो भीड़ के ठहाके खामोशी में बदल गए, फिर सभी खुशी से उछल पड़े। शर्त का दस हजार रुपया देने के बाद उस व्यक्ति से पूछा गया –"तुम क्या काम करते हो ? कोई भारोत्तोलक या पहलवान हो क्या?"

उस व्यक्ति ने कहा –"नहीं, मैं एक सॉफ्टवेयर कंपनी में प्रोजेक्ट मैनेजर हूं।"

यह कहावत तो आपने भी सुनी होगी कि अवसर दोबारा हाथ नहीं आते। इस पर कभी यकीन न करें। यह ध्यान रहे कि जिस दिन आप कदम उठाने का फैसला लें, उस दिन वे अवसर आपके पास हों। यदि आप यहां असफल रहे तो दूसरा मौका नहीं मिल पाएगा। किसी भी अवसर पर काम करने से पहले अपने सभी संदेहों का निराकरण अवश्य कर लें। यह कभी न भूलें कि प्रतियोगिता जितनी कड़ी होगी, अवसर उतने ही अधिक होंगे।

जीत की तैयारी और जीतने के लिए कदम उठाने में अंतर होता है। अवसरों के बारे में सोचने के बजाय उन पर काम करें, तभी आप लक्ष्य के पास पहुंच पाएंगे। अवसर आपको उन्हें अपनाने के लिए विवश करेंगे, पर हालात के प्रति आपकी तत्परता से ही नतीजे मिल पाएंगे। यदि आपने अवसरों के संदर्भ में प्रत्येक हालात के लिए स्वयं को तैयार कर लिया तो आप दूसरों से कहीं बेहतर तरीके से दौड़ जीतने की हालत में होंगे क्योंकि आपकी तैयारी उनसे कहीं बेहतर होगी। यदि आप अवसर के प्रति पूरी तरह से वचनबद्ध रहे तथा अपनी क्षमता का पूरा ज्ञान रखा तो राह में आने वाली प्रत्येक अज्ञात परिस्थिति का कहीं बेहतर तरीके से सामना कर पाएंगे।

8.8
क्षतिपूर्ति के नियम का पालन करें

इस दुनिया में कुछ भी निःशुल्क नहीं मिलता। हो सकता है कि कभी आपने इस बारे में सोचा हो या इसे एक कहावत के तौर पर पढ़ा हो, किंतु अब इसके विश्लेषण का उचित समय आ गया है। आपको प्रकृति से मिलने वाली हर वस्तु की कीमत चुकानी पड़ती है। सफलता भी एक ऐसी ही वस्तु है जिसकी कीमत चुकानी होगी, तभी यह हाथ आएगी । इसे पाने के बाद कीमत

चुकाने की इजाजत नहीं मिलेगी। एक बार यह बात समझ में आ गई तो आप कभी राह की बाधाओं से विचलित नहीं होंगे, क्योंकि तब आप जानते होंगे कि आप आगे आने वाली सफलता की अग्रिम कीमत चुका रहे हैं।

अपने कड़े परिश्रम के बल पर प्रकृति को सफलता की कीमत अदा करें व बदले में प्रकृति आपको क्षतिपूर्ति के नियम के अनुसार दूसरों से कहीं पहले सफलता का सहभागी बनाएगी। आपको जीवन में जो भी अभाव दिखता है, वह अवश्य पूरा होगा। यह शून्य ही तो अपनी सामर्थ्य का आकलन करने के बाद लक्ष्य तय करने के लिए विवश करता है। यह क्षतिपूर्ति किसी धन या वस्तु के तौर पर नहीं, अपितु आपकी वचनबद्धता के रूप में हो सकती है । यदि आप एक बार लक्ष्य के प्रति वचनबद्ध हो गए तो निश्चित तौर पर अपने कार्यों के प्रति ही वचनबद्ध रहेंगे।

अपने व्यवहारगत अंतरों के बावजूद कछुआ और लोमड़ी दोस्त बन गए। दोनों एक साथ घूमते और इस तरह चर्चा का विषय बन गए। एक तेंदुआ यह सह नहीं सका और कछुए को मारने के लिए दबोच लिया। कछुआ झट से अपने खोल में जा छिपा और तेंदुआ लाख कोशिश करके भी उसे नुकसान नहीं पहुंचा सका। यह सब देख रही लोमड़ी ने तेंदुए को सलाह दी कि उसे कछुए को पानी में फेंक देना चाहिए, जब खोल गीला होगा तो उसे खाने में आसानी होगी। तेंदुए ने उसकी बात मानकर कछुए को पानी में फेंक दिया, फिर वह किनारे पर बैठकर मूर्खों की तरह कछुए के लौटने का इंतजार करता रहा।

अपनी तुलना ऐसे आदमी से न करें, जो यह दावा करता हो कि उसे दुनिया में सब कुछ नि:शुल्क मिला है। वह आपकी सोच को भ्रमित करके आपको लक्ष्य से विपरीत दिशा में ले जाएगा। ऐसे लोग कभी आपके शुभचिंतक नहीं हो सकते, पर इसके विपरीत अगर आपको लगता है कि किसी खास लक्ष्य को पाने के लिए कड़े परिश्रम की आवश्यकता होगी तो आप इन सलाहों को जरूर सुनें। कभी-कभी पराजित व्यक्ति नहीं चाहते कि कोई सफल हो, तभी वे आपके दिमाग में यह बात डालने का प्रयास करते हैं कि दुनिया में सब कुछ नि:शुल्क है, जबकि सफल व्यक्ति भी सोच की इसी दिशा में काम करने लगते हैं या तो वे भूल जाते हैं कि वे इस मुकाम तक कैसे आए या वे नहीं चाहते कि आप भी उनकी तरह सफल हों। किसी भी दशा में अपनी कड़ी मेहनत के बल पर सफलता की अग्रिम कीमत चुकाने के लिए तैयार रहें।

अगर आपने एक बार परिश्रम के प्रति लगन दिखा दी तो सफलता आपसे अधिक दूर नहीं रहेगी क्योंकि आप प्रकृति को उसकी कीमत चुकाने के लिए तैयार हैं। आप जितनी जल्दी इसे समझ जाएंगे, उतनी जल्दी लक्ष्य तक जा सकेंगे और अपनी ही नजरों में आपकी कीमत बढ़ जाएगी। सबसे पहले लक्ष्य तक जाने के कारण आपके मनोबल और स्वाभिमान में भी वृद्धि होगी। ऐसा इसलिए होता है क्योंकि विश्राम में खड़े शरीर को गतिशील शरीर के मुकाबले अधिक ऊर्जा की आवश्यकता होती है। यही सिद्धांत आप पर भी लागू होता है, क्योंकि आपने सफलता पाने का मंत्र सीख लिया है। दूसरों को उनकी असफलताएं दिखाने से आपको कोई फायदा नहीं होगा । इसके बजाय सफल लोगों के बारे में जानना आपके लिए अधिक फायदेमंद रहेगा।

8.9

मूल्य विकसित करें

सामान्यतः दिए गए समय में ही परीक्षा की माप होती है। यदि किसी प्रश्न के उत्तर की जांच के लिए अंतहीन समय दिया जाए तो बेहतर नतीजे तो आ सकते हैं, पर उनका कोई लाभ नहीं, क्योंकि दूसरों से उसकी तुलना नहीं हो सकती। बेहतर परीक्षार्थी वही है, जो प्रश्न की कठिनता के स्तर से अपने समय का नियोजन करते हुए नियत समय में उत्तर देता है। वह प्रश्न की कठिनाई के स्तर पर नहीं, अपितु अपने समय प्रबंधन के आधार पर ही नतीजे पाता है। समय प्रबंधन आपके कामों को मान्यता देता है तथा आप एक ऐसे व्यक्ति के तौर पर जाने जाते हैं, जो समय का मोल पहचानता है।

समय के अलावा और भी कई चीजें आपके व्यक्तित्व का मोल बढ़ाती हैं। यह सूची अंतहीन हो सकती है, पर इसका मूल्य हमेशा बरकरार रहता है। एक मूल्यहीन सफलता का कोई अर्थ नहीं होता और न ही यह आपको वह संतोष दे सकती है जिसके लिए आप इतनी कड़ी मेहनत कर रहे हैं। सफलता आपके मूल्यों के समानार्थी है। आपको जीवन में अपना मूल्यतंत्र विकसित करना चाहिए और सफलता की राह में आने वाली कठिनाइयों के बावजूद उसे भुलाना नहीं चाहिए। आपके मूल्य दिखाने के लिए नहीं, पर आपके कार्यों से प्रतिबिंबित अवश्य होने चाहिए। कथनी से ज्यादा करनी का मोल होता है और आपको इस तथ्य को हमेशा याद रखना है।

चीन देश के एक राज्य की बाहरी सीमा पर बड़े से घर में तीन भाई रहते थे। तीनों की नजर कमजोर थी। एक दिन सबसे छोटे भाई ने सलाह दी कि उसे वित्त का प्रबंध संभाल लेना चाहिए। उसने कहा-'' बड़े भाई की नजर कमजोर है। उसे पता ही नहीं लगता कि वह कितना पैसा ले या दे रहा है। लोग उसकी इस कमी का फायदा उठाते हैं।''

दूसरे भाई ने टोका-'' जैसे तुम्हें तो बहुत सही दिखता है। अगर तुम्हें लगता है कि तेज नजर वाले को यह काम संभालना चाहिए तो मैं तुम दोनों से बेहतर देख सकता हूं।''

बड़े भाई ने कहा-'' मुझे तो तुम्हारी बात पर संदेह है। चलो, इस झगड़े को सुलझा ही लेते हैं। मैंने सुना है कि मठ में आज रात प्रवेश द्वार पर सूक्ति सहित एक लघुफलक लगने वाला है। हम कल वहां जाकर अपनी परीक्षा लेंगे। जो भाई ज्यादा बेहतर तरीके से उसे पढ़ पाएगा, वही पैसे का काम संभालेगा, मंजूर!''

दोनों भाई एक साथ बोले-'' मंजूर।''

बड़े ने कहा-'' ठीक है! जाओ मुझे थोड़ी झपकी लेने दो।''

सबके जाते ही बड़ा भाई चोरी से घर से निकला और मठ चला गया। उसने भिक्षु से पूछा-''मैंने सुना है कि यहां प्रवेश द्वार पर एक लघुफलक लगने वाला है। क्या आप बता सकते हैं कि उस पर क्या खोदा जाएगा?''

भिक्षु ने कहा-''हां! वह कन्फ्यूशियस की सूक्ति है-''हमेशा ईमानदार बनें।''

बड़ा भाई अपनी होशियारी पर मुस्कराता हुआ लौट गया।

थोड़ी ही देर में दूसरा भाई वहां आ पहुंचा। उसने भी भिक्षु से वही सवाल किया और भिक्षु ने वही उत्तर दिया। फिर उसने पूछा-''क्या लघुफलक पर कोई सजावट भी होगी?'' भिक्षु ने कहा-''हां, उसके आस-पास फूलों का बॉर्डर बनाया जाएगा।''

दूसरा भाई प्रसन्नतापूर्वक लौट गया। उसके जाते ही तीसरा भाई आ गया। उसे भी अपने सवाल का वही जवाब मिला, फिर उसने पूछा-''क्या उस पर कुछ और भी खोदा जाएगा?''

भिक्षु ने कहा-''नीचे दानकर्ता का नाम होगा-वांग ली।''

अगली सुबह तीनों भाई मठ में जा पहुंचे। बड़े ने प्रवेश द्वार के पास जाकर कहा-''यहां लिखा है-हमेशा ईमानदार बनें।''

दूसरे भाई ने कहा-''तुम्हारी नजर तो कहीं बेहतर है, पर मुझसे बेहतर नहीं हो सकती। क्या तुम इसके आस-पास की सजावट देख सकते हो?"

''सजावट ? कैसी सजावट ?" बड़े भाई ने पूछा।

भाई ने गर्व से कहा-'' यहां इसके आस-पास फूलों का बॉर्डर बना है।"

छोटे भाई ने ताली बजाते हुए कहा-''बहूत खूब, पर क्या किसी को बॉर्डर के नीचे लिखे शब्द दिखाई दिए?"

दोनों भाइयों ने पूछा-''वहां और क्या लिखा है?"

छोटे भाई ने गर्व से कहा-''दानकर्ता का नाम लिखा है– वांग ली।"

तभी मठ से वह भिक्षु निकल आया, जो पिछली रात तीनों को मिला था। वह बोला-''अच्छा तो आप सब वह लघुफलक देखने आए हैं। माफ कीजिए, हम कल शाम उसे लगा नहीं सके। आज उसे लगाने का काम होगा।"

मूल्यों को बदलते समय व पद के अनुसार निरंतर संशोधित करना पड़ता है। आपको इस योग्य होना चाहिए कि सभी कारकों को ध्यान में रखते हुए मूल्यों को अद्यतन कर सकें। मूल्यरहित व्यक्ति ऐसा ही है मानो कोई व्यक्ति धनी होते हुए भी निर्धन हो। मूल्य आपकी उपलब्धियों की शान बढ़ाते हैं और आपको अपनी उपलब्धियों पर गर्व होना चाहिए। जिस प्रकार नमक के बिना भोजन का स्वाद खो जाता है, उसी प्रकार मूल्यों को भुला देने से सफलता का स्वाद भी जाता रहेगा। इससे प्रमाणित होगा कि आप एक बेईमान हैं और फिर आपकी सफलता के बावजूद आपको कोई नहीं सराहेगा।

सफलता आपको एक पहचान देती है और आपको इस पहचान को हमेशा बनाए रखना होगा, अन्यथा सफलता को हाथों से फिसलते देर नहीं लगेगी। आपके मूल्य ही सफलता को स्थायी बनाएंगे। यह कोई नहीं बता सकता कि आपको किन मूल्यों का पालन करना चाहिए। आपको स्वयं ही प्राकृतिक नियमों को प्रतिबिंबात्मक रूप में सामने रखते हुए यह तय करना होगा। आप ऐसा कोई मूल्य नहीं रच सकते जिसे प्रकृति का समर्थन न हो, क्योंकि वह कोई मूल्य ही नहीं होगा। **'सफल व्यक्ति हमेशा अपने मूल्यतंत्र के लिए सराहे जाते हैं और दूसरों के लिए एक मिसाल बनते हैं।** इसके बिना किसी व्यक्ति की सफलता की मात्रा या गुणवत्ता कोई मायने नहीं रखती।

8.10

सफल होने तक डटे रहें

दृढ़ता सफल व्यक्तियों की नियति होती है। सफल लोगों के दिल में अपने लक्ष्य के लिए एक इच्छा और एक आग होती है। कोई बाहरी कारक किसी को लक्ष्य तय करने या उस तक जाने के लिए विवश नहीं करता। भीतरी इच्छा ही किसी को वह सब पाने की प्रेरणा देती है, जो दूसरों को असंभव जान पड़ता है। यह भीतरी इच्छा पहले से तय है और लोग किसी-न-किसी रूप में एक दूसरे से अलग होते हैं। जो व्यक्ति इस अंतर को महसूस करता है, वह अपने भीतर एक खालीपन महसूस करता है और यही शून्य कुछ हटकर करने की चाह है। आपने भी देखा होगा कि असाधारण और साधारण के बीच जरा-सा ही अंतर होता है और यह जरा-सा अंतर ही मिलकर आपकी क्षमता, योग्यता और सामर्थ्य बन जाता है। आपके भीतर इस जरा-से की कमी के कारण ही आप सफलता के प्रति दृढ़ नहीं हो पाते। आपकी सफलता इसी तथ्य में छिपी है कि आप अपने भीतर की इस आग को कभी ठंडा न होने दें।

दस साल का अनाथ लड़का सड़क पर अखबार बेच रहा था। उसे सुबह से खाने को कुछ नहीं मिला था, क्योंकि उसका मालिक उससे नाराज था। बच्चा भूख की वजह से काम भी नहीं कर पा रहा था। पहले उसने सोचा कि उसे सड़क पर भीख मांगनी चाहिए, पर जल्दी ही उसने यह विचार बदल दिया। उसने एक घर से एक गिलास पानी लेने की सोची और एक घर का दरवाजा खटखटाया।

घर से एक महिला निकली, उसने बच्चे की दयनीय दशा देखी तो उसे पीने के लिए दूध का गिलास दिया। बच्चे ने दूध पीने के बाद उसकी कीमत पूछी तो उस महिला ने कहा कि जब कभी वह किसी की मदद करने की स्थिति में हो तो अवश्य करे।

सालों बीत गए। एक महिला भयंकर रोग के कारण शहर के सबसे बड़े अस्पताल में भर्ती की गई। वह सारे बिल भरने की हालत में नहीं थी। अतः उसने अस्पताल वालों से कहा कि वे उसका इलाज अधूरा छोड़ दें व उसे जाने दें। जो डॉक्टर इलाज कर रहा था, उसने इंकार कर दिया। एक माह में वह ठीक हो गई। उसने बिल के बारे में पूछा तो

लिफाफे में एक पंक्ति का पत्र मिला-'अब मैं दूध के गिलास के बदले किसी की मदद करने की स्थिति में हूं।'

आपको याद रखना चाहिए कि असफलताएं ही तो सफलता की आधारशिला बनती हैं। राह की ये कठिनाइयां आपकी परीक्षाएं हैं। इन्हें पार करके ही आप दूसरों को यह बताने के लायक होंगे कि सफलता और कुछ नहीं, बस एक मानसिक दशा है। जो हमारे पास नहीं वही मुश्किल जान पड़ता है', पर जब वह हाथ आ जाता है तो हमें लगता है कि यह तो काफी आसान था। हमने इसे पहले क्यों नहीं पा लिया। आपको लगेगा कि यह सब पहले आरंभ हो जाता तो आप कितना आगे होते। यही सफलता का स्वाद है। बस आपको दूसरों को यह स्वाद बताने से पहले स्वयं चखना होगा। आप जितनी जल्दी इसे चखेंगे, इसके जानकार होंगे।

स्वयं को लक्ष्य से जोड़े रखें, उस तक जाने में आसानी होगी। लक्ष्य के प्रति निरंतर कार्य करते रहना ही सफलता का दूसरा नाम है। वे लोग असफल होते हैं, जो यात्रा को बीच में ही छोड़ देते हैं। हमारी दृढ़ता की कमी के कारण ही हम बीच राह में हार मान जाते हैं, किंतु अपनी भूल स्वीकारने के बजाय हम दूसरों को दोषी ठहराने लगते हैं। यदि सफलता हाथ आ जाए तो हम किसी को उसका श्रेय देने के बजाय खुद ही अपनी पीठ थपथपाने लगते हैं।

सफलता का यह खेल खेल-भावना दिखाने के लिए नहीं, बल्कि जीतने के लिए खेलें। खेल-भावना उपदेश देने के लिए तो ठीक है, पर जीतने के लिए नहीं। विजेता कभी भी हारने के लिए नहीं खेलता। एक पराजित खिलाड़ी को उसकी बेहतर खेल-भावना के बावजूद एक अच्छा खिलाड़ी नहीं माना जा सकता। आपकी सोच से ही काफी अंतर आ जाता है, स्वयं को मानसिक तौर पर तैयार करें कि जीत के सिवा कुछ भी नहीं लेंगे। यही एक सोच आपके जीवन में एक बड़ा अंतर ला सकती है और आप इसे एक विजेता बनने के बाद ही समझ सकते हैं।

9

डर का सामना करने के उपाय

डर का सामना करने के उपायों में सबसे सरल है किसी कार्य अथवा वस्तु के प्रति सकारात्मक रवैया अपनाना और इसी रवैए के कारण एक साधारण व्यक्ति भी महापुरुष बन जाता है।

रवैया जीवन को देखने का एक नजरिया, एक सोच, एक भावना या व्यवहार करना होता है। अत: रवैया केवल सोचने का आपका तरीका नहीं, अपितु महसूस करने और काम करने का तरीका भी होता है। इसकी परिभाषा दें तो कहा जाएगा–'अनुकूलता के साथ किसी भौतिक वस्तु के प्रति प्रतिक्रिया देने की तत्परता।' अनुकूलता या प्रतिकूलता की मूल्यांकित प्रतिक्रिया तीव्र नकारात्मकता से तीव्र सकारात्मकता या तटस्थ आदि हो सकती है जैसे अच्छा-बुरा, खुश-नाखुश, पक्ष-विपक्ष आदि।

एक वृद्ध शाम को सागर के किनारे टहल रहा था। उसने एक इंसान को देखा, जो किनारे पर आ रही स्टारफिश को उठा-उठाकर पानी में डाल रहा था। उसने उससे पूछ ही लिया कि आखिर वह ऐसा क्यों कर रहा था? जवाब मिला कि सूरज की तेज धूप में मछलियां मर न जाएं इसलिए वह ऐसा कर रहा था।

वृद्ध ने कहा–''सागर का तट तो मीलोमील तक फैला है। ऐसे में इन लाखों मछलियों के लिए तुम अकेले क्या कर पाओगे? इससे क्या अंतर आएगा?''

युवक ने हाथ में ली हुई एक मछली को पानी में सुरक्षित फेंकते हुए कहा– ''कम-से-कम इस एक की जान तो बच ही सकती है।''

इंसान के रवैए या प्रवृत्ति से ही अंतर आता है। नकारात्मक और सकारात्मक रवैए में एक चिह्न का ही अंतर होता है। नकारात्मक रवैए वाला

डर से आगे बढ़ो, डर के बाद ही जीत है

व्यक्ति धरती पर पड़ा रहता है और सकारात्मक रवैए वाला व्यक्ति सभी दिशाओं में सीधा खड़ा रहता है। रवैया ही किसी वस्तु के बारे में भावना उत्पन्न करता है। यह केवल यहीं समाप्त नहीं होता। यह सोचने, महसूस करने और उस दिशा में काम करने तक जाता है और कुछ करने का अर्थ है अपने ऊर्जा संसाधनों का प्रयोग, जो कि आपके पास पहले से कम है। एक माता-पिता होने के नाते हमारा फर्ज बनता है कि हम बच्चों को किसी वस्तु के सकारात्मक पहलू को देखने का प्रशिक्षण दें, क्योंकि यह हमेशा उत्पादक होती है। मनोचिकित्सकों ने भी वैज्ञानिक शोधों से सिद्ध कर दिया है कि रवैए में बदलाव लाना न केवल कठिन बल्कि असंभव होता है, क्योंकि व्यक्ति उसी चिंतन शैली का अभ्यस्त हो जाता है।

आप इसी रवैए के बल पर जंग तक जीत सकते हैं। भारत में मुगल साम्राज्य का संस्थापक बाबर यहां की धन-संपदा के बारे में सुनकर मीलों लंबी यात्रा करके फारस से थोड़ी सी सेना लेकर आया था। उसने 1526 में भारत के सबसे शक्तिशाली राजा इब्राहिम लोदी को हराकर पानीपत का पहला युद्ध जीता और भारत में मुगल साम्राज्य की सकारात्मक नींव डाली जिसने करीब दो सौ साल तक यहां राज किया।

लोग अपने रवैए और प्रवृत्ति के कारण ही याद किए जाते हैं और महान बनते हैं। उनके जीवन के इतिहास पर नजर डालें, यह साफ दिखेगा कि उनका एक लक्ष्य था और वे पूरे सकारात्मक रवैए और वचनबद्धता के साथ चले। सकारात्मक रवैया आपको आगे जाने में मदद करता है और समय बचाता है। नकारात्मक रवैए वाला व्यक्ति कार्यस्थल पर दूसरों की आलोचना और छींटाकशी में ही समय लगा देता है। आप कुछ नवधनाढ्य व्यक्तियों से मिले होंगे, जो अवकाश के दौरान यूरोपियन देशों की यात्रा से आने के बाद उनकी साफ-सफाई का गुणगान करते नहीं थकते, जबकि वही व्यक्ति दो देशों में अलग व्यवहार करते हैं। वहां वे जुर्माने के डर से सड़क पर कचरा नहीं डालते, पर अपने देश में आकर उसे गंदा करने का कोई अवसर नहीं छोड़ते। क्या यह रवैए से जुड़ी समस्या नहीं है? सकारात्मक रवैया आपको आगे जाने में मदद करने के साथ-साथ लक्ष्य पाने में भी सहायक होता है। इस तरह आप सफल होकर दूसरों के लिए एक मिसाल बनते हैं और उन्हें भी सफलता की ओर प्रेरित करते हैं।

9.1
निश्चिन्त रहना सीखें

अधिकतर हम दूसरों की सफलता का शॉर्टकट जानने और उसकी नकल करने की कोशिश करते हैं और यह भूल जाते हैं कि किसी की नकल करने से कभी सफलता नहीं मिलती, यहां तक कि जुड़वां बच्चे भी एक दूसरे की प्रतिलिपि नहीं होते।

मैं तो रसोई को आई.आई.एम. की एक बेहतरीन प्रयोगशाला मानता हूं और वहां काम करने वाली महिला बेहतरीन प्रबंधन गुरु होती है। हमें सफलता के मंत्र के तौर पर उनसे धैर्य रखने का सबक लेना होगा। हम सोचते हैं कि सारे मसाले और सामग्री एक साथ मिलाकर और आंच पर रख देने से ही व्यंजन पक जाता है, पर हम भूल जाते हैं कि खाना पकाने के दौरान कई बार आंच को धीमा या तेज करते हुए मसाले भूने जाते हैं और सबकी समय सीमा भी अलग होती है। यह केवल खाना पकाने का काम नहीं है, अपितु अपने परिवार को स्वादिष्ट भोजन देने की वचनबद्धता भी है।

यदि हम सफलता के प्रति वचनबद्ध हों तो छोटे-छोटे कदम भी मायने रखते हैं।

हम मनुष्य होने के नाते ईश्वर का अमूल्य वरदान हैं, पर अपने ही कर्मों के कारण निराश हैं। जब भी हम पड़ोसी को अपने से बेहतर पाते हैं तो उसे नीचा दिखाने और गिराने की भरपूर कोशिश करते हैं ।

हम बातें तो बहुत करते हैं, पर कुछ सीखते नहीं । हमारी कथनी और करनी में हमेशा अंतर होता है, क्योंकि हमें लगता है कि अगर किन्हीं खास हालात में किसी के साथ कुछ बुरा हुआ है तो ऐसा हमारे साथ न हो। हम किसी को भी पल में ऊंचा उठा देते हैं और किसी को भी पल में नीचे गिरा देते हैं। हम स्वार्थी हो गए हैं। किसी ने हमारी नौ बार मदद की हो, अगर वह दसवीं बार असफल रहे तो हम सब कुछ भुलाकर उसे सबके सामने नीचा दिखा देते हैं। इन हालात में बहुत कम अपवाद हैं और जो अपवाद हैं, वे हमसे कहीं बेहतर हैं।

डर से आगे बढ़ो, डर के बाद ही जीत है

गांव का पुजारी एक बस में चढ़ा। उसने दस रुपये का नोट देकर पांच रुपये की टिकट ली। कंडक्टर ने उसे पंद्रह रुपये लौटाए तो उसने उन्हें प्रभु की कृपा जानकर रख लिया, फिर उसने सोचा कि यह तो पाप है, उसे रुपये लौटाने होंगे, पर फिर भी ऐसा किया नहीं ।

जब उसके उतरने का समय आया तो वह गेट के पास जाकर कंडक्टर को दस रुपये का नोट देकर बोला-''मैंने सोचा कि तुम्हें गलती का अहसास होगा तो तुम पैसे वापस मांगोगे, मैं इसी इंतजार में था।''

कंडक्टर बोला-''मैं भी आपकी परीक्षा ले रहा था, क्योंकि मैंने सुना था कि मंदिर में एक भले और नेक पुजारी आए हैं । शुक्र है कि यह बात सच निकली।''

यह सच है कि सफलता को सफलता खींचती है, पर हमें इतना आसान लक्ष्य भी नहीं चुनना चाहिए कि उसे पाते ही हम चुपचाप बैठ जाएं। कठिन लक्ष्य चुनकर उसे समय व कठिनाई के अनुसार टुकड़ों में बांटें और अपनी क्षमता को ध्यान में रखें।

आपको हमेशा अपनी सामर्थ्य का ध्यान रखना होगा । एक अच्छा वक्ता होने का अर्थ यह नहीं कि आप बॉलीवुड के सितारे भी बन सकते हैं, क्योंकि उसके लिए कुछ और खास हुनर भी चाहिए।

प्राय: हम ऐसी बातों में समय नष्ट कर देते हैं जिनसे हमारा दूर-दूर तक कोई लेन-देन नहीं होता। हम किसी को भी उसकी सफलता के लिए दिल से बधाई नहीं देते। यदि देते भी हैं तो मन में यही भावना होती है कि हम उससे कहीं बेहतर हैं और उसने किस्मत के बल पर सफलता पा ली, बस हमारी सारी खुशी हवा हो जाती है।

दरअसल हमें बचपन से ही इस बारे में कुछ सिखाया नहीं जाता । हमें हमेशा देने के बजाय दूसरों से छीनने की शिक्षा दी जाती है। हम लेने व देने के सिद्धांत में विश्वास करने के बजाय हमेशा दूसरों से लेने के सिद्धांत में ही विश्वास रखते हैं । अवसर मिलते ही हम दूसरे से सब कुछ छीन लेने में देर नहीं लगाते और स्वयं तथा आस-पास की दुनिया को अप्रसन्न कर देते हैं।

9.2
आशावादी बनें

मैं बिहार में, यूनीसेफ द्वारा एक शैक्षिक परियोजना पर काम कर रहा था, जिसके लिए मुझे बिहार के जिलों के देहाती क्षेत्रों में जाना पड़ता था। मैंने जान-बूझकर जिले के साथ पिछड़ा शब्द नहीं लगाया। उसे 'बिहार के चावल के कटोरे' के रूप में जाना जाता है।

मुझे प्राथमिक शिक्षा परियोजना व महिला सशक्तीकरण पर काम करना था। प्रमुख कार्य था कि शिक्षकों को नई शिक्षण पद्धति का प्रशिक्षण दिया जाए। मुझे जिला शिक्षा अधिकारी के साथ काम करना था, जो एक सरकारी गजेटिड अधिकारी थे। प्रशिक्षण के लिए शिक्षकों की सूची मेरे ऑफिस से जाती थी, ताकि उन्हें दस दिन का अवकाश दिया जा सके। मैंने उनका सहयोग पाने के लिहाज से ट्रेनिंग इंचार्ज से कहा कि उन्हें भाषण देने के लिए बुलाया जाए। वे पहले दिन आए और पूरे तंत्र के बारे में व्यंग्यात्मक बातें करते हुए भाषण दिया, जो उनके विभाग की दशा सुधारने के लिए पांच वर्षों में चालीस करोड़ रुपये लगा रहा था और उन्हें इसकी कोई चिंता नहीं थी। उन्होंने प्रशिक्षण के लिए आए शिक्षकों को सलाह दी कि वे इसे सरकारी खर्च पर पिकनिक मानकर मस्ती करें। बेशक सभी ने खूब तालियां बजाईं, पर मेरे हिसाब से यह गलत था। मैंने थोड़ी कड़ाई से अपना रुख बदला और उन्हें स्पष्ट कर दिया कि हम नई शिक्षा पद्धति को कक्षाओं में लागू होते देखना चाहते हैं।

यहां मैं आपको एक ऐसा चित्र दिखाना चाह रहा था जहां हम केवल किसी भी चीज का नकारात्मक पहलू देखने को ही राजी होते हैं। हमारा मन इस तरह प्रशिक्षित हो चला है कि सकारात्मक पहलू हमेशा अदृश्य ही रहता है। ऐसा क्यों होता है? इस सोच के लिए हमारा माहौल और दशाएं ही जिम्मेदार हैं। जब हमारे बच्चे कुछ समझने की आयु में आते हैं तो हम तभी से समझने लगते हैं कि जीवन फूलों की सेज नहीं है।

हम बच्चों को प्रारंभ से ही अहसास दिलाना चाहते हैं कि तुमने इस ध रती पर आने का फैसला लेकर अच्छा नहीं किया, क्योंकि यहां के लोग अच्छे

डर से आगे बढ़ो, डर के बाद ही जीत है

नहीं और तुम्हें काफी सावधान रहना होगा। हम उन्हें प्रारंभ से ही काफी बुरी स्थिति में डाल देते हैं। क्या यह एक अपराध नहीं है? यदि यह अपराध है तो हम क्यों करते हैं? कारण यह भी हो सकता हैं कि संभवत: हम भी इस ध रती पर रहने के योग्य नहीं।

दो बिल्लियों को रोटी का एक टुकड़ा मिला और वे उसे आपस में बांटने के लिए लड़ने लगीं। जब आपस में मामला न सुलझा तो बात और उलझ गई, तभी एक बंदर आया और मुफ्त में अपनी सेवा देने की पेशकश की। बिल्लियों ने उसकी बात मान ली। बंदर ने रोटी का बंटवारा करने से पहले कुछ सोचा और दो असमान हिस्से करके बोला-''यह थोड़ा बड़ा हो गया।'' फिर उसने पहले टुकड़े से कुछ हिस्सा खा लिया। अब पहले वाला टुकड़ा छोटा हो गया। उसने फिर दूसरे हिस्से को बराबर करने के लिए उसमें से एक और टुकड़ा खा लिया। इसी प्रकार वह सारी रोटी खा गया और उनसे माफी मांगकर चला गया कि वह लड़ाई को सुलझा नहीं सका।

किसी भी कहानी की व्याख्या दो तरीकों से हो सकती है। एक पहलू तो कहेगा कि इस समाज में बंदर हर जगह हैं और वे आपको चुपचाप बैठने नहीं देंगे। दूसरा पहलू हो सकता है कि जब हम बिल्लियों की तरह लड़ते हैं, तभी बंदरों को दखल देने का हक मिलता है। यदि बिल्लियां नहीं लड़तीं तो बंदर को भी दखल देने का हक न मिलता। यह दुनिया तो हमेशा से पवित्र है और रहेगी, हम ही इसे नर्क में बदलते हैं।

सफलता पानी है तो आपको हर चीज में प्रसन्नता तलाशनी होगी। कोई भी अप्रसन्नतादायक चीज आपका काफी समय खा सकती है, जो पहले से भी दुर्लभ है।

यदि कुछ गलत हो भी जाए तो उसे भुलाकर शीघ्रतापूर्वक अपनी ऊर्जा को सकारात्मक व रचनात्मक कार्यों में लगा दें और सिर न धुनें। हो सकता है कि ऐसी सोच अपनाने में कुछ समय लगे, किंतु आपको शीघ्र ही किसी भी घटना के सकारात्मक पहलू को अपनाने की निपुणता पानी होगी। हो सकता है कि इस सोच के लिए आपकी निंदा भी हो, किंतु आप परवाह न करें क्योंकि आप आम आदमी नहीं हैं। सफलता उन्हीं के पास आती है, जो उसे चाहते हैं और इस रवैये से सफलता के प्रति आपका लगाव झलकता है।

9.3
सही पहल अपनाएं

शीर्षक सही है, पर मेरा ईमानदारी से मानना है कि जीवन में कोई भी पहल सही या गलत नहीं होती। समय और स्थान ही हमारी पहल को सही या गलत बनाता है। कोई एक खास तरह का बर्ताव किसी खास समय या स्थान में सही हो सकता है और वही समय व स्थान बदलने से गलत भी हो सकता है। किसी खास परिस्थिति की दशाओं से हम मनचाहे नतीजे पा सकते हैं और यह भी हो सकता है कि उन्हें दोहराने पर वही नतीजे फिर न मिलें। हमें बचपन से ही सिखाया जाता है कि अभ्यास ही किसी व्यक्ति को संपूर्ण बनाता है, किंतु वास्तव में संपूर्णता ही अभ्यास का रूप लेती है। अपने पद व सत्ता के बावजूद गुणवत्तापरक कार्य करना ही किसी व्यक्ति की सही पहल होती है। इस गुणवत्तापरक कार्य का एक मापदंड होना चाहिए। उस व्यक्ति को स्वयं लगना चाहिए कि कोई दूसरा उस काम को उससे बेहतर कर ही नहीं सकता। यह भावना संतोष प्रदान करती है आरैर संतुष्टि सफलता की ओर ले जाती है।

एक वृद्ध व्यक्ति निर्माण व्यवसाय से था तथा स्वैच्छिक रूप से सेवानिवृत्त होना चाहता था। उसने अपने एम.डी. से कहा कि वह काफी काम कर चुका है और अब वह अपनी पत्नी के साथ गांव में जाकर शांतिपूर्वक जीना चाहता है। वह जानता था कि नियमित आय बंद हो जाएगी, किंतु उसके पास भरण-पोषण के लिए पर्याप्त धनराशि थी। एम.डी. को दुःख हुआ कि एक अच्छा और समर्पित कर्मचारी कंपनी छोड़कर जा रहा था। उसने कर्मचारी से कहा–''तुमने कई वर्षों तक कंपनी की सेवा की है। कृपया जाने से पहले हमारे लिए एक घर और बना दो।''

वृद्ध ने बेमन से हां तो कह दी, किंतु वह काम के प्रति समर्पित नहीं था। उसने किसी प्रकार काम शुरू किया, किंतु निर्माण सामग्री की गुणवत्ता पर बिल्कुल ध्यान नहीं दिया। उसने एम.डी. से कहा कि वे एक बार आकर देख लें। एम.डी. ने बने मकान पर एक नजर डाली और वृद्ध को चाबियां सौंपते हुए कहा–''यह तुम्हारा घर है। कंपनी के लिए लंबे समय तक काम करने के

रूप में हमारी ओर से उपहार है।" इसे देखकर तो वृद्ध चकित रह गया कि वह यदि यह बात पहले से जानता तो मकान को उस प्रकार से न बनाता जैसे कि बनाया गया है।

यदि आप स्वयं को ही प्रसन्न नहीं रख सकते तो परिवार के सदस्यों सहित दूसरों को क्या प्रसन्न रखेंगे? यदि कोई अपने काम के प्रति सहानुभूति नहीं रखेगा, वह अपने दूसरे काम को पूरा नहीं कर सकता। पहले उसे स्वयं गुणवत्ता व संतुष्टि को अपनाना होगा। हमेशा कहा जाता है कि कर्म करो और फल भगवान पर छोड़ दो, जिसे हम अकसर भाग्य भी कह देते हैं, पर हम इस बात का विश्लेषण करना भूल जाते हैं, जो कहती है कि अपना काम पूरी गुणवत्ता और लगन से करो और परिणाम निश्चित रूप से मनवांछित होंगे। कुंठा और तनाव अब नए शब्द नहीं हैं, किंतु आजकल जिस प्रकार से इनका प्रयोग हो रहा है, उसे देखकर ऐसा लग सकता है कि ये शब्दकोष के नए सदस्य हैं। अपने जीवन तथा कार्य के लिए सही पहल का आकलन करें और दूसरे संबंधित कार्यों से आंखें मूंद लें। अपने आपको इसी कार्य के लिए प्रमणित करें और वह समय दूर नहीं, जब कोई आपको इससे बेहतर काम के लिए चुनेगा।

प्राय: हम कई लोगों को बड़बड़ाते सुनते हैं कि उन्हें अपनी उचित क्षमता दिखाने का उचित अवसर ही नहीं मिला, क्या यह सही है ?

ईश्वर ने इस धरती पर प्रत्येक वस्तु का विभाजन डूम के आकार के सामने बारंबारता वक्र के रूप में किया है। (गणित में सामान्य बारंबारता वक्र डूम के आकार का सममित वक्र होता है जिसके बीच में मीन बिंदु होता है तथा दो भुजाएं दाएं व बाएं दिशाओं में फैली होती हैं, जो कभी होरिजोन्टल एक्सिस को नहीं छूतीं।)

प्रत्येक व्यक्ति को कार्य क्षेत्र में विविधता के बावजूद अपनी क्षमताएं दिखाने का एक समान अवसर मिलता है। क्षमताएं किए गए श्रम व प्रयासों के विपरीत अनुपात में होती हैं। न्यूटन का गति का तीसरा नियम प्रकृति का नियम भी कहलाता है क्योंकि यह तकरीबन सभी दशाओं पर लागू होता है जिसमें मनुष्य की बुद्धि, बुद्धिमत्ता तथा भाव भी शामिल हैं। कई बार हम काम की गलत समझ रखते हुए अपनी क्षमता से अधिक का काम चुन लेते हैं जिससे सफल न होने की संभावना बढ़ जाती है। असफल होने की संभावना तभी बनती है, जब हम चुनौतियों का सामना नहीं कर सकते। ज्यों ही कोई चुनौती सामने

आती है तो हम भगवान को दोषी ठहराने लगते हैं और भूल जाते हैं कि जीवन के लिए चुनौतियां वही काम करती हैं, जो कि वाहनों के लिए ग्रीस काम करती है।

चुनौतियां हमारे लिए प्रकृति की ओर से परीक्षाएं हैं, ताकि जाना जा सके कि हम किए जाने वाले काम के लायक भी हैं या नहीं। ऐसा प्रत्येक स्थान पर होता है। एक चुनौतियों से रहित जीवन कुछ ऐसा ही है मानो किसी राष्ट्रीय राजमार्ग पर तेज गति से वाहन चलाना। भीड़ भरी सड़क पर वाहन चलाने से ही चालक की क्षमता का पता चलता है कि वह कितना हुनरमंद है और उसे वाहन चलाने के साथ-साथ दूसरे बुनियादी कौशल भी आते हैं या नहीं जैसे एकाग्रता, संयोजन आदि।

हम बचपन से सुनते आ रहे हैं कि जीवन कोई फूलों की सेज नहीं है। जीवन वह नहीं होता जिसे हम महसूस करते हैं, किंतु वह होता है जिसमें हम जीते हैं।

हम इस संसार में जीवन शैली के प्रति इतनी रुचि नहीं रखते, किंतु अच्छी तरह जीने का स्वप्न देखने में अधिक रुचि रखते हैं। अपनी व अपने पद की तुलना किसी से न करें। यह तुलना आरंभ होते ही आपके दु:ख कई गुना बढ़ जाएंगे। प्रत्येक व्यक्ति को अपने पद व स्थिति के हिसाब से जीना पड़ता है और अनोखी परिस्थितियों का सामना करना पड़ता है। केवल आप ही अपनी प्रसन्नता के लिए उत्तरदायी है, कोई दूसरा नहीं।

हममें से अधिकतर लोग वह पाने के लिए लालायित रहते हैं जिसकी हम इच्छा रखते हैं, किंतु वह नहीं पाना चाहते, जो हमारी आवश्यकता है। जैसे ही हमें इच्छाओं और जीवन की मांगों में अंतर करना आ जाता है तो जीवन में प्रसन्नता छा जाती है और तनाव भी नहीं रहता। हमने लोगों को कहते सुना है कि जब तक हम असंतुष्ट नहीं होंगे, तब तक हम प्रगति नहीं कर सकते, किंतु इसका अर्थ यह भी नहीं कि हम अपनी अनियंत्रित असंतुष्टियों के कारण जीवन को नर्क बना लें। केवल असंतुष्टि से ही प्रगति नहीं होगी, एक निरंतर ललक या आग्रह का होना भी आवश्यक है। हो सकता है कि मैं सर्विस सलैक्शन बोर्ड के माध्यम से प्रतियोगिता करते हुए सेनाधिकारी बनना चाहता हूं, किंतु यदि वह मुझे न मिले तो मुझे असंतुष्ट होने के बजाय दूसरे क्षेत्रों में बेहतर प्रयास करने चाहिए। केवल एस.एस.बी. ही बेहतर जीवन की गारंटी नहीं देता। जिस प्रकार प्रत्येक व्यक्ति के लिए

डर से आगे बढ़ो, डर के बाद ही जीत है

जीवन की परिभाषा अलग होती है, उसी प्रकार प्रसन्नता व समृद्धि के लिए भी अलग परिभाषाएं हो सकती हैं।

एक किसान की दो बेटियां थीं। उसने उन दोनों का विवाह कर दिया। एक का पति किसान था जिसके पास कई एकड़ का फार्महाउस व उपजाऊ जमीन थी। दूसरी के पति की मिट्टी के बर्तन बनाने की फैक्टरी थी। वे दोनों प्रसन्न थीं। किसान काफी लंबे समय के बाद अपनी दोनों बेटियों से मिलने गया। पहले उसने छोटी बेटी से मिलने की योजना बनाई। उसे पता चला कि छोटी बेटी बारिश होने के कारण अप्रसन्न थी क्योंकि इससे पति के काम में नुकसान हो रहा था। उसने पिता से कहा कि वे भगवान से प्रार्थना करें कि वर्षा न हो, ताकि उसके पति का घाटा पूरा हो सके। किसान ने बेटी को आश्वासन दिया कि वह ऐसा ही करेगा।

फिर वह दूसरे शहर में अपनी दूसरी बेटी से मिलने गया। वह पहले से भी काफी खुश थी। उसने पिता को अभिवादन किया और भाग्य को सराहने लगी कि भगवान कितने दयालु हैं। भरपूर वर्षा होने के कारण ही उनके खेतों में भारी उपज हुई है और वे पिछले सालों के मुकाबले अच्छे दामों में अनाज बेच रहे हैं। लड़की ने पिता से विदा लेते समय कहा कि वे भगवान से प्रार्थना करें कि इसी प्रकार वर्षा होती रहे और उसके पति को अधिक-से-अधिक लाभ हो। किसान ने बेटी को आश्वासन दिया कि वह ऐसा ही करेगा।

अब बूढ़ा किसान पिता यह तय नहीं कर पा रहा था कि किस बेटी के लिए प्रार्थना करे।

इस संसार में ही कोई सब कुछ अपनी इच्छा के अनुसार नहीं पाता क्योंकि ईश्वर ने प्राकृतिक संसाधन सबके बीच समान रूप से बांटे हैं। मनुष्य के हाथ में केवल एक ही चीज है कि वह दिए गए संसाधनों का अधिकतम प्रयोग करे और उनसे वांछित लक्ष्य की प्राप्ति में सहायता ले। इस संसार में रचनाशीलता व बुद्धिमत्ता समान रूप से विभाजित हैं, किंतु उनके सही उपयोग पर निर्भर करता है। इस धरती पर प्रत्येक व्यक्ति अपना पूरा हिस्सा पाता है, क्योंकि प्रकृति हम मनुष्यों की तरह चुनाव नहीं करती। आपको न तो कभी किसी को अपना हिस्सा देना चाहिए और न ही किसी का हिस्सा पाने का लोभ रखना चाहिए।

एक बार शिवजी का परम भक्त उन्हें प्रसन्न करने के लिए कठोर तप करने लगा। अपने भक्त की कड़ी तपस्या से प्रसन्न होकर शिवजी प्रकट हुए व वरदान मांगने को कहा। भक्त ने झटपट तेज दौड़ने वाला काला घोड़ा मांग लिया।

शिवजी ने घोड़ा देते हुए कहा-''यह घोड़ा स्वर्गिक है। 'हे भगवान' कहने पर ही यह भागना आरंभ करेगा और 'धिंकी' शब्द कहने से रुकेगा। भक्त घोड़े पर सवार हुआ। 'हे भगवान' शब्द सुनते ही वह अंधाधुंध भागने लगा और कुछ ही समय में सैकड़ों मील की दूरी तय करके ऊंची पहाड़ी पर जा पहुंचा। उत्तेजनावश भक्त घोड़े की गति रोकने वाला शब्द ही भूल गया था। घोड़ा खाई में गिरने को ही था कि अचानक उसे 'धिंकी' शब्द याद आ गया। यह शब्द सुनते ही घोड़ा खाई के एकदम पास जाकर ठिठक गया। भक्त ने चैन की सांस ली और उसके मुंह से निकला-''हे भगवान! मैं बच गया।'

अब आप स्वयं अनुमान लगा सकते हैं कि उसके बाद क्या हुआ होगा?

9.4
स्वयं को कभी दुर्बल न मानें

यहां दुर्बलता से तात्पर्य मानसिक दुर्बलता से है। मानसिक दुर्बलता शारीरिक दुर्बलता से कहीं हानिकारक होती है और सफलता की राह में बाधा बनती है। मानसिक तौर पर सशक्त होने के लिए आपको ऊंचे पद या धन की आवश्यकता नहीं है। आपका रवैया ही आपको मानसिक तौर मजबूत या कमजोर बनाता है। मानसिक तौर पर आशक्तव्यक्ति की तुलना में मानसिक तौर पर मजबूत व्यक्ति किसी स्थिति का बेहतर विश्लेषण कर सकता है। उसका निर्णय कहीं स्थायी होगा। मानसिक शक्ति जीवन में स्थिरता लाती है। प्रकृति की इस अनोखी शक्ति को पाने के लिए आपको कुछ कौशल अपनाने होंगे। मानसिक दुर्बलता और शारीरिक दुर्बलता आपके व्यक्तित्व को आकार देते हैं ।

डर से आगे बढ़ो, डर के बाद ही जीत है

कौटिल्य चंद्रगुप्त को सिंहासन दिलवाने में सफल रहे। चंद्रगुप्त ने तीन दिन के राजकीय अवकाश की घोषणा कर दी, ताकि सभी मौज मना सकें। कौटिल्य की पत्नी भी प्रसन्न थी कि उसके पति को आराम करने का समय मिलेगा, पर उसने देखा कि कौटिल्य तो मां सरस्वती के सामने खड़े चंद्रगुप्त को सुमति देने की विनती कर रहे थे, ताकि ऐसे फैसलों के कारण उसकी छवि एक दुर्बल प्रशासक के तौर पर सामने न आए।

यह कहानी कौटिल्य को हमारे सामने मानसिक रूप से मजबूत व्यक्ति के तौर पर सामने लाती है, जो लक्ष्य पाने के बाद थमकर आराम करने के बजाय दूसरा लक्ष्य चुन लेता है। उनका लक्ष्य था चंद्रगुप्त के शासन में प्रजा की भलाई । यह खूबी सफल लोगों के स्वभाव में ही पाई जाती है। वे एक लक्ष्य चुनते हैं, उसे पूरा करने के बाद उससे भी बड़ा लक्ष्य चुनते हैं और जब तक जीवित रहते हैं, ऐसा ही करते रहते हैं। उनके जीवन में आराम के लिए समय नहीं होता। उन्हें अपने काम से ही आराम मिलता है, वे समाज को एक नई दिशा देना चाहते हैं और आप भी उनमें से ही एक हैं। जीवन भी उनको ही देता है, जो कुछ पाना चाहते हैं। निकम्मे लोग समाज पर भार होते हैं, क्योंकि वे अनुत्पादक हैं। स्वयं से अपनी तुलना आरंभ करें। पहले प्राप्त किए गए लक्ष्य का कोई मोल नहीं रहा, क्योंकि आप पहले से कहीं मानसिक तौर मजबूत हो गए हैं, इसलिए अपने लिए पहले से कठिन लक्ष्य चुनें। अपनी तुलना दूसरों से न करें, वरना आप एक आम आदमी बनकर रह जाएंगे।

जंगल में केवल शेर ही सर्वभक्षी नहीं होता, अन्य जानवर भी सर्वभक्षी होते हैं, पर उसे ही जंगल का राजा कहते हैं। खाने-पीने की आदत या कोई और आदत शेर को शेर नहीं बनाती बल्कि उसके मन की प्रवृत्ति उसे शेर बनाती है। शेर के नेतृत्व में भेड़ों का समूह भी उसे देखकर उसकी तरह ही पेश आने लगेगा। आपने शासन करने के लिए जन्म लिया है इसलिए आपको मानसिक तौर मजबूत होते हुए माफ करना और भूलना सीखना होगा। यदि आपने एक बार अवांछित हालात या इंसान को माफ करके भुला दिया तो अपना काफी समय नष्ट होने से बचा लिया। यदि कोई कार्य उत्पादक नहीं है तो लाख ऊर्जा और समय लगने के बावजूद किसी काम का नहीं है। दौड़ में शामिल दूसरे लोगों के मुकाबले खुद को हमेशा मजबूत मानें। यही भावना आपको दौड़ में शामिल दोस्तों से कहीं आगे ले जाएगी।

9.5
समायोजन करना सीखें

हरमिट क्रैब और एडमेसिया समुद्री जीव है। हरमिट किसी को नहीं मारता जैसा कि उसके नाम से ही साफ है, किंतु उसे जीवित रहने के लिए भोजन चाहिए। एडमेसिया नामक जीव स्वयं नहीं चल सकता। हरमिट उसे पीठ पर बिठाकर एक स्थान से दूसरे स्थान पर ले जाता है। एडमेसिया शिकार करता है और वे दोनों उसे आपस में बांट लेते हैं। आप पादप व प्राणी जगत में ऐसे अनेक उदाहरण देख सकते हैं, जहां जीव परस्पर समायोजन द्वारा जीवित रहते हैं ।

समायोजन का यह अर्थ नहीं होता कि दो विरोधी पक्ष एक साथ मिलकर किसी तीसरे को स्थिति का लाभ न लेने दें । इसका अर्थ है कि आप प्रतिकूल परिस्थितियों में शांत रहें और समय आने पर कदम उठाएं। धरती पर कई उभयचर तथा सरीसृप जीव ऐसे हैं जिनका तापमान वातावरण के अनुसार बदलता है और वे सर्दी के मौसम में शीतनिद्रा में चले जाते हैं, उस दौरान वे शरीर में संचित वसा से ही अपना भोजन पाते हैं । यह उनकी जाति को जीवित रखने के लिए अनिवार्य है अन्यथा वे दुर्लभ जीवों की श्रेणी में आ सकते हैं जैसा कि हमारी धरती के सबसे बड़े स्तनपायी डायनासोरों के साथ हुआ।

समायोजन स्थिरता की भावना उत्पन्न करते हुए हमें ऊर्जान्वित रखता है। आप अकेले ही सफल होने का प्रयास नहीं कर रहे हैं। इस दौड़ को जीतने के लिए आपको सफल लोगों के सभी गुर सीखने होंगे और समायोजन भी उनमें से एक है।

जब आप सफल होने के बाद अनेक लोगों से घिरे होंगे तो समायोजन की खूबी काफी काम आएगी।

एच.आर.डी. मैनेजरों का एक समूह अपने एक सहकर्मी को रेलवे स्टेशन छोड़ने गया, जो कि अपने घर जा रहा था। वहां सभी मैनेजर किसी खास विषय पर चर्चा में मग्न हो गए और उन्हें प्लेटफार्म पर

डर से आगे बढ़ो, डर के बाद ही जीत है

खड़ी गाड़ी तक दिखाई नहीं दी। जब ट्रेन स्टेशन से निकलने लगी तो एक का ध्यान उस ओर गया और वह चिल्लाया-''दोस्तो, गाड़ी निकल रही है। भागो।''

चारों दीवानों की तरह भागने लगे। उनमें से तीन ने तो भागकर गाड़ी पकड़ ली, पर एक रह गया। उसे देखकर एक कुली ने कहा-''उदास मत हो। एक घंटे में उसी जगह के लिए एक और गाड़ी जाएगी, उसमें चले जाना।''

मैनेजर ने कहा-''मुझे अपने न जाने का कोई अफसोस नहीं है। मैं तो उनके लिए परेशान हूं जो मुझे छोड़ने आए थे और खुद ही ट्रेन में चले गए।''

समायोजन का अर्थ वह भी नहीं है, जो कहानी में बचे आखिरी व्यक्ति ने किया। वह तो हालात से समझौता कहलाएगा। समायोजन व समझौते में बुनियादी अंतर यही है कि समायोजन पहले से सोची गई चिंतन प्रक्रिया होती है, जबकि कुछ फैसलों के कारण समझौता करना पड़ सकता है। जो लोग समझौते के बजाय समायोजन करते हैं, वे ही सफल होते हैं और मुझे पूरा यकीन है कि आपमें भी यह खूबी होगी। यदि नहीं है तो इसे अभी से सीखने का काम आरंभ कर दें। समायोजन समस्याओं का आसान व शार्टकट माध्यम होता है।

हममें से अधिकतर लोग यही सोचकर अपना जीवन बरबाद कर लेते हैं कि समायोजन करने से वर्तमान हमारे हाथ से छूट जाएगा। संदेह, डर और दुर्बल आत्मधारणा के कारण ही हम वर्तमान को बनाए रखने के लिए जोर देते हैं। यह विरोधाभास है कि अच्छे फैसले बुरे अनुभवों के नतीजे होते हैं और हम बुरे फैसलों से बहुत से अनुभव पाते हैं। हमारा उत्पादक अथवा अनुत्पादक होने का फैसला भी इसी पर निर्भर करता है। अब हम मोबाइल व टेलीफोन के बिना अपने दैनिक जीवन के बारे में सोच तक नहीं सकते और इनका एक लाभ यह हुआ है कि हमारी निर्णय निर्धारण क्षमताओं में तेजी आई है, जो सफलता का द्वार है। केवल ध्यान इतना रहे कि हम इन्हें अपने जीवन पर हावी न होने दें और सोच-समझकर ही प्रयोग में लाएं।

साधारण तथा असाधारण में एक ही शब्द का अंतर होता है। श्रेष्ठता की इच्छा एक सीखा गया उद्देश्य है, जो बदलता रहता है किंतु इसके सार में कोई

अंतर नहीं आता। यह कोई परिणाम नहीं किंतु क्रिया है। श्रेष्ठता सफलता लाती है और सफलता से श्रेष्ठता प्राप्त होती है। सफल होना चाहते हैं तो कार्य की विशालता के बावजूद उसे करें, ताकि दूसरों की तुलना में अपनी क्षमताओं का प्रदर्शन कर सकें। यह काम ही तो आपको दूसरों से अलग दिखाने वाला है। एक आम आदमी किसी भी तरह से काम करते हुए किसी भी काम को स्वीकार लेता है।

केवल इच्छा स्वयं में कोई मोल नहीं रखती। यदि कुछ पाना चाहते हैं तो उस दिशा में कार्य भी करना होगा। श्रेष्ठता का आपके व्यवहार से गहरा संबंध है इसलिए अपने अनूठे व्यवहार का प्रदर्शन करें। यह अद्वितीय व्यवहार ही आपको उनसे अलग दिखाएगा, जो इस सफलता की रेस में आपके साथ है। आप उनसे आगे हैं क्योंकि आपने अपने व्यवहार में निपुणता पा ली है। यह कार्य ऐसे ही नहीं हुआ। आपने अपने कड़े परिश्रम और वचनबद्धता के बल पर इसे पाया है। पके भोजन को खाने में इतना आनंद नहीं आता जितना कि अपने हाथ से पके भोजन को खाने में आता है। अपने पूर्वजों के कारण सफल व्यक्ति आपकी तरह अपनी क्षमताओं का प्रदर्शन नहीं कर सकते। ऐसा इसलिए है क्योंकि आपने इसे अपने मित्रों या पूर्वजों के बल पर नहीं, अपितु अपनी मेहनत से पाया है।

पैतृक व्यवसाय में अनिश्चितता का डर बना रहता है, खास तौर पर जब कोई सफल रहने के उपाय न सीखे। हो सकता है कि आपको उन लोगों के मुकाबले सफल होने में थोड़ा समय लगे, किंतु आपकी सफलता उनकी सफलता की तुलना में कहीं स्थायी होगी। मुझे विश्वास है कि यदि आप उनके बीच बैठें तो तीसरा व्यक्ति साफ तौर पर देखकर बता देगा कि कौन पूरे आत्मविश्वास से निर्णय ले पाता है, क्योंकि आप तो अपनी क्षमताओं के विषय में आश्वस्त हैं, किंतु वे नहीं हैं।

आपकी अनूठी श्रेष्ठता ही सफलता के अन्य आकांक्षियों को राह दिखाएगी। स्वयं को सफल व्यक्तियों का नेता मानें और वह दिन भी दूर नहीं, जब सचमुच आपको उसी रूप में सम्मान मिलेगा। याद रखें, जिस व्यक्ति को अपने घर में आदर नहीं मिलता, उसे बाहर भी कहीं सम्मान नहीं मिलेगा। जब परिवार के सदस्य यह जानेंगे कि आपने कितने कड़े परिश्रम से यह सफलता अर्जित की है तो वे भी आपको पूरा मान-सम्मान देंगे।

9.6
एक अच्छे श्रोता बनें

एक दिन मैं अपने ऑफिस में बैठा दिवास्वप्न देख रहा था कि मुझे दिल्ली के विज्ञान भवन में आदरणीय मानव संसाधन मंत्री से नेशनल टीचर का खिताब मिल रहा है। (वह मुझे कभी नहीं मिला, पर कोई भी मुझे ऐसा सोचने से रोक नहीं सकता) अचानक सहायक ने कमरे में प्रवेश कर कहा कि दो वरिष्ठ अध्यापिकाओं में किसी छोटी-सी बात पर स्टाफ रूम में तीखी बहस हो गई है। मैं सपनों की दुनिया से बाहर आ गया और मैंने पूछा कि यह सब बच्चों के सामने तो नहीं हुआ? उसके मना करने पर मैंने चैन की सांस ली। उसने कहा कि उनमें से एक अध्यापिका मुझसे मिलना चाहती हैं। मैंने उससे कहा कि मैं अभी व्यस्त हूं। मैंने कुछ फाइले मैनेजमैंट को भेजनी हैं (मैं मानता हूं कि यह सच नहीं था) इसलिए समय मिलते ही बुलवा लूंगा। यह कोई नया नजारा नहीं था।

मैंने मन-ही-मन उन दोनों अध्यापिकाओं के चेहरे दिमाग में देखे और तय किया कि उन्हें स्कूल बंद होने के बाद मिलूंगा। मैंने उस दिन व्यस्त होने का दिखावा किया, जो मैं प्राय: नहीं करता। वैसे भी मुझे स्कूल बंद होने के बाद अध्यापिकाओं से बात करने की आदत है, क्योंकि वे छुट्टी होने के आधे घंटे बाद घर जाती हैं । इस तरह बच्चों की पढ़ाई का समय नष्ट नहीं होता और स्टाफ रूम में गप्पें लड़ाने का मसाला भी नहीं मिलता । यह तब तो और भी जरूरी हो जाता है, जब आप 150 से अधिक के स्टाफ को संभाल रहे हों। मैं आपको विस्तार से नहीं बताने जा रहा कि दोनों ने मुझसे क्या कहा, पर मैं पूरे दस मिनट तक एक भी शब्द कहे बिना उनकी बातें इस तरह सुनता रहा मानो मुझे इसी बात का वेतन मिलता हो। दोनों अपना-अपना पक्ष सिद्ध करने में लगी थीं। उन्होंने बातचीत के दौरान मेरी सहमति लेने की पूरी कोशिश की, पर मैंने एक ही बात कही कि अगले दिन स्टाफ मीटिंग में उस बारे में कोई फैसला लिया जाएगा। अगले दिन दोनों मेरे पास आई और कहा कि उन्हें कोई गलतफहमी हो गई थी और उन्होंने मिलकर बात सुलझा ली है, मीटिंग करने की जरूरत ही नहीं पड़ी। मैंने भी यह जानने की कोशिश नहीं कि किसके कारण गलतफहमी हुई थी।

एक अच्छा श्रोता दोनों उत्तेजित पक्षों की बात सुनकर तकरीबन समस्याओं को ऐसे ही हल कर देता है। हमारी तकरीबन समस्याएं किसी के द्वारा सुने जाने से ही हल हो जाती हैं । हममें से तकरीबन लोग सुनने के बजाय बोलने में विश्वास रखते हैं और यहीं से सारी समस्या और भ्रम पैदा होता है। आप एक सफल व्यक्ति हैं और आपके लिए यह खूबी बहुत मायने रखती है। कम बोलना और अधिक सुनना ही आपकी सफलता का मंत्र होना चाहिए। आपकी शैली सबसे अलग होनी ही चाहिए। जरा लोगों को अनुमान तो लगाने दें कि आपके भीतर क्या चल रहा है। ताश का हुनरमंद खिलाड़ी बनें। वह अपने पत्तों की भनक तक नहीं लगने देता। ऐसा उसके व्यवहार में नहीं पर उसने सतत अभ्यास से यह पहल पाई है। अपनी आयु की परवाह न करते हुए एक परिपक्व और सफल नेता के रूप में पेश आएं। अपने चेहरे पर वैसे ही भाव रखें जैसे कुमार मंगलम् बिरला के चेहरे पर रहते हैं। उनका चेहरा उनकी सफलता की कहानी सुनाता है ।

9.7
दृढ़ किंतु विनम्र बनें

एक बार एक सोसायटी द्वारा संचालित स्कूल के सलाहकार के रूप में मुझे कठिन हालात का सामना करना पड़ा। यह सोसायटी देश के विभिन्न हिस्सों में बड़े-बड़े स्कूल चलाने के लिए जानी जाती है तथा भारत के धनी समुदायों में से है। वे अपनी बड़ी व्यावसायिक इकाइयों को बिना किन्हीं औपचारिक डिग्रियों के बखूबी संभालते हैं। वे उच्च व्यवसायियों के नियुक्त करने के साथ-साथ उनका उचित प्रकार से प्रबंधन भी करते हैं। यह समुदाय एक रजिस्टर्ड सोसायटी के माधयम से स्कूलों का संचालन करता है। सोसायटी के नियमानुसार प्रति दो-तीन वर्ष बाद इनके चुनाव होते हैं। इस प्रकार यह उनके लिए समाजसेवा का ही एक अंग है। प्रत्येक शहर में यह सोसायटी हमारे राजनीतिक दलों की तरह दो भागों में बंटी होती है। इनमें भी नेताओं की तरह चुनाव होते हैं। इन्हीं चुनावों के कारण वे हालात पैदा हुए, जिनके बारे में मैं आपको बताने जा रहा हूं। सत्तासीन दल ने मेरे साथ पूरे पांच साल का अनुबंध

किया। यह सोसायटी स्कूल के सदस्यों द्वारा दी गई दानराशि से ही स्कूल चलाती है। स्कूल का आरंभ हुआ और उसने वे सब समस्याएं झेलीं, जो हर नए स्कूल को झेलनी पड़ती हैं। दूसरे ही वर्ष में दूसरा दल सत्ता में आ गया। दो साल बाद सक्रिय होने के कारण उमंग भी काफी थी। स्कूल पर हमेशा के लिए नियंत्रण पाने के लिए वे सोसायटी के कुछ नियमों में संशोधन करना चाहते थे। सोसायटी में इक्कीस सदस्य होते थे और उन्होंने दानकर्ताओं के लिए बारह सीटें आरक्षित करने की योजना बनाई, जो ग्यारह-ग्यारह लाख का दान देने वाले थे। अनेक सदस्य तो इस योजना का दीर्घकालीन प्रभाव तक नहीं जान सके, किंतु भूतपूर्व अध्यक्ष ने इसे भांप लिया और संशोधन के खिलाफ आवाज उठाई। वे अपने पक्ष में समर्थन नहीं जुटा सके। मैं पूरी ईमानदारी से अपना काम करता था, पर इसके बावजूद मुझे पुराने दल का प्रतिनिधि माना जाता था। अंत में तय हुआ कि इस बारे में सलाहकार की राय ली जाए। नए दल ने साफ शब्दों में चेता दिया कि यदि मैंने उनका पक्ष न लिया तो मैं वहां काम नहीं कर सकता था । मैंने ठंडे दिमाग से काम लेते हुए दोनों दलों से कहा कि वे अपनी आम सभा बुलाएं, मैं वहीं अपनी राय दूंगा। फिर मैंने एक पावर प्वाइंट प्रेजेंटेशन बनाई और उसे लोगों के सामने प्रस्तुत कर दिया। मैंने उनसे कहा कि वे फैसले के दोनों पहलुओं पर विचार करें क्योंकि परियोजना की सफलता या असफलता का सीधा संबंध उन्हीं से था। मुझे मेरे अनुबंध के टूटने का कोई डर नहीं था क्योंकि वह पूरे पांच साल के लिए था। मैं अपनी सोच पर दृढ़ था, पर मैंने पूरी विनम्रता से उन्हें सही और गलत के बारे में बताया। मैं अपने फैसले से प्रसन्न था।

हो सकता है कि कई बार आप भी ऐसे हालात में फंस जाएं, जिन्हें सुलझाने के सिवा कोई चारा ही न हो। मेरा मानना है कि हमें 'देखो और इतंजार करो' की नीति अपनाने के बजाय एक कुशल प्रशासक के रूप में समस्या को उसके शैशवकाल में ही समाप्त कर देना चाहिए। याद रखें कि न्याय में देरी यानी न्याय से इंकार। यदि कोई समस्या हल करना चाहें तो हल करने में देर न करें या उसे हमेशा के लिए भूल जाएं। उसी समस्या पर बार-बार सोचने से आपकी कार्यक्षमता प्रभावित होगी, आप जैसे सफल व्यक्ति से हम ऐसी अपेक्षा नहीं रखते। समस्या हल करते समय लक्षण व रोग में भी अंतर करने का प्रयास करें, तब आप दूसरों से कहीं बेहतर तरीके से समस्या हल कर पाएंगे।

एक सफल व्यक्ति के तौर पर आपको अपनी कार्यशैली के प्रति भी न्यायी होना चाहिए। लोग आपको किसी के बहुत पास या किसी से दूर न समझें। हो

सकता है कि आपके अधीनस्थ ऐसी अफवाह फैलाएं पर अगर आप दृढ़ हुए तो अफवाह को गायब होते देर नहीं लगेगी। सबसे पूरी दृढ़ता के साथ समानता का व्यवहार करें ताकि किसी को ऐसा न लगे कि आप किसी एक का पक्ष लेते हैं। हो सकता है कई बार फैसला लेने में मुश्किल आए, ऐसे में उस गधे की कहानी याद करें जिसे बाप-बेटे ने लोगों की बातें सुन-सुनकर अपने कंधों पर बिठा लिया था। सभी को प्रसन्न रखने के चक्कर में अपने लिए परेशानी पैदा न करें, वरना आप स्वयं को इस भूल के लिए कभी माफ नहीं कर पाएंगे।

सफल व्यक्ति हमेशा किसी भी चीज के उजले पक्ष को देखते हैं और इसके लिए आपका एक सकारात्मक चिंतक होना जरूरी है। ऐसा इंसान कभी अपने आत्मविश्वास को डिगने नहीं देता। यदि आप हालात व इंसानों से समझौते करते रहे तो यही सब बार-बार सामने आएगा और आपका अपना कोई वजूद नहीं रहेगा। यह न भूलें कि आप यहां तक किसी की दया के बल पर नहीं अपितु अपनी सामर्थ्य से पहुंचे हैं। खुद अपने खोल से बाहर निकलें, नियति आपके स्वागत के लिए तत्पर है। कोई भी व्यक्ति कमजोर नेता नहीं चाहता, दृढ़ किंतु विनम्र बनें।

9.8
सोच-समझकर खतरा मोल लें

ये तथाकथित सेल्फहैल्प किताबें राजधानी एक्सप्रेस में बैठकर या बिना झटकों की सड़क पर दौड़ती वोल्वो बस में पढ़ने के लिए अच्छी हैं। सफलता की कोई रेडीमेड गाइड होती तो लोग अपने चुने गए क्षेत्र में तो सफल होते, किंतु दूसरे क्षेत्र में मुंह की खाते, फिर चाहे वह चुनाव होता या फिल्म निर्माण। आप केवल उसी क्षेत्र में सफल हो सकते हैं, जहां आपने अपना मूल्यांकन कर लिया है। बिग बी (भारत के प्रसिद्ध सिने कलाकार श्री अमिताभ बच्चन का संक्षिप्त नाम) का उदाहरण लें, उन्होंने अपनी क्षमता से परे जाकर राजनीति में कदम रखा और असफल रहे।

अच्छे पारिवारिक बैकअप के बिना नए क्षेत्र में कदम रखने में काफी खतरा होता है। गणित में किसी भी प्रोबेबिलिटी के उत्तर की जांच का सबसे बेहतर

डर से आगे बढ़ो, डर के बाद ही जीत है

तरीका यही है कि उनका हल एक पूर्णांक मे नहीं आ सकता, उत्तर एक से कम ही होना चाहिए। यदि पचास प्रतिशत से अधिक की बारंबारता आए तो आप अपनी क्षमता जानने के बाद तथा बाहरी कारकों को नियंत्रण में रखने के बाद खतरा ले सकते हैं।

कई बार हमें लगता है कि कुछ हमारे बस में था, पर बाहरी दुनिया के प्रतिरोध के कारण हम उसे पा नहीं सके। क्या यह सही है? जो सफल रहे, क्या उन्हें प्रतिरोधों का सामना नहीं करना पड़ा, पर फिर भी उन्होंने सब कुछ सहा। यदि आप विज्ञान के छात्र नहीं हैं तो किसी दसवीं कक्षा के विज्ञान के छात्र के पास बैठकर सीखें कि किस तरह घोड़ा अपने विरुद्ध तीन बलों के बावजूद गाड़ी को खींचता है। केवल गति का बल उसके साथ होता है। यह न्यूटन के गति के नियम पर आधारित है। न्यूटन एक प्रकृति विज्ञानी थे, उनके तीन सिद्धांतों ने आने वाले वैज्ञानिकों को नए प्रयोगों को करने व पुराने सिद्धांतों को न करने की राह दिखाई, जिनके कारण हम वैज्ञानिक विकास के युग में जी रहे हैं। वे सिद्धांत हमारे रोजमर्रा के जीवन पर भी लागू होते हैं। गति का तीसरा नियम कहता है-'हर क्रिया के लिए एक समान तथा विपरीत प्रतिक्रिया होती है।' क्या यह आपकी सोच पर लागू नहीं होता? सकारात्मक सोचें और मस्तिष्क भी सकारात्मक होगा। इसके विपरीत करेंगे तो विपरीत होगा। उस उदाहरण में घोड़े का भार तथा उसका बलप्रयोग ही तीन ओर से आने वाले प्रतिरोधों को निरस्त करता है, तभी वह गाड़ी खींच पाता है। इसी वजह से गाड़ी आगे जाती है। अगर घोड़े को इस बारे में पता होता तो वह कभी बलप्रयोग न करता, उसे अपने लक्ष्य का पता नहीं और चालक उसकी इसी अज्ञानता का लाभ उठाता है।

मनुष्य के मामले में भी प्रक्रिया वही है। हम लक्ष्य के जानने के बावजूद अपनी ताकतों को इस दिशा में तब तक नहीं लगाते, जब तक कोई बाध्यता न हो या कोई हमें विवश न करे। यह कोई व्यक्ति या हालात हो सकते हैं और दोनों मामलों में नतीजा वही होता है।

एक बात तो साफ है कि बाध्य किए बिना कोई कुछ करना ही नहीं चाहता। बाध्यता व्यक्तियों और लक्ष्यों के प्रति अलग-अलग हो सकती है। शहर के चौक पर खड़े भिखारी का लक्ष्य केवल दो वक्त की रोटी कमाना हो सकता है, जबकि कोई छात्र परीक्षा में सफल होने का लक्ष्य रख सकता है, परंतु मांग का होना तो हर जगह जरूरी है। मनोचिकित्सकों ने इस बारे में बहुत कुछ

लिखा है, किंतु वह कुछ लोग ही पढ़ पाते हैं। किसी भी सफल व्यक्ति ने काम आरंभ करने से पहले यह नहीं सोचा होगा कि वह इस मुकाम तक आएगा। वे अपनी प्रेरणा के बल पर चले और बस चलते ही रहे। वे थोड़ी-थोड़ी करके सफलता पाने लगे और हम जानते हैं कि सफलता कोई मंजिल नहीं, केवल एक रास्ता होता है। राह की बाधाएं हटाते हुए आगे चलें, रास्ता लंबा होता जाएगा, पर आपको अपनी क्षमताओं पर भरोसा बनाए रखना होगा। आप किसी घोड़े को तालाब तक तो ला सकते हैं, किंतु उसे जबरन पानी नहीं पिला सकते। हमारे साथ भी कुछ ऐसा ही है।

एक शाम पापा मेंढक और उसका बेटा घूमने निकले। रास्ते में वे टोड अंकल से मिले और आज की राजनीति पर चर्चा होने लगी, तभी कॉलेज के कुछ छात्रों का एक दल आया और जीवविज्ञान कक्षा में चीर-फाड़ के लिए टोड और मेंढक पकड़ने लगा। प्रोफेसर ने जांच के बाद उनसे कहा कि उन्हें सारे मेंढक फेंककर केवल टोड लेने हैं क्योंकि टोड की खाल मेंढक के मुकाबले काफी सख्त होती है और चीर-फाड़ के लिए ठीक है।

आप अपनी मर्जी से कहानी से शिक्षा ले सकते हैं, किंतु इसे उचित भावना में लें, वरना आप यह भी सोच सकते हैं की मजबूत को पहले बलि दी जाती है, किंतु कहानी की मंशा ऐसी नहीं है।

9.9
एक कदम आगे की सोचें

आप सफल हैं, क्योंकि आपने उन लोगों से पहले काम करना आरंभ कर दिया था, जो अभी काम करने योजना ही बना रहे हैं। आपमें और उन लोगों में यही अंतर है। आने वाले समय में आपका यही एक कदम आपको दूसरों से कितना आगे ले जाने वाला है! मैं ऐसे कितने लोगों से मिला, जो सही वक्त पर कोई काम न करने के कारण पछताते रह जाते हैं, उन्हें उस समय याद ही नहीं आता कि क्या करना चाहिए, फिर पछतावे के सिवा कुछ हाथ नहीं आता। एक सफल और समझदार व्यक्ति जानता है कि किस समय पर क्या कहना है और क्या करना है, ताकि पछताने का कोई मौका न रहे। एक अच्छी योजना

के बिना आप यहां तक नहीं आ सकते और अगर योजना में दम है तो किसी भी चीज के बारे में कुछ भूलने का सवाल ही नहीं पैदा होता, फिर चाहे वह कितनी भी छोटी या बड़ी हो। सेना में विरोधी खेमे पर हमला करने से पहले काफी समय तक योजना पर काम किया जाता है और वे तकरीबन सफल भी होते हैं। वे नियोजन प्रक्रिया में काल्पनिक बातों की चर्चा भी करते हैं। ऐसी बातें घटने की संभावना न के बराबर होती है, पर इसके बावजूद वे कोई खतरा मोल नहीं लेना चाहते। यह फुलप्रूफ योजना कहलाती है और आपको भी इसे बनाने की आदत डालनी चाहिए।

हममें से तकरीबन लोग चैन से जीना चाहते हैं। जीएं, इसमें कोई हर्ज नहीं, पर किस कीमत पर? मुझे याद है कि प्रत्येक वर्ष बारहवीं कक्षा के छात्रों के प्रारंभिक भाषण में मैं एक ही बात कहता हूं। मैं कहता हूं–'प्रिय छात्रो! आप अपना कैरियर चुनने के अंतिम वर्ष में हैं। आप एक साल तक सब कुछ भुलाकर कड़ी मेहनत करें ताकि सारा जीवन वह आनंद ले सकें, जो आपने इस एक वर्ष में नहीं पाया।' ऐसा नहीं कि हर कोई मुझे ऐसे भाषण के लिए बधाई देता है, पर मैंने अपने कार्यकाल में बच्चों पर इसका असर होते देखा है क्योंकि मुझे अपनी बात पर भरोसा है। मैं उन सभी सुझावों को अनसुना कर देता हूं जो कहते हैं कि स्कूल छात्रों को किताबी कीड़ा बनाने की जगह नहीं, यह उनकी बहुमुखी प्रतिभा भी विकसित करता है।

9.10

स्वयं को सबसे बदतर स्थिति के लिए तैयार करें

जब 2006 विश्व कप प्रतियोगिता के दौरान भरतीय क्रिकेट टीम पहले ही सप्ताह में वेस्टइंडीज से लौट आई तो अनेक तार्किक, विश्लेषणात्मक तथा खिलाड़ियों के घरों के बाहर हिंसा जैसी निरर्थक प्रतिक्रियाएं सामने आईं। व्यक्तियों के एक दल जिसे कैम्पस व फील्ड के दौरान अनेक साक्षात्कारों व कड़ी जांच-परख के बाद चुना गया था, वह न्यूनतम स्तर का प्रदर्शन देने में भी असफल रहा। इन लोगों के खाते में अच्छे अनुभव व रिकॉर्ड थे और वे

खेल इतिहास में दूसरों से कहीं बेहतर थे। व्यक्तिगत रूप से भी उनके कौशल प्रामाणिक थे। जब वे चुने गए तो उन्हें भारत की सबसे बेहतर टीम माना गया। यहां तक कि विदेशों के विशेषज्ञों व कमेंटेटरों ने भी उन्हें शक्तिशाली प्रतियोगी दल का खिताब दिया। इसमें कोई संदेह नहीं था कि टीम सेमी फाइनल तक तो अवश्य जाएगी। हालांकि वह पहली ही बाधा में असफल रही।

क्या और कहां गलत हो गया? सुधार के उपाय तलाशने के बजाय हर कोई एक-दूसरे पर असफलता का दोष लगाकर अपनी जान बचा रहा था। जब आप सबसे बदतर प्रदर्शन दे रहे हों तो कहीं अधिक सशक्त मानसिक रवैये की जरूरत होती है। जब सब ठीक होता है, तब छोटा-सा प्रयास भी बहुत मायने रखता है। यह हम सबके लिए स्पष्ट था कि हम क्रिकेट खेलना बंद नहीं करने वाले और न ही हम सभी खिलाड़ी बदलने की स्थिति में हैं। यह भारतीय राजनीति नहीं, जहां किसी एक को राज्य का मुख्यमंत्री या देश का प्रधानमंत्री चुन सकते हैं, परंतु हमारा व्यवहार बर्बर था क्योंकि हम सबसे बदतर स्थिति देखने को तैयार नहीं थे।

किसी भी चीज के उजले पक्ष को देखने के साथ-साथ उसके अंधेरे पक्ष को देखने के लिए भी मानसिक रूप से तैयार रहें। इस प्रकार आप संकट से लड़ने के लिए सकारात्मक ऊर्जा जुटा पाएंगे और अपनी मर्जी के विपरीत कुछ घटने पर हताश नहीं होंगे। आपको समझना चाहिए कि अपने प्रयासों के बावजूद आप हमेशा विजेता नहीं हो सकते। जो लोग असफलता के लिए तैयार होते हैं, वे कभी तनावग्रस्त नहीं होते। वे मानते हैं कि यह एक अस्थायी बाधा है और उन्हें जीतने के लिए थोड़ा और सावधान होना होगा। सफल व्यक्ति हारा हुआ युद्ध जीतने के लिए अपनी क्षमताएं एकत्र करता है और जीत से पहले आराम नहीं करता। जब आप स्वयं को सबसे बदतर स्थिति के लिए तैयार कर रहे हैं तो इसका अर्थ है कि आप किसी परियोजना को बारीकी से देखते हुए सारी परिस्थितियों का विश्लेषण कर रहे हैं। ऐसे में संभावना है कि जीत आपकी ही होगी। यदि यह आपकी गणना के हिसाब से नहीं होता तो आप तत्काल दूसरा दांव खेल सकते हैं। ऐसे में विश्लेषण के लिए भी अधिक समय की आवश्यकता नहीं होगी, क्योंकि आप बदतर स्थिति के लिए तैयार हैं ही। इस तरह आप इस अस्थायी बाधा से विचलित भी नहीं होंगे।

हममें से अधिकतर लोग असफलता के डर से ही काम को हाथ में नहीं लेते। मनुष्यों में बचपन से ही सफलता का डर उत्पन्न कर दिया जाता है। उन्हें इसका सामना करना नहीं सिखाया जाता। माता-पिता होने के नाते हमें अपने बच्चों को विपरीत परिस्थितियों से लड़ना अवश्य सिखाना चाहिए। हम अक्सर

डर से आगे बढ़ो, डर के बाद ही जीत है

उनके सामने घटना का उजला पक्ष ही प्रस्तुत करते हैं, जो ठीक नहीं है। हमें उन्हें सिखाना चाहिए कि वे किसी भी हालात में एक अच्छे वाहन चालक हो सकते हैं, परंतु उन्हें दूसरी दिशा में जाने वाले दूसरे वाहन चालकों से सावधान रहना चाहिए। गाड़ी चलाने का बुनियादी नियम यही है कि आप आगे देखें, पर अपने बच्चों को यह भी सीखना है कि वे बार-बार बैक मिरर पर भी नजर डालें। बेशक आप सभी नियमों का पालन करके अवांछित स्थिति से बच सकते हैं, किंतु दूसरों की गारंटी नहीं ले सकते। हो सकता है कि आपकी असफलता आपकी असफलता न हो, पर आप इसका एक हिस्सा हों। यदि आप एक दल से जुड़े हैं तो असफलता को सही तरीके से संभालने के लिए तत्पर रहें, ताकि सफल व्यक्ति के रूप में आपकी पहचान कायम रहे।

हार और जीत तो एक ही सिक्के के दो पहलू हैं। सिक्का उछालने पर चित व पट की बारंबारता पचास-पचास प्रतिशत होगी। बारंबारता सिद्धांत में गणितज्ञ कहते हैं कि यदि आपके पास जीत की संभावना 50 प्रतिशत है तो अगला कदम उठाने में देर न करें, वरना कोई दूसरा अवसर हथिया लेगा। मानसिक रूप से हानि से बचकर तत्पर रहने के लिए आपकी मानसिक स्थिति काफी मजबूत हो जाती है। आप जानते हैं कि इससे ज्यादा बुरा तो हो ही नहीं सकता, जो अंततः आपकी जीत की बुनियाद बनता है। यहां आपको नेताओं से सबक लेना चाहिए। वे सफलता की कहानियों के सबसे बेहतर उदाहरण हैं। चुनाव के बाद वे अपनी हार के विषय में अच्छी तरह जानते हैं, पर उसे तब तक नहीं मानते, जब तक चुनाव अधिकारी इस बारे में घोषणा नहीं कर देता। वे अपने चेहरे पर संभावित नतीजे की जरा-सी भी संभावना प्रकट किए बिना टी.वी. चैनल की एंकर के सामने अपने दल, उसके घोषणा पत्र व अपने कामों की सूची बखारते रहते हैं।

यदि असफलता से सामना हो भी तो तत्काल उसके कारणों का पता लगाकर अपना कीमती समय बचाएं। चोट करने के लिए लोहा गर्म होने के बाद प्रतीक्षा न करें, बल्कि लोहे को गर्म करके तत्काल चोट मारें। हो सकता है कि इसके लिए कुछ अधिक ऊर्जा की आवश्यकता हो, किंतु कोई भी आपको आपके क्षेत्र में सफल होने से रोक नहीं पाएगा।

सफलता कभी एक दिशीय नहीं होती। आपको सफल बनाने में कई कारक अहम भूमिका निभाते हैं। आपका आत्मविश्वास अहम कारक है, परंतु अन्य कारकों को भी नकार नहीं सकते। अंतर्वैयक्तिक संबंध भी एक ऐसा ही कारक है। आपके आस-पास अनेक लोग होंगे। वे आपके प्रति अपनी सोच और बोध

से आपकी सफलता में अपना योगदान देंगे। हो सकता है कि उनका सकारात्मक या नकारात्मक योगदान प्रत्यक्ष रूप से दिखाई न दे, किंतु वे चुपचाप आपको ऊपर ले जाने या नीचे धकेलने के काम में लगे रहेंगे। कई बार आस-पास के लोगों के नकारात्मक कथन ही आपकी वृद्धि के लिए सकारात्मक बन जाते हैं। हमने कई बार सुना है कि मनुष्य एक सामाजिक प्राणी है। यह इस बात का सूचक है कि आपकी सफलता और असफलता आपके साथ-साथ समाज व आस-पास के लोगों के लिए भी महत्त्व रखती है। वैक्यूम में किए गए पंख और सिक्के के प्रसिद्ध प्रयोग को याद करें जिसमें दोनों एक ही समय धरती पर गिरे, किंतु मुक्त वातावरण में नहीं। अंतर्वैयक्तिक संबंध न्यूटन के प्रकृति के नियम का पालन करता है, जो यह बताता है कि प्रत्येक क्रिया की विपरीत और समान प्रतिक्रिया होती है। यह नियम हमारे अंतर्वैयक्तिक संबंधों पर भी लागू होता है।

अवकाश का दिन था। सर्दियों की शाम थी। सात वर्ष का एक लड़का फटे कपड़े और नंगे पांव एक दुकान के पास खड़ा था, तभी वहां से एक सभ्य महिला गुजरी। उसने लड़के की आंखों में एक गहरी इच्छा देखी। वह द्रवित हो गई। उसने लड़के को उस दुकान से ऊनी कपड़े व जूते खरीद दिए। इस कृपा से अभिभूत बालक ने आश्चर्य से पूछा-''मैडम, क्या आप भगवान हैं?'' महिला ने मुस्कराकर कहा-''नहीं बेटे! मैं तो उसकी एक संतान हूं।''

बच्चे ने आश्वस्त होकर कहा-''मैं जानता था कि आपका अवश्य ही उसके साथ कोई-न-कोई संबंध होगा।''

हमारे अंतर्वैयक्तिक संबंध ऐसे ही होने चाहिए जैसे हमने इस कहानी में देखे। यह हमेशा केवल देने की भावना से प्रेरित होने चाहिए। यह अभ्यास कठिन है, किंतु आपको आरंभ से ही इसकी आदत बनानी चाहिए। जिस भी संबंध में अपेक्षाएं होती हैं, वे अंत में दुःखदायी हो जाते हैं। आप इसे एक दार्शनिक पहल भी मान सकते हैं, जो व्यावहारिक रूप से सच नहीं, किंतु मेरे अनुभव का स्वाद लिए बिना आपको इससे इंकार करने का भी कोई हक नहीं। वैसे यदि आज से ही अभ्यास आरंभ कर दे तो आप शीघ्र ही इसमें निपुण हो जाएंगे। ऐसा आपने किसी दूसरे की नहीं, केवल अपनी प्रसन्नता के लिए करना है। इससे आपके मनोबल व साहस में वृद्धि होगी, जो सफलता ही ओर ले जाने के अनिवार्य अंग हैं।

10

निर्भीक बनने के उपाय

अधिक न सोचें, मन लगाकर काम करें। कर्मठता आपके रवैए को निर्भीक बना देगी और आप सफलता के पथ पर अग्रसर होने लगेंगे।

कबीर हिंदी साहित्य के प्रसिद्ध संत थे और उन्होंने अपने पदों में ईश्वर के लिए सतही लगाव रखने वाले हिंदू व मुसलमान दोनों को ही फटकारा है। एक स्थान पर वे लिखते हैं कि अजगर कोई कार्य नहीं करता, पर फिर भी अपना भोजन पाता है, यह पढ़कर मैं सोचने लगा कि उन्होंने कितना सही कहा था।

जीवविज्ञान का छात्र होने के नाते मैंने अजगर को अपना भोजन पाने के लिए कड़ी मेहनत करते देखा है। मैं इस संदेश को तब तक नहीं समझा, जब तक मैंने एम.बी.ए. के दौरान पीटर ड्यूकर को नहीं पढ़ा। वे कहते हैं कि किसी भी संगठन में चाहे कोई भी स्थान या समय हो, एक नेता को बीस प्रतिशत व्यक्ति ऐसे मिलेंगे, जो न केवल कामचोर होंगे, अपितु ऐसे हालात भी पैदा करेंगे, जहां बाकी अस्सी प्रतिशत भी काम न कर सकें। वे कहते हैं कि नेताओं का अस्सी प्रतिशत समय तो इन बीस प्रतिशत व्यक्तियों को वश में करते-करते ही निकल जाता है ।

अधिकतर प्रसिद्ध मनोचिकित्सकों और एचीवमेंट सिद्धांत के प्रवर्तक ने भी सिद्ध किया है कि व्यक्ति केवल अपनी बुनियादी जरूरतें पूरी करने के लिए ही काम करता है। इसके बाद वह बाकी जरूरतें आराम से पूरी करता है। बुनियादी जरूरतें पूरी होने के बाद इंसान काम से जी चुराने लगता है । इसके विपरीत जो व्यक्ति बुनियादी जरूरतों से परे सोचते हैं, वे समाज के लिए वरदान हैं। वे अपनी जरूरतों को पूरा करने के साथ-साथ हमारे जीवन को भी आरामदेह बनाते हैं।

डर से आगे बढ़ो, डर के बाद ही जीत है

ग्राह्म बेल का टेलीफोन एक से दूसरे स्थान पर संदेश देने के लिए ठीक था, किंतु अगर यह काम वहीं रुक गया होता तो आज हमारे हाथों में मोबाइल फोन न होते।

सफल व्यक्ति लक्ष्य पाने के बाद रुकने के बजाय पहले से भी कठिन लक्ष्य चुनकर आगे कदम बढ़ाते हैं, क्योंकि वे जानते हैं कि सफलता कोई मंजिल नहीं अपितु एक यात्रा है। सफलता को दुर्बल लोग एक मंजिल मानते हैं, आपके जैसे लोग नहीं। आपको इस धरती पर दूसरों का जीवन पहले से बेहतर बनाने के लिए भेजा गया है ।

पड़ोस में एक नया परिवार रहने आया। स्वाभाविक तौर पर हर कोई उनका धर्म जानना चाहता था, जैसा कि भारतीय समाज में होता है। समय बीता, ईद आई। उस परिवार में काफी हलचल दिखी, सबने अंदाजा लगा लिया कि वे मुसलमान होने के कारण ही इतने प्रसन्न थे। वे लोग अधिक सामाजिक नहीं थे इसलिए किसी ने ज्यादा ध्यान नहीं दिया, फिर दशहरा आने पर उनके परिवार में हलचल दिखी तो लोगों में असुरक्षा की भावना बढ़ने लगी।

कुछ वृद्धों ने तय किया कि वे उनका धर्म पूछने का प्रयास करेंगे। वे उस घर में गए तो पता चला कि घर का मुखिया, दूसरे शहर में किसी नामी स्कूल का प्रधानाचार्य था। दशहरे वाले दिन ही उसके दो बेटों में से एक को किसी ने मार दिया था। इसलिए वे इस शहर में आ गए। वे अपने उसी पुत्र की याद में हर त्योहार पर छोटे बच्चों को खेलने का सामान बांटते थे, ताकि जीवन में थोड़ी प्रसन्नता पा सकें।

आपको भूलना नहीं चाहिए कि आप दूसरों से अलग हैं, क्योंकि आपने सफल होने का निश्चय कर लिया है और दूसरे अभी इस बारे में सोच ही रहे हैं। इसी बुनियादी अंतर के कारण आप स्वयं को भीड़ में सबसे अलग पाएंगे।

सफल होने के बाद दूसरों से अपने अनुभव बांटना न भूलें। इस तरह आपको भी और ऊंचे लक्ष्य तक जाने का सकारात्मक प्रोत्साहन मिलेगा और यह प्रक्रिया यूं ही चलती रहेगी।

10.1
काम का भरपूर आनंद लें

यदि काम आपकी रुचि के हिसाब से होगा तो आप उसका पूरा आनंद पा सकते हैं। मैं अपने एक मित्र को जानता हूं जिन्होंने दो बार आई.ए.एस. परीक्षा की तैयारी की, साक्षात्कार भी दिया, पर सफल नहीं हो सके। अब वे भौतिकी के एक अच्छे प्राध्यापक हैं, पर बेमन से कक्षाओं में जाते हैं और किसी-न-किसी बहाने से कक्षा में जाने से बचते हैं। उनके लिए यह पूरी तरह साफ है कि वे चाहे या न चाहें, पर उन्हें इसी व्यवसाय में रहना होगा। मैंने उन्हें कई बार समझाना चाहा कि अध्यापन कैरियर में भी सफलता की अनेक संभावनाएं हैं, पर वे नहीं समझते। व्यक्ति को कार्य की विशालता के बावजूद उसका पूरा आनंद लेना चाहिए। यदि अपने काम को पूरी गंभीरता से लेंगे तो सफलता की राह और भी आसान हो जाएगी।

जब दिल्ली से जयपुर के एन.एच. 8 पर पहली बार वोल्वो बसें चलाई गई तो वोल्वो प्रबंधन ने उन 7000 चालकों का इंटरव्यू लिया, जो उसी रूट पर पहले से बसें चला रहे थे। उनमें से केवल बीस चुने गए। वे आज भी उसी पेशे में होने के बावजूद बेहतर कार्य दशाओं के साथ काम कर रहे हैं जिसने उनके जीवन में आदर-मान की भी वृद्धि की है। उनमें से अधिकतर चालक उच्च शिक्षा प्राप्त हैं, जो कोई दूसरा काम न मिलने के कारण बेमन से इस पेशे में आए थे, पर काम के लिए वचनबद्धता ने ही उन्हें सफलता दिलवाई । काम करने का सबसे बेहतर तरीका यही है कि काम और खेल के बीच एक हल्की सी विभाजन रेखा बना दी जाए। व्यक्ति को पता होना चाहिए कि उसे काम कैसे करना है। यदि आप कोई काम करने में आनंद नहीं पा रहे और उसे बदल भी नहीं सकते तो आपको काम के प्रति अपने रवैए और ऊर्जा को नए सिरे से परिभाषित करना होगा। काम के प्रति अप्रसन्नतादायक दशाओं पर कुछ समय तक विचार अवश्य करें। आप किससे अप्रसन्न हैं? बॉस, सहकर्मी, संगठन, काम के दबाव या फिर अपने आपसे। यदि संगठन बदल सकें तो काफी कुछ बदल जाएगा, पर अगर नहीं बदल सकते तो आपको समझौता करना ही होगा।

शुभ्रा देहरादून के एक नामी स्कूल में भौतिकी की पी.जी.टी. थी। वह मीठा बोलती थी और हमेशा प्रशासन की मदद के लिए तैयार रहती। वह आई.आई.टी.-जे.ई.ई. के क्षेत्र की अच्छी अध्यापिका थी। सभी उसे चाहते थे, क्योंकि वह स्वभाव से ही मदद करने वाली थी।

स्कूल प्रबंधन ने सरकारी दर के हिसाब से सभी कर्मचारियों का सी.पी.एफ. लाभ रोकने का फैसला किया। स्टाफ सैक्रेट्री होने के नाते उसने प्रस्ताव मानने से इंकार कर दिया और सबसे काफी रूखा बोली। प्रबंधन को उसके इस बर्ताव से काफी निराशा हुई। वे तो उसे एक परिपक्व महिला मानते थे। शुभ्रा ने अपना आपा खोकर बनी-बनाई छवि को कुछ ही मिनटों में धूमिल कर दिया। चेयरमैन के लिए बाकी लोगों को समझाना कठिन हो गया कि वे उसके खिलाफ कोई कार्रवाई न करें।

पंद्रह दिन बाद चेयरमैन ने उसे अपने कमरे में बुलाकर यह जानना चाहा कि उसे इतना गुस्सा कैसे आया और उन्होंने उसे यह भी सिखाया कि उसे कैसे पेश आना चाहिए। वे बोले-''सत्यनिष्ठा का अर्थ है वचनबद्ध होना और उसे निभाना, जबकि परिपक्वता कुछ कहने अथवा करने के बीच का संतुलन है। हम सोचते हैं कि हमें निर्भीक होना चाहिए और हम भीतर से दूसरों के प्रति चिंता व लगाव महसूस करते हैं। उन्होंने शुभ्रा से कहा कि किसी भी व्यक्ति के पास ऐसी मानसिकता होनी चाहिए कि वे किसी भी स्थिति में जीत हासिल कर सकें।

डॉक्टर शर्मा ने उसे कहा कि वे उसका ट्रैक रिकॉर्ड देखने के बाद एक और मौका दे रहे हैं, किंतु उसे अगली मीटिंग में माफी मांगनी होगी। उसने ऐसा करने से इंकार कर दिया और शुभ्रा की नौकरी समाप्त होने के साथ ही यह किस्सा भी समाप्त हो गया।

लोगों को अक्सर ये कहने की आदत होती है-'मैं अपनी ही शर्तों पर काम करता हूं', वे भूल जाते हैं कि वे कहीं शून्य में काम नहीं कर रहे। 'एक कदम आगे और दो कदम पीछे' युद्धों के दौरान एक्शन की यह पंक्ति केवल समायोजन की सूचक है।

चाहे आप हों भी, तो भी स्वयं को दूसरों से हीन न मानें। यह एक वायरस है, यदि इसे वश में न किया तो यह किसी भी दिन आपको मार सकता है। पता नहीं कि आप जानते हैं या नहीं कि वायरस किसी भी जीवित या अजीवित

वायरस के बीच संपर्क सूत्र का कार्य करता है और स्वयं को किसी भी जीवित माध्यम में पहुंचा सकता है। जीवित माध्यम के बाहर यह मृत रहता है और किसी व्यक्ति अथवा प्राणी के शरीर में पहुंचते ही यह उसे संक्रमित कर देता है। जितना शीघ्र हो सके, इस वायरस से मुक्ति पा लें, जो केवल आपके साहस से ही संभव है और इसके लिए कोई दवा नहीं आती। अपने आपको सबसे बेहतर देने की केवल एक सोच आपको सबसे धनी व्यक्ति बना सकती है। बढ़ते समय के साथ चलें, संगठन में अपनी क्षमताओं का प्रदर्शन करें व अपनी एक पहचान बनने दें, किंतु इसका आरंभ आपको स्वयं ही करना होगा। इस संसार में कोई व्यक्ति ऐसा नहीं है जिसमें अपनी कोई विशेषता न हो।

ईश्वर ने बहुत न्यायपूर्वक वितरण किया है और उनका सृजन होने के नाते आप इस वरदान से कैसे वंचित रह सकते हैं। सोचें नहीं, काम करें, संगठन आपकी क्षमताएं देखने के लिए प्रतीक्षारत है। एक बार अपनी सामर्थ्य जानने के बाद अपनी पूरी क्षमता के साथ काम करें। इस प्रकार आप अपने कार्यक्षेत्र में सहकर्मियों से कहीं बेहतर नतीजे दे पाएंगे। चुनौतियों तथा विपरीत परिस्थितियों का सामना करने के लिए हमेशा तैयार रहें। सोचें कि बुरे से बुरा क्या हो सकता है और उसी के अनुसार तैयारी करें। कभी-कभी हमें लगता है कि हम जिंदगी की लड़ाई हार रहे हैं, किंतु वास्तव में हम युद्ध जीतने के मुहाने पर होते हैं क्योंकि हम जीवन में कोई बैलेंस शीट नहीं बनाते, इसलिए अक्सर हानिग्रस्त होने की भावना पैदा हो जाती है। यदि हमें किसी ने कुछ दिया हो तो हम उसे भुला देते हैं, पर अपने हाथ से दिया कभी नहीं भूलते। वांछित सफलता को कुछ दिनों या सप्ताहों में पाने की न सोचें और यदि आपने उसे इस प्रकार पा भी लिया तो इसका अर्थ होगा कि आप अपनी क्षमताएं नहीं जानते और लक्ष्य निर्धारण में न्यायपरख नहीं रहे। जिस प्रकार कोई व्यवसायी मार्च के महीने में अपने स्टॉक की वित्तीय स्थिति का विश्लेषण करता है, उसी प्रकार आप भी वर्ष में एक बार अपने जीवन की बैलेंस शीट का आकलन करके उसी के अनुसार अगले वर्ष की योजना क्यों नहीं बनाते? हो सकता है कि यह सुनने में मजाकिया लगे, किंतु एक बार अभ्यास में ले आएंगे तो जीवन पहले से समृद्ध व प्रसन्न हो जाएगा।

अफ्रीका में हर सुबह जब चिंकारा सोकर उठता है तो वह जानता है कि उसे जीवित रहना है तो सबसे तेज भागने वाले शेर से तेज दौड़ना होगा,

डर से आगे बढ़ो, डर के बाद ही जीत है

अन्यथा वह मारा जाएगा। हर सुबह उठकर शेर जानता है कि उसे अपने से कमजोर चिंकारे पर काबू पाना होगा, अन्यथा वह भूखा रह जाएगा। इससे कोई फर्क नहीं पड़ता कि आप कोई शेर हैं या चिंकारा, जब भी सूर्य उगे तो बेहतर होगा कि आप दौड़ आरंभ कर दें।

10.2
दोषरहित कार्यशैली का अभ्यास

सफल व्यक्ति गुणवत्ता से समझौता किए बिना सौ प्रतिशत उपलब्धियों में विश्वास रखते हैं। दुर्बल लोग ही हालात से समझौता करते हैं और मुझे पूरा यकीन है कि आप इस श्रेणी में नहीं आते। आप एक सफल व्यक्ति हैं और बहुत जल्दी इस स्थान तक आने वाले हैं तो आपकी सफलता आपकी कार्यशैली व कार्य की गुणवत्ता से प्रतिबिंबित होनी चाहिए। लोग आप पर नजरें गड़ाए बैठे हैं, ताकि देख सकें कि आप अपने व्यक्तित्व से बेहतर काम कर पाते हैं या नहीं। वे आपके द्वारा किए गए काम का उदाहरण देंगे। याद रखें कि ऊंचाई तक जाना तो आसान होता है, पर वहां बने रहना काफी मुश्किल है, तब आप धरती पर खड़े लोगों के मुकाबले ज्यादा आसानी से दिखते हैं। आपसे नीचे खड़ा इंसान इसी फिराक में रहता है कि आप गिरें और वह आपका स्थान ले ले।

किसी भी स्थान पर अपनी स्थिति को बनाए रखने के लिए आवश्यक है कि आप दोषरहित कार्यशैली का अभ्यास करें। इस अवस्था में आपकी छवि कहीं मायने रखती है क्योंकि आप एक ऐसे नेता हैं, जो कभी गुणवत्ता से समझौता नहीं करता।

हममें से अधिकतर लोग सफलता पाने के बाद आराम से बैठ जाते हैं, पर इसके विपरीत होना चाहिए। व्यक्ति ने पहले जितनी मेहनत की हो, उससे ज्यादा परिश्रम करना चाहिए। यह न सोचें कि आप किसी दूसरे के लिए कुछ कर रहे हैं, ये काम तो आपकी अपनी छवि बनाए रखने के लिए जरूरी है। लोग ऐसा नेता पसंद नहीं करते, जो अपनी भूलों के लिए माफी मांगता रहे। आप अपने स्तर के लोगों के समान हैं और आपकी तुलना आपके काम से है।

आप ऐसा तभी कर पाएंगे, जब आपका अपने संगठन से कोई लगाव न हो। ऐसे पेश आएं कि यदि आप कभी भी संगठन को छोड़ सकते हैं तो संगठन भी आपको कभी भी निकाल सकता है। भावी तनाव से बचने के लिए अपना सुरक्षा जाल बनाना न भूलें। जानकारी को अद्यतन करके ही सुरक्षा जाल बुना जा सकता है। याद रखें कि गंगाजल भी बदला न जाए तो सड़ जाता है।

ध्यान दें कि आपके जाने-अनजाने लोग आपको देख रहे हैं और आप शून्य में नहीं रहते। आपके काम की गुणवत्ता को किसी मार्केटिंग की आवश्यकता नहीं है। आपकी दोषरहित कार्यशैली ही अपने आपमें मार्केटिंग मंत्र है क्योंकि इस दुनिया के अधिकतर लोग शीघ्र ही हालात से समझौता कर लेते हैं।

10.3
सबसे बेहतर प्रयास करें

छोटे प्रयास भी बहुत महत्त्व रखते हैं। हम इन्हें जान नहीं पाते। हमें गति के तीसरे नियम को भूलना नहीं चाहिए, जो कहता है कि प्रत्येक क्रिया के लिए एक समान तथा विपरीत प्रतिक्रिया होती है। प्रकृति हमारे सभी कामों पर अप्रत्यक्ष या प्रत्यक्ष रूप से प्रभाव डालती है। हम आधे मन से किए गए किसी भी काम से पूरे नतीजे की उम्मीद नहीं रख सकते। काम के लिए वचनबद्धताा ही असफलता व सफलता में अंतर करती है। हम सभी काम तो करते हैं, किंतु हममें से बहुत कम लोग काम के प्रति वचनबद्ध हो पाते हैं। जो वचनबद्ध होते हैं, वही सफल भी होते हैं। न्यूटन के दूसरे नियम के अनुसार शरीर की दिशा में बदलाव की दर लगाए गए बल के अनुपात में होती है। यहां शरीर जीवित अथवा अजीवित हो सकता है, किंतु दिशा में बदलाव यानी असफलता से सफलता की ओर जाना तो बल यानी काम के लिए हमारी वचनबद्धता पर ही निर्भर करता है। दूसरे शब्दों में कहें तो गति ही सफलता की यात्रा है। वांछित दिशा में केवल बल लगाना ही काफी नहीं होगा, हमें पूरी समझदारी से उचित समय का भी ध्यान रखना है।

अचानक एक बड़े कारखाने की सभी मशीनों ने काम करना बंद कर दिया। इंजीनियर उन्हें सुधारने में जुट गए, किंतु कोई नतीजा नहीं निकला।

मालिक परेशान था क्योंकि एक-एक मिनट की देरी काम पर भारी थी। उसे काफी नुकसान हो रहा था। उसने मित्र को फोन करके पूछा कि क्या वह कोई मदद कर सकता था? उस मित्र ने एक इंजीनियर भेज दिया। वह इंजीनियर सारी जांच के बाद बोला-''दस हजार रुपये लगेंगे।''

मालिक झट से मान गया।

इंजीनियर ने एक हथौड़ी मांगी और एक खास जगह चोट मारी, देखते-ही-देखते सारी मशीनें काम करने लगीं। इंजीनियर ने अपना मेहनताना मांगा।

कारखाने के मालिक ने कहा-''इतने छोटे-से काम के लिए तो सौ रुपये ही काफी थे और इसे कोई भी कर देता।''

इंजीनियर ने कहा-''श्रीमान, आप ठीक कह रहे हैं। इस चोट के लिए तो सौ रुपये ही काफी थे, किंतु 9900 रुपये यह जानने के हैं कि चोट कहां करनी है।''

मालिक मान गया और झट से पैसे दे दिए।

समय ही धन है, हम जाने कब से यह सुनते आ रहे हैं, किंतु मनुष्य का स्वभाव ऐसा होता है कि वह जिन बातों को लगातार सुनता रहता है, उन पर अमल नहीं करता। हम यह मानते हैं कि जो होना है सो तो होना ही है और हम उस पर काबू नहीं कर पाएंगे, किंतु हम ऐसे बहुत से मामले भी जानते हैं, जहां समय ने लोगों की सफलता रचने में अहम भूमिका निभाई है।

श्री बी.के. बंसल कोटा की सबसे पहली व प्रसिद्ध कोचिंग संस्था के मालिक हैं, जो कि बंसल कक्षाओं के नाम से जानी जाती हैं। वे बी.एच.यू से इंजीनियरिंग के स्नातक हैं। उन्होंने शिक्षा पूरी करने के बाद जे.के. उद्योग में काम आरंभ किया। 1983 में कोटा में वह उद्योग बंद हो गया और उनका रोजगार छिन गया, फिर उन्हें लगभग दस साल तक पोलियो के अचानक हमले के कारण शांत बैठना पड़ा। नौकरी मिलने की कोई संभावना नहीं दिखी तो वे 1989 में एक गैराज में चार छात्रों को कोचिंग देने लगे। उन चार में से एक उस वर्ष आई.आई.टी.-जे.ई. ई की प्रवेश परीक्षा का टॉपर रहा। इस तरह जब लोग उनचास साल की आयु में अपनी सेवानिवृत्ति की योजना बनाते हैं तो उनके जीवन के एक नए अध्याय का आरंभ हुआ। जीवन की इस पारी में उन्होंने नाम,

शोहरत, पैसा और सब कुछ पाया। इस महान हस्ती के कारण ही आज कोटा शहर भारत के नक्शे में चमकता है। हो सकता है कि उन्होंने इस बारे में कभी सोचा न हो, पर उनका एक सपना था और वे अपनी क्षमता को जानते थे। उन्होंने अपने कड़े परिश्रम के बल पर सफलता पाई। वे आज भी एक कुर्सी पर बैठकर कक्षाएं लेते हैं और छात्र उनकी कक्षा में प्रवेश के लिए लालायित रहते हैं।

श्रीमान बंसल अपने उद्योग के बंद होने और गंभीर रोग के कारण बिखर चुके थे। वे आसानी से आजीविका चलाने के लिए राशन की दुकान या ऐसा ही कोई काम कर सकते थे, पर नियति ने कुछ और ही लिखा था। भाग्य ने उन्हें इस कोचिंग के क्षेत्र में आने का अवसर दिया, किंतु वे अपने कड़े परिश्रम और नए विचारों के बल पर नंबर एक के पद पर आए। भाग्य तो सभी को एक-सा पथ दिखाता है, किंतु यह व्यक्ति पर निर्भर करता है कि वह बाकी रास्ता कैसे तय करता है।

दैनिक भास्कर (18.3.2007) के कोटा संस्करण में उनके द्वारा दिए गए साक्षात्कार पर आधारित।

ऐसा कौन है जो समाज में धन, मान, यश और मन की शांति नहीं पाना चाहता, अपने दुर्भाग्य को खदेड़कर एक अच्छे जीवनसाथी के साथ नहीं जीना चाहता या अपने बच्चों को पॉश कॉलोनी के बड़े-से घर में फलते-फूलते नहीं देखना चाहता? यह सबके लिए सच है और सार्वजनिक सच है कि आंतरिक शांति व संतुष्टि पाना इससे कहीं बेहतर होता है। बाहरी व भीतरी नकारात्मक प्रभाव सफलता की राह में बाधक हैं, किंतु एक बुनियादी कारक है जो कि बाधा बन सकता है, वह है संतोष। यदि आप एक बार अपनी वर्तमान स्थिति से संतुष्ट हो जाएंगे तो सफलता पाने की चाह नहीं रहेगी।

10.4

अपने पूर्वाधिकारियों का सम्मान करें

जब कोई व्यक्ति एकल या सामूहिक तौर पर प्रदर्शन में असफल रहता है तो लोगों की आलोचना का शिकार बनता है, किंतु वह हमेशा यही चाहता है

कि उसका नेता उसे सहारा दे और उसे समझे। यदि नेता इस बात को न समझते हुए स्वयं भी आलोचना करने लगे तो व्यक्ति का मनोबल टूट जाता है। कई बार वर्तमान नेता के स्थान पर दूसरा व्यक्ति आकर उसकी मदद करता है और सहारा बनता है, किंतु ऐसी घटना के बाद नेता के अधिकार पर प्रश्नचिह्न लग जाता है। दल के प्रत्येक सदस्य को यही लगता है कि उसे अपने नेता के कारण नीचा देखना पड़ा, फिर बॉस का हुक्म कोई नहीं मानता, क्योंकि पृष्ठभूमि में सुपरबॉस तो होते ही हैं। इस तरह पूरी टीम का मनोबल टूटने के बाद एक-दूसरे पर दोषारोपण का खेल आरंभ हो जाता है।

नेता अपने वरिष्ठताबोध के कारण आसानी से अधीनस्थों को आदर या मान्यता नहीं देते। कई नेता नए स्थान पर आकर सारे पिछले कायदे-कानूनों को बदलने की बात करते हैं मानो उनके पूर्वाधिकारियों ने सब कुछ गलत ही किया हो। इस प्रकार की घोषणाएं करके वे समूह के सभी सदस्यों को अपने अधीन करने की चेष्टा करते हैं।

किसी भी नेता के पास बेहतर व पर्याप्त साधन नहीं होते। उसका कौशल इसी में है कि वे मौजूदा साधनों से ही कुछ बेहतर निकाले और उसे पता होना चाहिए कि उसके प्रत्येक व्यक्ति में छिपी हुई संभावनाएं हैं, जो कि अब तक अप्रकट है। दोषारोपण, धमकी व चीखने-चिल्लाने से कुछ बेहतर नहीं पा सकते। इससे तो सामान्य क्षमताएं भी बाधित हो जाती हैं। लोगों को उनके कामों की जिम्मेदारियां दें क्योंकि प्रदर्शन के उत्तरदायी व्यक्ति भीड़ का हिस्सा नहीं बन सकते। यदि ये नए चेहरे भयग्रस्त हो गए तो इन्हें बदलना पड़ सकता है। ऐसे हालात में यदि नेता ही दूसरों से सहायता मांगे, दोषारोपण का खेल चालू कर दे और दल के सदस्यों को उनके रवैये और बदलाव के लिए प्रतिरोध के कारण फटकारने लगे तो दल काम करना बंद कर देता है।

एक सफल नेता हमेशा अपने पूर्वाधिकारियों के विषय में स्वाभिमानी होता है। आपको शोर मचाने के बजाय कम बोलना चाहिए और यही आपके व्यक्तित्व की अतिरिक्त विशेषता होगी। हम वह कभी नहीं पाते, जो चाहते हैं, और जो पाते हैं उसे लेना नहीं चाहते। एक सफल व्यक्ति जो चाहता है, वही पाता है और मनवांछित न मिलने पर चैन से नहीं बैठता। इसे केवल कहने से बात नहीं बनेगी, कुछ करके दिखाना होगा। अधीनस्थों के साथ सही दिशा में चलेंगे तो लक्ष्य के पास जाने में देर नहीं लगेगी। आपको पता होना चाहिए कि

प्रत्येक व्यक्ति की कार्यशैली अलग-अलग होती है और यदि आप एक स्थान पर सफल रहते हैं तो दूसरे स्थान पर असफल होने के अवसर घट जाते हैं। आपने अपने पूर्वाधिकारी का स्थान पाया है तो इसका अर्थ यही है कि अधीनस्थों की नजर में आपकी एक बेहतर छवि है, तो फिर किसी के खिलाफ क्यों बोला जाए ? आपको जिस दिशा में काम करने के लिए बुलाया गया है, उसे आरंभ करें और अपनी सामर्थ्य प्रमाणित कर दें।

आप ऐसे कई व्यक्ति पाएंगे जो अपने बारे में ही बात करते रहते हैं। आप चाहें या न चाहें, वे हर समय निःशुल्क परामर्श देने के लिए तत्पर रहते हैं। वे कहेंगे कि वे सब कुछ जानते हैं और कुछ ही पलों में आपका सारा काम निबटा सकते हैं। इससे कोई फर्क नहीं पड़ता कि आप जानते हैं, किंतु इससे फर्क पड़ता है कि आपको कौन जानता है और यह कहीं अधिक महत्त्वपूर्ण है। ऐसे व्यक्तियों से सावधान रहें जिन्होंने अपने पूर्वाधिकारियों को नीचा दिखाने में नेतृत्व किया और अब वे आपके लिए भी यही योजना बना रहे हैं, क्योंकि वे एक बॉस रहित ऑफिस चाहते हैं जहां वे अपनी मनमानी कर सकें और अपने तथाकथित हीनताबोध को वरिष्ठताबोध के आवरण में प्रदर्शित कर सकें।

10.5
उचित व्यक्ति बनें

मनुष्य को विवेकपूर्ण चिंतन के योग्य बनाया गया है, पर हममें से अधिकतर विवेकहीन बनकर स्वयं को हालात का शिकार बना देते हैं। हमें लगता है कि हम सबसे बेहतर हैं। मैंने जो चाहा था, वह नहीं मिला और सभी ऐरे-गैरों ने सब कुछ पा लिया। कभी-कभी यह सच भी हो सकता है, पर अधिकतर यह हमारी उत्तरजीविता के लिए एक बहाना बन जाता है, हम बच्चों के साथ अपनी बातें बांटते हैं और जीती-जागती कहानी बन जाते हैं । वे हमारे क्षेत्र के दूसरे लोगों से हमारी तुलना करते हुए गलत नतीजे निकालते हैं कि सफल व्यक्तियों ने अपने परिश्रम से सब कुछ पाया और हम केवल सोचेंगे कि हम जो कुछ पाने के अधिकारी हैं, वह हमारे पास

स्वयं ही आ जाएगा। हम धीरूभाई अंबानी का नाम लेते हैं कि उन्होंने खाली हाथ इतना बड़ा साम्राज्य बनाया और सरकारी वर्चस्व के क्षेत्र में कदम रखा, पर बेहतर होता कि हम श्रीमती कोकिला बेन से पूछते कि अंबानी जी ने कितनी मेहनत और अथक प्रयासों के बल पर यह सब पाया? किसी भी चीज का लक्ष्य बनाकर आगे बढ़ेंगे तो आपको कोई रोक नहीं पाएगा। आसमान का लक्ष्य चुनेंगे तो कम-से-कम सितारे तो पा ही लेंगे, फिर सफलता के नियम का पालन करें, जो कहता है कि सफलता ही सफलता को खींचती है। सितारे पाने के बाद कुछ क्षण थमकर प्रतीक्षा करें कि आप किन कारणों से आसमान का लक्ष्य नहीं पा सके।

हम अपने बच्चों को एक प्रसन्न और शांतिपूर्ण जीवन जीने के लिए अच्छी बातें सिखाते हैं, पर उनके सामने उसका विपरीत ही करते हैं। हममें से तकरीबन डाइनिंग टेबल पर मौका पाते ही वेदों और उपनिषदों की बातें करने लगते हैं, ताकि सबको लगे कि आज के हरिश्चंद्र तो हम ही हैं और फिर अपना दोहरा व्यक्तित्व उनके सामने ले आते हैं। हम यह सब क्यों करते हैं? जीवन की बाजी हारने का डर और कुंठा ही इसका कारण है और इसके लिए केवल हम ही दोषी हैं, कोई दूसरा नहीं। हमें अपनी क्षमताएं दिखाने का भरपूर अवसर मिलता है, किंतु हम उसे स्वीकारते नहीं और दिए गए हालात के अनुसार प्रदर्शन करने में असफल रहते हैं।

एक व्यक्ति अपने सांसारिक कार्यों और अच्छे-बुरे मौसम के बावजूद प्रतिदिन मंदिर जाता था। पुजारी उसकी श्रद्धा से बहुत प्रसन्न था और अपने प्रवचनों में अक्सर उसका नाम लेता। एक दिन वह व्यक्ति परेशान था और सामान्य होने के लिए उसने सिगरेट पी ली, किंतु फिर उसे अहसास हुआ कि उससे गलती हो गई और वह पुजारी के पास जाकर बोला-‘‘श्रीमान! क्या मैं भगवान की प्रार्थना करते समय सिगरेट पी सकता हूं?’’

पुजारी ने कहा-‘‘नहीं पुत्र! तुम ऐसा नहीं कर सकते। यह पाप है।’’

उस व्यक्ति ने दोबारा पूछा-‘‘श्रीमान! क्या मैं सिगरेट पीते हुए भगवान की प्रार्थना कर सकता हूं?’’

तुरंत उत्तर मिला-‘‘हां पुत्र। ईश्वर तो सर्वत्र है। तुम कभी भी उसकी उपासना कर सकते हो। तुम सिगरेट पीते हुए भी उसकी पूजा कर सकते हो।’’

अपने आस-पास के दोहरे व्यक्तित्व से बचें। जो हैं वही रहें, यकीन जानें लोग आपको उसी रूप में स्वीकारने लगेंगे। अपने प्रति सच्चे रहें। इस

प्रकार भाई-बहन भी बेहतर तरीके से सीख पाएंगे। हम ईश्वर की सबसे श्रेष्ठ रचना हैं और हमें उसी प्रकार पेश आना चाहिए। कई लोग अपने आपको बचाने के लिए यह कहने से भी नहीं हिचकते कि कई बार ईश्वर ने भी परिस्थितियों का विश्लेषण किए बिना झूठ बोला है। आपको सबसे यह कहने की आवश्यकता नहीं कि आप सदा सच बोलते हैं, बल्कि आस-पास के लोग ही स्वयं एक सच्चे या झूठे व्यक्ति के रूप में आपको जानेंगे। आप अपने व्यक्तित्व की विशेषताओं को लंबे समय तक सार्वजनिक होने से नहीं बचा सकते। शब्दों द्वारा किसी को प्रभावित करने की चेष्टा न करें। इसका केवल अस्थायी प्रभाव होगा। लोगों को स्वयं तय करने दें कि आप किस प्रकार के व्यक्ति हैं। उन्हें निरीक्षण द्वारा अपनी पसंद-नापसंद जानने दें। छवि चाहे अच्छी हो या बुरी, इसका स्थायी रूप बनाएं ताकि लोग कह सकें –'सचमुच वह सही मायनों में एक आदमी था।' और दूसरों को इस अर्थ का विश्लेषण करने दें। आपकी अपने विषय में धारणा भी व्यवहार को प्रभावित करती है और जीवन की उपलब्धियों पर प्रत्यक्ष प्रभाव डालती है।

स्व के दो पहलू हैं – धारणा तथा भावना। भावना है स्वाभिमान। स्वधारणा का अर्थ है किसी व्यक्ति के अपने बारे में बोध का कुल निचोड़। आपको स्वयं को नकारात्मक रूप से मान देना भी सीखना होगा क्योंकि आप समय के साथ-साथ एक स्वधारणा भी विकसित कर लेते हैं, जो आपके जीवन के खास लोगों जैसे माता-पिता, अध्यापकों, मित्रों बॉस व अधीनस्थों आदि के अनुभवों पर आधारित होती है। जब तक आप सफलता की यात्रा आरंभ करते हैं तो यह जान लेते हैं कि दूसरे आपके बारे में क्या राय रखते हैं। आप उसी के अनुसार व्यवहार करने लगते हैं। सफलता व अन्य प्रसन्नतादायक घटनाएं स्वधारणा में वृद्धि करती हैं, जबकि असफलता व कुंठा जैसे अनुभवों से इसे नुकसान पहुंचता है।

अपनी स्वधारणा को इतना ऊंचा रखें कि दूसरों का भरोसा इसे हिला न सके। हो सकता है कि बाकी लोग बड़े हों, किंतु आपका जीवन अपना है। इसे दूसरे क्यों संचालित करें। आपको स्वयं को अपने क्षेत्र का सबसे सफल व्यक्ति मानना चाहिए। आप स्वयं से ऐसे पेश आएं कि आप सबसे खूबसूरत व आकर्षक व्यक्ति हैं और लोग एक सफल व्यक्ति के रूप में आपका उदाहरण देते हैं। दूसरों से पेश आते समय यही सोचें कि आप उनसे कहीं

डर से आगे बढ़ो, डर के बाद ही जीत है

सशक्त, प्रसिद्ध व प्रभावी हैं। इससे आपके भीतर सकारात्मक ऊर्जा पैदा होगी, जो आपकी स्वधारणा में वृद्धि करते हुए सफलता के पथ पर ले जाएगी।

छात्रों का एक समूह अपने-अपने क्षेत्र के कैरियर में प्रतिष्ठित स्थान पाने के बाद पुरानी यूनिवर्सिटी के प्रोफेसर से मिलने गया। उनकी बातचीत जल्दी ही काम और जीवन से जुड़ी शिकायतों में बदल गई। प्रोफेसर अपने मेहमानों के लिए कॉफी बनाने रसोई में गए और लौटे तो हाथ में कॉफी का एक बड़ा जग था। एक छोटी टोकरी में प्लास्टिक, कांच व स्टील आदि धातुओं के सुंदर, सादे, नक्काशीयुक्त, महंगे व सस्ते प्यालों का ढेर था। उन्होंने कहा कि वे सब अपने लिए प्यालों में कॉफी डाल लें।

जब सभी छात्रों ने कॉफी ले ली तो प्रोफेसर ने कहा-''आप सबने ध्यान दिया कि टोकरी में खाली सादे और सस्ते कप ही बचे हैं। आप सबने सुंदर और महंगे दिखने वाले कपों में कॉफी ली है। हालांकि यह एक सामान्य-सी बात है कि आप अपने लिए सबसे बेहतर चाहते हैं, किंतु यही आपके तनाव व समस्या की जड़ भी है।

आप सब वास्तव में कप नहीं, कॉफी चाहते थे, परंतु आपने एक-दूसरे के कपों पर नजर रखते हुए सबसे बेहतर कप चुनने की कोशिश की। अब यदि जीवन कॉफी है तो जीवन में नौकरी, पैसा व समाज में पद आदि प्याले हैं। वे केवल जीवन को थामे रहने के साधन हैं, किंतु इससे गुणवत्ता नहीं बदलती। कभी-कभी केवल कप पर ही एकाग्र होने से हम कॉफी का आनंद नहीं ले पाते।

अपने पद पर रहते हुए किसी दूसरे से अपनी तुलना न करें। जैसे ही आप दूसरों से अपनी तुलना आरंभ करते हैं तो आपके दुःख कई गुना बढ़ जाते हैं। प्रत्येक व्यक्ति को अपने जीवन की अनोखी समस्याओं के साथ जीना पड़ता है और उनका सामना करना पड़ता है। आपके पास जो है या आप जो भी हैं उसी से प्रसन्न रहें। केवल आप अपनी प्रसन्नतता के लिए उत्तरदायी हैं, कोई दूसरा नहीं।

10.6
आत्मविश्वास में वृद्धि

कुछ अच्छा करने की क्षमता मनुष्य की सबसे खास विशेषताओं में से एक है और संसार में हर इंसान को यह उपहार में मिली है, किंतु बहुत कम लोग आवश्यकता पड़ने पर सही दिशा में इसका इस्तेमाल कर पाते हैं। भौतिक विज्ञान के अनुसार, यदि कोई व्यक्ति पचास किग्रा. के भार के साथ एक जगह पर खड़ा है तो वह कोई काम नहीं कर रहा है, वहीं दूसरी ओर यदि कोई व्यक्ति दस किग्रा. के भार के साथ चल रहा है तो माना जाएगा कि वह काम कर रहा है। इसका अर्थ है कि जीवन में कुछ करने के लिए अपने स्थान से गति करना अनिवार्य है। यह गति केवल आपकी ही होनी चाहिए। आपको इसकी तुलना किसी से नहीं करनी चाहिए और न ही आप कर सकते हैं। आपको जीवन के प्रत्येक क्षेत्र में अपनी सकारात्मक व नकारात्मक गति जानने के लिए एक मासिक चार्ट अवश्य बनाना चाहिए।

एक पर्यटक छोटे-से गांव में पहुंचा। उसने एक व्यक्ति को नदी के किनारे मछली पकड़ते देखा। उसने उस व्यक्ति से पूछा-''तुम ऐसी बढ़िया मछली पकड़ने में कितना समय लगाते हो?''

व्यक्ति ने कहा-''कुछ खास नहीं।''

पर्यटक ने कहा-''तुम ज्यादा समय लगाकर अधिक मछलियां क्यों नहीं पकड़ते?''

मछलीमार ने पर्यटक को समझाना चाहा कि उसकी सीमित आय उसके व उसके परिवार के लिए पर्याप्त है, फिर पर्यटक ने पूछा-''तुम दिन के बाकी समय में क्या करते हो?''

जवाब मिला-''मैं देर से सोकर उठता हूं। परिवार के साथ समय बिताता हूं। घरेलू कामों में पत्नी की मदद करता हूं। दोपहर के खाने के बाद दो घंटे सोता हूं। शाम को दोस्तों के साथ गप्पें लड़ाने के बाद अपने पालतू कुत्ते को घुमाने ले जाता हूं। रात को गिटार बजाता हूं और मजे से जीता हूं।''

पर्यटक ने उसकी बात बीच में ही काटकर कहा-''मैंने हार्वर्ड विश्वविद्यालय से एम.बी.ए. किया है और मैं तुमसे कुछ भी लिए बिना

डर से आगे बढ़ो, डर के बाद ही जीत है

तुम्हारी मदद कर सकता हूं। तुम्हें ज्यादा मछलियां पकड़नी चाहिए। इससे अधिक धन आएगा और तुम बड़ा जाल और मैकेनिकल बोट खरीद पाओगे। इस तरह बड़े शहर में रहने लायक पैसा कमा लोगे।''

''मैं कितने वर्षों तक शहर में रहने लायक हो जाऊंगा?''

पर्यटक ने कहा-''पच्चीस साल तक।''

''फिर क्या होगा?''

''तुम्हारा बड़ा व्यवसाय होगा और तुम लाखों कमाओगे।'' पर्यटक ने कहा।

''लाख...!''

''जी हां, वे तुम्हारे जीवन के बेहतरीन दिन होंगे। तुम्हारे पास सब कुछ होगा।'' पर्यटक ने कहा।

''फिर क्या होगा?'' मछलीमार ने पूछा।

''फिर तुम पास के गांव में घर बनाना। देर से सोकर उठना। अपने मन से मछली पकड़ना। दिन में सोना और दोस्तों के साथ मस्ती करना।'' पर्यटक ने सलाह दी।

उस व्यक्ति ने धीरे से कहा-''अब भी तो मैं वही कर रहा हूं।''

अब पर्यटक के पास कहने के लिए कुछ नहीं था।

रुचि आपके आत्मविश्वास की वृद्धि में सहायक होती है तथा इसके विपरीत भी उतना ही सच है। जब आप कोई काम करने में रस लेते हैं तो दिमाग में रक्त की आपूर्ति बढ़ जाती है और आप काम करने की ऊर्जा पाते हैं। सकारात्मक चिंतन भी लक्ष्य पूर्ति में सहायक होता है, किंतु सबसे पहले आपको अपना उद्देश्य स्पष्ट होना चाहिए। कभी-कभी हम अपने मित्रों या माता-पिता को दोषी ठहराते हैं कि उन्होंने हमें सही राह नहीं दिखाई। जिस दिन सारे फैसले लेने की ताकत आ जाए, उस दिन सब कुछ भूल जाएं। कुछ भी मनचाहा पाने के लिए कभी देर नहीं होती। महान युद्ध लोगों की गिनती से नहीं, अपितु आत्मविश्वास और उचित नियोजन से लड़े गए थे। नारायण मूर्ति की कहानी पढ़ें, उनके पास क्या था? रेस्त्रां का बिल भरने के लिए भी उन्हें अपनी पत्नी से ऋण लेना पड़ा, पर उन्होंने अपने पर भरोसा बनाए रखा। यदि वे इस मुकाम तक आ सकते हैं तो आप भी कुछ भी कर सकते हैं। आपमें और उनमें कोई अंतर नहीं है।

10.7
बेहतरी की भावना

बेहतरी की भावना राह में आने वाली समस्याओं को हल करने की योग्यता का ही प्रत्यक्ष परिणाम है। आप अपनी समस्याएं हल करने के बाद प्रसन्न अनुभव करेंगे। जीवन की समस्याओं को गणित की उन दिमागी पहेलियों की तरह ही मानें जिन्हें हल करने के साथ-साथ कठिनाई का स्तर भी बढ़ता जाता है। जैसे हर बार जब आप कोई एक समस्या हल करते हैं तो निश्चित तौर पर उससे मुश्किल समस्या आपकी राह देख रही होती है और यह सिलसिला यूं ही चलता रहता है। सबके जीवन में अंतहीन समस्याएं होती हैं। ये समस्याएं ही आपको चुनौतियों का सामना करने लायक मजबूती देती हैं। प्रसन्न रहने का एक ही तरीका है कि आप राह में आने वाली हर समस्या को एक परीक्षा जानें और सोचें कि आप सबसे कठिन समस्या का सामना कर रहे हैं। समस्या को प्रसन्नता के भेष में छिपा देंगे तो इससे मिली प्रसन्नता से आत्मविश्वास में वृद्धि होगी। शिक्षण के दौरान शिक्षक को हमेशा ज्ञात से अज्ञात की ओर की विधि अपनाने को कहा जाता है यानी आसान से मुश्किल ताकि बच्चे को पाठ समझने में आसानी हो। एक और सिद्धांत कहता है कि आपको तैराकी सिखाने के लिए गहरे पानी में अकेले छोड़ दिया जाना चाहिए। जीवन में भी कई बार ऐसे हालात सामने आ जाते हैं, जहां करो या मरो की दुविधा सामने होती है, ऐसे में करने की संभावना को चुनने से आत्मविश्वास में वृद्धि होती है और यह सबक मिलता है कि आप इस धरती पर कुछ ऐसा पाने आए हैं जिसके बारे में आपने सपने में भी नहीं सोचा था।

समूह का अच्छा नेता होना भी आत्मविश्वास में वृद्धि का अच्छा उपाय है। आपको स्वयं को एक काबिल नेता प्रमाणित करना आना चाहिए। आपके परिवार के सदस्य भी एक टीम हैं। स्वयं को एक ऐसा नेता सिद्ध करें, जो सबकी देख-रेख करना जानता है। इससे बाकी सदस्यों का मनोबल बढ़ेगा और बदले में वे आपको प्रसन्न रखेंगे जिससे अप्रत्यक्ष रूप से आपका स्वाभिमान भी ऊंचा होगा। एक विवेकशील व्यक्ति के रूप में अपने आस-पास प्रत्येक व्यक्ति के काम की प्रशंसा करें। हो सकता है कि कार्यक्षेत्र में आपको अपनी

डर से आगे बढ़ो, डर के बाद ही जीत है

पसंद व नापसंद के हिसाब से टीम न चुनने का मौका न मिले, पर यह ध्यान रखें कि पिछले प्रदर्शन क्षमताओं के अनिवार्य सूचक तो होते हैं, किंतु वे ही सब कुछ तय करने वाले कारक नहीं होते। हो सकता है कि आलोचक आपके द्वारा चुनी गई टीम के बारे में अपनी राय दें, किंतु एक नेता के रूप में आपने ही चुने गए व्यक्ति से बेहतर काम लेना है और यदि वह समस्याग्रस्त हो तो उसे समाधान तलाशने में भी सहायता करनी है।

10.8
मूल्य उत्पन्न करें

किसी भी बच्चे का व्यक्तित्व गढ़ने में परिवार एक अहम भूमिका निभाता है। अधिकतर माता-पिता अपने बच्चों को वही बनाना चाहते हैं, जो वे अपने जीवनकाल में नहीं बन सके। वे अक्सर जाने-अनजाने ऐसा ही करते हैं। 'वे जितना हो जाए' से कहीं अधिक अपेक्षा रखने लगते हैं और बच्चा कहीं का नहीं रहता। माता-पिता की शिक्षा के साथ ये उम्मीदें भी बढ़ती हैं। कोई भी इस तथ्य पर स्वीकृति नहीं देगा, पर यह सच है। वे न तो बच्चे की क्षमता पहचानते हैं और न ही उसे अपनी ताकतें जानने का मौका देते हैं। बस उनके बचपन से एक ही गीत दोहराते रहते हैं– 'मेरा नाम करेगा रोशन, जग में मेरा राजदुलारा।' उनका यह रवैया कई बार इतना हावी हो जाता है कि बच्चे को लगने लगता है कि वह इस दुनिया में माता-पिता के अधूरे कामों को पूरा करने के लिए ही आया है। इस तरह वह अपनी पहचान ही खो देता है। जब वह बच्चा पिता बनता है तो वह भी अपने बच्चे के साथ वैसे ही पेश आने लगता है और भूल जाता है कि उस सोच के कारण उसे कितनी तकलीफ उठानी पड़ी थी।

प्रत्येक व्यक्ति का अपना एक अस्तित्व होता है और हम उससे उम्मीद नहीं रख सकते कि वह भी अपने माता-पिता जैसी ही सोच रखेगा। अभी तक कोई भी वैज्ञानिक शोध यह तय नहीं कर सका कि माता-पिता के सभी गुण बच्चे में भी आते हैं। कई माता-पिता सच्चाई जानने के बावजूद इसे मानना नहीं चाहते। समाज में वित्तीय संसाधनों की वृद्धि के साथ-साथ यह सोच भी तेजी से बढ़ी है। ऐसे उदाहरण भी हो सकते हैं, जहां माता-पिता ने अपने धन के

बल पर अपनी इच्छाएं पूरी की हों, परंतु ऐसे मामलों में नतीजे प्राय: प्रेरणादायक नहीं होते। माता-पिता का सबसे पहला कर्तव्य यही बनता है कि वे अपने बच्चों को उनकी क्षमता का सही मूल्यांकन करना सिखाएं ताकि वे समय रहते उचित निर्णय ले सकें। हो सकता है कि यह सिद्धांत पारिवारिक व्यवसाय व राजनीति (भारत में यह भी पारिवारिक व्यवसाय से अधिक नहीं है) के लिए अच्छा न हो। पद व सत्ता के बल पर कुछ पाना अपवाद की श्रेणी में आता है। अपने बच्चे को किसी भी काम के आरंभ से पहले उसकी क्षमता को आंकना सिखाएं। यह आपकी ओर से भावी पीढ़ी के लिए एक उपहार होगा और आपकी सफलता भी आपके माता-पिता के ऐसे संस्कारों की ही देन है। अपनी क्षमता को न जानने की यह आदत आपके पूरी जीवन पर हावी हो सकती है। आप हमेशा तीर-तुक्के से अपना कैरियर चुनते रहेंगे और तनाव तथा अवसाद की चपेट में आकर आजीवन पछताते रहेंगे। आप अपने माता-पिता के अनिर्णय का ही खामियाजा भुगत रहे हैं।

याद रखें कि आप ही अपने बच्चे का भविष्य गढ़ने वाले एकमात्र कारक नहीं हैं, आप केवल एक कारक हैं और वह अपने जीवन में सभी कारकों के मेल से ही सफलता पाएगा। हो सकता है कि उन दूसरे कारकों पर आपका नियंत्रण न हो क्योंकि जीवन कोई आजमाई हुई व्यंजन विधि नहीं होता। जो एक के लिए अच्छा है, वह दूसरे के लिए भी अच्छा हो, यह जरूरी नहीं होता। आप 'जितना हो जाए' से अपनी ताकतों को आंकना आरंभ करें। मुझे यकीन है कि सफलता आपके कदम चूमेगी। सफलता कहीं से किस्तों पर उधार नहीं मिलती। इसे कड़ी मेहनत से कमाना होगा।

हम प्राय: इसी अहम तथ्य को भुला देते हैं। जीवन की उपलब्धि आपकी पारिवारिक पृष्ठभूमि के अनुपात में होती है। यदि कोई व्यक्ति ऐसे परिवार से है, जहां उसे कोई पैतृक दायित्व नहीं मिला तथा परिवार उसकी आय पर ही निर्भर करता है तो वह कभी भी एक दृढ़ निर्णयकर्ता नहीं बन पाएगा, क्योंकि उस पर हमेशा वित्तीय अस्थिरता का डर छाया रहेगा। इसी तरह वह जीवन के कई बड़े अवसर गंवा देगा।

इस पर काबू पाने के लिए जरूरी है कि वह जीवन के आरंभिक वर्षों में ही वित्तीय तौर पर मजबूत हो जाए, इतनी बचत कर ले कि पूरे एक साल तक के दायित्व निभा सके। इस तरह आप मानसिक तौर पर अपनी क्षमता को सिद्ध करने के लिए स्वतंत्र होंगे और कैसे भी हालात का सामना पूरी मजबूती से कर

डर से आगे बढ़ो, डर के बाद ही जीत है

सकेंगे। कार्यक्षेत्र में भी ठोस वित्तीय पृष्ठठभूमि वाले व्यक्ति बेहतर प्रदर्शन कर पाते हैं तथा सबका सम्मान भी पाते हैं। इससे संगठन के निणर्यों में कोई अंतर नहीं आएगा, पर लोग आपकी राय अवश्य लेंगे। यह भी आपके वश में नहीं, पर इच्छा रखेंगे तो पूरी भी हो सकती है। यदि ऐसा न हो सके तो निराश न हों, वरना आप दूसरा मौका भी गंवा देंगे। वित्तीय विशेषज्ञ कहते हैं कि व्यक्ति को अपनी आय का बीस प्रतिशत तो बचाना ही चाहिए। हमें चार्वाक (पुराणों के प्रसिद्ध अर्थशास्त्री) के अनुसार नहीं चलना चाहिए, जो कहते हैं कि ऋण लेकर मौज करो। यदि आप उनकी नीति पर चलना चाहते हैं तो मैं आपको विवाह न करने व बच्चे पैदा न करने की सलाह दूंगा क्योंकि आजकल ऋण देने वाले तो पीछे–पीछे फिरते हैं, ऐसी स्थिति में आपका परिवार दुखी होने से बच जाएगा। यहां तक कि आप अपनी मौत के बाद अपने ढांचे के लिए भी कर्ज ले सकते हैं । डोमनीक लापियर की पुस्तक 'द सिटी ऑफ जॉय' कोरा मिथक नहीं है।

तथाकथित आत्मप्रेरक पुस्तकें सफलता में पारिवारिक पृष्ठभूमि के योगदान को नकारती हैं। आपको ऐसी बातों को केवल उसी रूप में पढ़ना चाहिए जैसे आप कर्नल रंजीत या गुलशन नंदा (हिन्दी के अर्द्धसाहित्यिक उपन्यासकार) का लेखन पढ़ते हैं। ये पुस्तकें आपके जीवन में ऐसी दशा पैदा कर देती हैं, जहां आप 'जितना हो जाए' से ज्यादा करने की सोचने लगते हैं और अपना जीवन तबाह कर लेते हैं। दुविधा में पड़कर आपको वह भी नहीं मिलता, जो आपको मिलना चाहिए था। कभी भी ऐसा कुछ पाने की कोशिश न करें जिसे आप रख नहीं सकते।

10.9
स्वयं को कभी हीन न मानें

एक किसान के पास एक गधा और एक खच्चर था। उसे अपने दोनों पालतू जानवरों से बेहद लगाव था, क्योंकि उसके पिताजी के पास उन जानवरों के पिता काम कर चुके थे। वह हर सुबह उन पर ईंटें लादकर 3 कि.मी. की दूरी पर छोड़कर आता, फिर माल उतारने के बाद

दोनों को समान मात्रा में चारा देता। माल लादते समय वह प्रायः खच्चर पर तो सामान्य तरीके से ही माल लादता, पर गधे पर माल लादते समय वह उसके खुरों के नीचे चार ईंटें रख देता और तब तक माल लादता, जब तक वे ईंटें टूट न जातीं, फिर वह अपनी यात्रा आरंभ करता। उसका एक नया पड़ोसी रोज यह नजारा देखता था।

एक दिन पड़ोसी ने उससे पूछा-''तुम्हारा गधा खच्चर से ज्यादा भार ढोता है, पर तुम दोनों को एक-सा खान-पान देते हो, क्या यह जायज है? दूसरी बात, तुम गधे के खुरों के नीचे ईंटें रखकर माल लादते हो।''

गधे के मालिक ने पड़ोसी को अपने पास बुलाया। उसने खच्चर पर तो वैसे ही माल लादा, पर गधे पर माल लादते समय ईंटें नहीं रखीं, फिर उसने जानवरों को चलने का संकेत दिया । खच्चर तो चल दिया, पर गधे ने हिलने से भी इंकार कर दिया। पड़ोसी ने भी काफी जोर लगाया, पर गधा टस-से-मस नहीं हुआ। फिर मालिक ने सारा भार उतारा और रोज की तरह खुरों के नीचे ईंटें लगाकर माल लादा। यह प्रक्रिया पूरी होते ही गधा चल पड़ा।

मालिक ने पड़ोसी से पूछा-''और कोई सफाई चाहते हो?''

उसने कहा-''नहीं, मैं सब समझ गया।''

इस दुनिया में बहुत कम लोग अपने आपको तोलने का प्रयास करते हैं। वे कोई काम मिलते ही चुपचाप सारा जीवन उसे निभाते चले जाते हैं और यह जानने का प्रयास भी नहीं करते कि उन पर पूरा भार है या भार कम है। आपको अपने पैतृक पारिवारिक व्यवसाय में भी अपने भार का पता होना चाहिए। यह सच है, तभी तो आपके शहर के पुराने बिजनेस टाइकून दिखाई नहीं देते। टाटा, बिड़ला व अंबानी का उदाहरण न दें, वे तो व्यावसायिक तौर पर संचालित कंपनियां हैं। वहां तो दूसरे व्यवसायियों का भार भी शामिल है। उन्होंने व्यवसाय की प्रत्यक्ष और अप्रत्यक्ष विविध दशाओं में जाने से पहले अपनी क्षमता यानी मजबूती को तोला और उसी के हिसाब से योजना बनाईं।

यहां हम किसी वस्तु के भार की नहीं, बल्कि आपके अपने स्व के भार की बात कर रहे हैं। हो सकता है कि आपको लगे कि आप अपना भार जानते हैं, पर मुझे आपसे एक सवाल पूछना है-''यह सच है कि आप अपनी ताकतें जानते हैं, पर क्या आपने इन्हें मानकीकृत किया है?''

यह भी ध्यान रखें कि आप स्वतंत्र तौर पर काम करने नहीं जा रहे, आपका प्रदर्शन कई अन्य कारकों से भी संचालित होगा। यही कारक सामूहिक रूप से आपके प्रदर्शन का संकेत देंगे और ये कारक समय व स्थान के हिसाब से बदलते हैं।

जंगल में चुनाव घोषित हुए तो प्रचार होने लगा। अध्यक्ष के चुनाव के लिए दो प्रत्याशी थे। एक था जंगल का राजा और दूसरा उसका आध्यात्मिक गुरु बंदर। बंदरों की संख्या अधिक थी और बंदर की विनम्रता के कारण उसकी जीत के आसार अधिक थे। शेर जानवरों के प्रति क्रूर था और अकेला था। बंदर को चुनाव में जीत मिली और जश्न मनाया गया। इसी दौरान साथ के जंगल का एक लोमड़ भी आ गया। वह बंदरों में से एक की पत्नी के साथ नाचना चाहता था। उसे रोकने वाला कोई नहीं था।

अध्यक्ष ने एक से दूसरी डाल पर कूदना आरंभ कर दिया, पर मारे जाने के डर से कोई दखल नहीं दे सका। कोई चारा न देख, कुछ बंदर शेर के पास गए। शेर बेमन से अध्यक्ष के पास गया और पूछा कि वह लोमड़ को रोकने के बजाय एक से दूसरी डाल पर क्यों कूद रहा था?

अध्यक्ष ने कहा कि वह इससे अधिक कुछ कर ही नहीं सकता, इसलिए यही कर रहा था। शेर को देखते ही लोमड़ की जान सूख गई और कुछ ही देर में वह धरती पर मरा पड़ा था। शेर अपनी गुफा की ओर जाने लगा तो सबने उसे रोक लिया और अपना अध्यक्ष बना दिया। बंदर को उसके पद से हटा दिया गया।

कभी-कभी आप संयोगवश या किसी दुर्घटना के कारण भी कुछ पा सकते हैं। बेहतर यही होगा कि आप उसी समय पता लगाएं कि आप वह काम कर पाएंगे या नहीं। यही मूल्यांकन आपकी प्राथमिकता होनी चाहिए, क्योंकि यही आपको काम करने के लिए सकारात्मक ऊर्जा प्रदान करेगा। हर काम को करने के कुछ तौर-तरीके होते हैं। उन्हीं के अनुसार काम आरंभ करें। यदि इस मूल्यांकन में असफल रहे तो बात नहीं बन पाएगी। हममें से अधिकतर का यही मानना है कि कोई भी अवसर हाथ आते ही उसे लपक लेना चाहिए। मेरा भी यही मानना है, पर मैं उस अवसर के बाद की प्राथमिकताओं की चर्चा कर रहा हूं। इस दिशा में किया गया ईमानदार गृहकार्य आपको हमेशा के लिए उस

काम के लायक बना देगा और असफल होने पर भी आपको पूरी संतुष्टि होगी कि आपने अपनी क्षमताओं का पूरा इस्तेमाल किया। हमेशा अपनी जानकारी और ज्ञान को निखारते रहें, ताकि पहले से बेहतर काम करने की योग्यता पा लें।

कई बार हम दिए गए काम को कुछ समय तक करने के बाद मान लेते हैं कि हम उसमें निपुण हो गए और उसकी उपेक्षा करने लगते हैं, जबकि हम भूल जाते हैं कि यह ग्रह भी निरंतर गतिमान और परिवर्तनशील है। काम में जरा-सी भी चूक सारी मेहनत के बावजूद असफल बना सकती है। यदि सबसे बेहतर प्रयास करने के बाद असफल हुए तो हमारा मनोबल नहीं टूटेगा बल्कि हमें अप्रत्यक्ष तौर पर ऐसे और समान अवसरों पर काम करने की ताकत मिलेगी। हम पहले से बेहतर प्रदर्शन देंगे और यह चक्र ऐसे ही चलता रहेगा।

सफलता और असफलता आपकी नियति नहीं, आपके हाथों में है। आप स्वयं ही काम करने या न करने के जिम्मेदार हैं। जब आपके सामने वापस लौटने की कोई राह नहीं बचती तो आप अपने उच्च आत्मविश्वास का प्रदर्शन करते हैं और मनोचिकित्सकों ने भी माना है कि हम तनावग्रस्त हालात में कई बार ऐसे उचित फैसले लेते हैं, जो शायद सहज भाव से न ले पाते। जब आप निर्णय निर्धारण प्रक्रिया के लिए जिम्मेदार होते हैं तथा तनावग्रस्त होते हैं तो शरीर में एड्रिनैलिन नामक हार्मोन का स्राव अधिक मात्रा में होने लगता है। हर हालत का सामना कुछ ऐसे करें कि प्रकृति आपको ऐसे हालात दोबारा नहीं देगी। इससे आप पूरे आत्मविश्वास के साथ अपनी सफलता की कहानी लिख सकते हैं। यदि एक बार आपने विपरीत परिस्थितियों पर विजय पा ली तो मुझे पूरा यकीन है कि आप जीवन में कभी मात नहीं खाएंगे और हमेशा सही फैसले लेने की स्थिति में होंगे। जितनी अधिक चुनौतियों का सामना करेंगे, उतनी अधिक सफलता की कहानी लिखी जाएगी।

10.10

महत्त्वाकांक्षी बनें

प्रायः महत्त्वाकांक्षा तथा दृढ़ संकल्प मनुष्य के स्वभाव में ही होते हैं। प्रत्येक व्यक्ति अपने ही विचारों व क्रियाओं के संसार में रहता है। प्रत्येक व्यक्ति जीवन को अपने ही नजरिए से देखता है। जीवन में सफलता पाने के लिए किसी भी व्यक्ति के पास एक लक्ष्य होना चाहिए। इस लक्ष्य को पाने के लिए व्यक्तित्व, परिश्रम, क्रिया व महत्त्वाकांक्षा का उचित संतुलन होना

डर से आगे बढ़ो, डर के बाद ही जीत है

चाहिए। हमें सफलता की राह में आने वाली सभी बाधाओं से पार पाने के लिए कठिन परिश्रम, शक्ति, धैर्य, साहस, आत्मविश्वास तथा दृढ़ संकल्प की आवश्यकता होती है।

एक लकड़हारा जंगल से लकड़ियां काटकर बाजार में बेचता और अपने परिवार का पेट पालता था। एक दिन वह सुबह-सुबह जंगल में गया और जैसे ही एक छोटे पेड़ को काटने लगा तो उसमें से एक आवाज आई–''इसे मत काटो! यदि तुमने मेरे रहने के स्थान को न काटा तो मैं तुम्हें एक वरदान दूंगा।''

''तुम कौन हो? क्या तुम भगवान हो?'' लकड़हारे ने पूछा।

"मैं इस वृक्ष का देव हूं और मुझे मेरी मर्जी से वरदान देने का हक है।"

लकड़हारे ने मन-ही-मन सोचा कि वह अपनी पत्नी से पूछकर ही वरदान लेगा, इसलिए उसने एक दिन का समय ले लिया।

लकड़हारा व उसकी पत्नी कुछ तय नहीं कर पाए तो उन्होंने एक मित्र की सलाह लेने की सोची।

मित्र ने कहा–''तुम दो की जगह चार हाथ का वरदान क्यों नहीं ले लेते? इससे तुम्हारी कमाई भी दुगनी हो जाएगी।''

लकड़हारे ने ऐसा ही किया। चार हाथों का वरदान पाने के बाद उसने उस दिन दुगनी लकड़ियां काटीं। उसे लगा कि बाजार में दुगने दाम मिल जाएंगे, किंतु जैसे ही वह बाजार में गया तो उसने खुद को लोगों से घिरा पाया। उन्होंने उसे चार हाथ वाला शैतान समझकर मार दिया।

महत्त्वाकांक्षा विटामिन बी के टॉनिक की तरह होती है। इससे तत्काल ताकत मिलती है, पर इस कहानी के पात्र की तरह अति महत्त्वाकांक्षी होना भी गलत है। उसने अपनी सामर्थ्य का अनुमान किए बिना ही वरदान ले लिया और फिर उसे पछताने का भी समय नहीं मिला। महत्त्वाकांक्षा के साधन को संभालकर प्रयोग में ला सकें तो यह सफलता का अनिवार्य सूत्र बन सकती है। महत्त्वाकांक्षा अपने-आपमें कुछ नहीं बस सफलता की ओर ले जाने का साधन है। महत्त्वाकांक्षा तय करते ही पूरे जोश व उमंग के साथ उस दिशा में काम आरंभ कर देना चाहिए। आपको समय-समय पर महत्त्वाकांक्षा का मूल्यांकन भी करते रहना चाहिए, ताकि सुधार की गुंजाइश बनी रहे। आपको महत्त्वाकांक्षा और लालच के बीच के महीन-से अंतर को भी पहचानना होगा।

अस्सी के दशक में मैं कोलकाता के एक सरकारी स्कूल में अध्यापक था और एक दिन स्कूल का प्रिंसीपल बनने के सपने देखा करता। मुझे अपनी निजी ट्यूशनों से भी अच्छी कमाई हो रही थी। एक स्नातकोत्तर होने के बावजूद मैंने अपनी महत्त्वाकांक्षा का स्तर हमेशा ऊंचा रखा। मेरा स्कूल कोलकाता के दक्षिणी इलाके में था। वह आखिरी रेलवे स्टेशन था और मुझे अपने स्कूल पहुंचने के लिए बीस कि.मी. का रास्ता तय करना पड़ता था। वह स्कूल जिस कंपनी से संबद्ध था। उन्होंने हमें रहने के लिए अपनी डोरमैटरी दे रखी थी। जब मेरा विवाह हुआ तो दो छोटे भाई कॉलेज में पढ़ रहे थे, फिर मैं एक प्यारी-सी बिटिया का पिता बना। मैंने संध्या कक्षाओं से अपनी बी.एड. पूरी की, जो किसी प्रिंसीपल के लिए न्यूनतम शिक्षा थी। इसके बाद मैंने एक शैक्षिक प्रबंधन कोर्स में दाखिला ले लिया। वह संस्था मेरे स्कूल से साठ कि.मी. दूर थी। सभी बाधाओं के बावजूद मैं सफल रहा। पैसे की भी अपनी अहमियत थी। मेरा ट्यूशन का पहला बैच सुबह पांच बजे आरंभ हो जाता। इतनी बाधाओं के बावजूद आज अपनी महत्त्वाकांक्षा के बल पर ही मैं यहां तक पहुंच पाया हूं। मैं मानता हूं कि मेरे दसियों दोस्त मुझसे कहीं बेहतर थे, मैं अक्सर उनकी सलाह लेता, वे अधिक पढ़े-लिखे और सयाने थे, पर उनके पास महत्त्वाकांक्षा की कमी थी। जब मुझे प्रिंसीपल पद के लिए चुना गया तो अनेक सहकर्मियों ने हिसाब लगाकर बताया कि वह एक घाटे का सौदा था, पर इससे मुझे कोई फर्क नहीं पड़ा। मैंने अपनी पत्नी को बताया कि उसे अकेले ही दो छोटे बच्चों की जिम्मेदारी संभालनी होगी। उसका रवैया सकारात्मक रहा और मैं अपनी महत्त्वाकांक्षा पूरी कर सका।

आपका स्वयं किया गया मूल्यांकन ही सफलता की ओर ले जाता है। दोस्त, संसार की समस्याएं और पैसे की कमी आपकी राह रोकेंगे, पर आपने इस दुश्चक्र से निकलकर अपनी महत्त्वाकांक्षा को पूरा करके दिखाना है। जीवन आगे आकर आपको सारी बाधाएं दूर करने के लिए पुकारेगा, उस समय आपने उसकी पुकार सुननी है।

प्रत्येक इस संसार को नहीं समझता। केवल कुछ लोग ही जानते हैं कि वे वास्तव में क्या कर रहे हैं या उन्हें क्या करना चाहिए, जबकि कुछ लोग काफी समय तक नहीं जान पाते कि उन्हें क्या करना है। हम किसी से मिलते ही पूछते हैं कि कैसा चल रहा है। वह भी कह देता है कि चल रहा है, पर वह इस बारे में आश्वस्त नहीं होता कि क्या चल रहा है। जो इंसान सही मायने में जानता है कि क्या चल रहा है, हम पुस्तक में उसी की चर्चा कर रहे हैं।

डर से आगे बढ़ो, डर के बाद ही जीत है

छोटू व गोलू नामक दो कुत्ते थे। एक ही आयु होने के कारण उनमें पक्की दोस्ती थी। वे दिल्ली की सड़कों पर रहते थे। एक दिन उन्होंने तय किया कि वे हरिद्वार जाकर गंगा में डुबकी लगाकर आएंगे, क्योंकि उन्होंने सुन रखा था कि गंगा स्नान बहुत शुभ माना जाता है। उन्होंने अगले ही दिन यात्रा आरंभ की, क्योंकि उन्होंने कोई तैयारी तो करनी नहीं थी। ज्यों ही वे दिल्ली और यू.पी. की सीमा गाजियाबाद तक पहुंचे, उन्हें उस इलाके के कुत्तों ने घेर लिया। वे चाहते थे कि दोनों उन्हें सलाम करें या फिर लड़ने को तैयार हों।

छोटू ने गोलू को समझाना चाहा कि यात्रा से लौटकर दो-दो हाथ कर लेंगे, पर गोलू चुनौती लेना चाहता था। उसने सीमा के सभी कुत्तों से लड़ाई की और जीत हासिल की। काफी खोजने पर भी जब छोटू नहीं मिला तो वह आगे बढ़ा। अगली सीमा पर चुनौती पूरी की। दिल्ली से हरिद्वार की दूरी करीब 200 कि.मी. है, जब गोलू ने 100 कि.मी. की दूरी तय कर ली तो उसने छोटू को विपरीत दिशा से वापस आते देखा। उसने छोटू से पूछताछ की तो पता चला कि वह तो गंगा स्नान करके घर वापस लौट रहा था।

यदि कुछ पाना चाहें तो पहले आपको साफ तौर पर पता होना चाहिए कि आप क्या चाहते हैं, वरना आप लकीर ही पीटते रहेंगे। फिर आप कहेंगे कि इतने परिश्रम के बावजूद कोई बात नहीं बनी, क्योंकि आपकी किस्मत ही खराब है। आपको क्या नहीं मिला? क्या आप जानते थे कि आपको क्या पाना था? उन दोनों ने गंगा स्नान का लक्ष्य बनाया था, उन्हें राह में आने वाली हर बाधा को अनदेखा कर अपने लक्ष्य पर ध्यान देना चाहिए था। लक्ष्य तय करने के बाद प्रायः बाधाएं आती ही हैं, ताकि सफल लोगों की सूची में आपका नाम न आ सके। कुछ लोग जानकर बाधा देंगे तो कुछ लोग अनजाने में आपकी राह रोकेंगे। अंत में नुकसान आपका ही है और आप स्वयं को ही कोसेंगे।

आपने पूरी पुस्तक पढ़ ली है इसलिए इसे बंद करके रखने का समय हो गया है, किंतु इतना ध्यान रखें, यह किताब ऐसी जगह रखी हो, जहां से इसका शीर्षक दिखाई देता रहे। इसे देखते ही आपके अवचेतन मन में वे सारी बातें आ जाएंगी, जो सजग सोच के साथ पढ़ी हैं। जब आपके साथ ऐसा हो तो कृपया मुझे सूचित करें, ताकि मुझे लगे कि मैं अपने प्रयास में सफल रहा।

■■■

लेखक परिचय

डॉ. अशोक के. पांडे, **पांडे एजुकेशन ट्रस्ट** के सी.ई.ओ. हैं। यह रजिस्टर्ड ट्रस्ट क्वालिटी एजुकेशन सपोर्ट सेवाओं के क्षेत्र में कार्यरत है। सुश्री इंदु पांडे एक समाजसेविका हैं। उन्होंने वर्ष 1995 में अपने स्वर्गीय ससुर जी श्री एस.एन. पांडे की पुण्य स्मृति में जयपुर में ट्रस्ट स्थापना का विचार रखा, जो एक जाने-माने शिक्षाविद् और समाजसेवक थे। पेशे से एक शैक्षिक प्रशासक डॉ. पांडे एक अच्छे प्रेरक प्रशिक्षक भी हैं। उन्होंने कक्षा में गुणवत्ता पाने के लिए 2000 से अधिक अध्यापकों को प्रशिक्षित किया है। अनेक प्रतिष्ठित नामी पत्रों में उनके 35 से अधिक शोधपत्र प्रकाशित हो चुके हैं जिनमें इंडियन एजुकेशन रिव्यू और एन.एच.आर.डी. भी शामिल हैं। उन्हें शिक्षा प्रबंधन के क्षेत्र में अग्रणी होने के नाते पी.टी.ए. तथा जैटी फाउंडेशन द्वारा भी सम्मानित किया गया है। वे जयपुर के ज्ञान विहार विश्वविद्यालय में इंटरनेशनल स्कूल ऑफ बिजनेस मैनेजमेंट के अतिथि संकाय भी हैं।

सुश्री पांडे एच.आर. के क्षेत्र में विशेषज्ञता रखती हैं तथा ग्राहकों की आवश्यकता के अनुसार कार्य करवाने में अपने सदस्यों को सहायता प्रदान करती हैं। उनके पास ऐसी परियोजनाओं पर काम करने की आंतरिक गुणवत्ता है। अशोक-इंदु एक और सफल पुस्तक 'व्हाट इफ यू डाई हुमारो' के भी लेखक हैं यह पुस्तक बड़ी ईमानदारी से पाठकों को जीवन जीने की रणनीतियां तैयार करने में मार्गदर्शन देती है। यह सबसे बेहतर विचार और कार्य चुनने की प्रेरणा देती है। यह कहती है कि यदि आप इस सोच के साथ काम करते हैं कि आज जो सही है, वही किया जाए तो आप सब कुछ पा सकते है... फिर कल आपकी मृत्यु हो भी गई तो क्या!

डर से आगे बढ़ो, डर के बाद ही जीत है

www.ingramcontent.com/pod-product-compliance
Lightning Source LLC
Chambersburg PA
CBHW071426090426
42737CB00011B/1580
* 9 7 8 8 1 2 8 8 3 6 8 1 7 *